収益多様化の戦略

PROFITING STRATEGY

既存事業を変える
マネタイズの新しいロジック

川上昌直 Masanao Kawakami

東洋経済新報社

▶はじめに

価値創造では利益が出ない世界へ
利益は積極的につくりにいく

「利益をつくる」ことには、徹底的にこだわりたい。

日本企業は、顧客に価値を提案する「価値創造」以上に、価値創造で生み出された価値を企業が利益として収穫する「価値獲得」に問題を抱えていると思うからだ。

なぜ、これだけ一生懸命に価値創造にいそしんでいるのに、なかなか利益が出ないのか。それどころか、後発の、しかも程度が良くない製品をつくっている企業の利益のほうが高くなったり、悪くすれば諸外国に利益があふれ出したりしている状況にある。

誤解を恐れずに言えば、日本のものづくり企業やもの売り企業は、利益に対して「鈍感」な面があるとは言えないだろうか。

利益は、売上からコストを引いた、単純な残余でしかないと思っていないだろうか。それこそが大きな誤りだ。利益をそんな受身な概念で捉えるべきではない。利益は積極的に取りに行くことができるものだ。

むしろ、どのように利益を獲得するのかについて考え、そこから逆算してビジネスを再定義できる企業でなければ、これからの激動の時代に生き残ることはできない。価値創造では利益が出ない時代に突入した今、「利益の感度」を高めることは、早急に求められているのだ。

本書では最終的に、筆者が考案した利益のつくり方の体系を8つの「利益ロジック」として紹介する。どのようなポイントで課金すれば利益が増えるのか、顧客以外に利益を増やしてくれる相手はいないか、今この瞬間だけでなく継続的に利益をもたらす方法はないのか、といった視点で収益源を棚卸しして、整理分類していけば、自社ならではのスケールする利益のつくり方が必ず見つかるはずだ。

実際に、かつてどのように利益がつくられてきたのか、その具体例も「30の価値獲得」として紹介している。フリーミアムや定額制サブスクリプション、レーザーブレイドなどのお馴染みの利益の取り方が並んでいるが、いずれも、かつてどこかの偉大な企業が考案した利益のつくり方だ。これらも、8つの利益ロジックに当てはめてみれば、どのように利益がつくられているのかが瞬時に理解できる。思うようになかなか利益があげられずに苦しんできた企業こそ、本書で紹介する8つの利益ロジックを実装し、利益のつくり方を変革する第一歩を踏み出してほしい。

本書の前半は、新しい利益の取り方がなぜ必要なのか、どういうことなのかについて紹介する。利益を生む選択肢は増えており、販売で利益がなくても、別の収益源で儲けることが可能になっている。いわゆるGAFAも価値獲得を駆使して収益源を多様化し、別な収益源で次々と利益を生んでいるのだ。

価値獲得を変革する利益イノベーションは重要性を増している。

価値創造に行き詰まる企業ほど、価値獲得に目をつけ、それを変革する利益イノベーションを実践してほしい。これにより、ビジネスモデルの認識が変化し、企業経営のあり方が大きく変わるはずだ。自社の状況に照らし合わせながら、本書を読んでもらえれば、どのように利益をつくるべきかがご理解いただけるだろう。

本書は各章ごとに重要な概念があるため、読み進めるのに時間がかかるかもしれない。全体像を頭に入れたい方は、第1章をきっちり読んだ後に、以降は概要をつかむ程度に読み、もう一度、各章をじっくり読むことをお勧めする。

　本書によって、価値創造にこだわりすぎて既存事業を改革できずに困っている方々、利益を増やしたいと焦燥感に駆られつつも次の一手を繰り出せない方々が、これまでとは全く異なる利益の視座を手に入れて、ビジネスモデル・イノベーションを実現することができれば、このうえない幸せである。

収益多様化の戦略

目次

第6章　日本企業が飛びついた「サブスク」の本質

第 1 章

利益イノベーションへようこそ

POINT

- 価値創造が限界に来ている理由とは？
- 革新企業が漏れなく取り組む利益イノベーションとは？
- ものづくり企業が、今後利益を劇的に向上させるには？

KEYWORD

- ビジネスモデル
- 価値創造
- 顧客の支払意欲（WTP）
- 価値獲得
- 利益イノベーション
- 価値創造のメンタルブロック

▸01.
低利益に苦しむ日本企業

企業の目的は何か。それは、顧客を喜ばせることだ。

では、利益とは何か。利益は、顧客を喜ばせ続けるために必要な原資である。

企業にはキャッシュが必要で、そのキャッシュは利益が出なければ増えていかない。利益は、企業活動を続けるための条件なのだ。

今、日本企業は、低利益で苦しんでいるところが多い。ROE（株主資本利益率）レベルで見ても、ROIC（投下資本利益率）レベルで見ても低すぎるのだ。そのことは、日本の経営学者たちがこれまでずっと述べてきた。安くていいものをつくり、顧客に支持されてきたのが日本企業のものづくりといえるが、それはもはや持ちこたえられない状況まで来ている。

日本企業は、平成最後の年には世界の時価総額ランキングのトップ30から消えた。事実上存在していないのと同じだ。平成最初の年に、ベスト10にランクインしていたトヨタも、平成最後には50位以内になんとかランクインできたくらいだ。

現在、上位にランクしているのが、グーグル（アルファベット）、アップル、フェイスブック、アマゾン。今となってはお馴染みのGAFAだ。20年前の米国企業の時価総額の上位5位は、GE、エクソンモービル、ファイザー、シスコシステムズ、ウォルマート。いわば産業革命の延長線上で発達した企業が上位を占めていたことを考えれば、様変わりしたことがわかるだろう。

GAFAが頭角を現したのは、2000年代に入ってから。もちろんデジタルの波を乗り切って我が物にし、世界の勢力地図をガラリと変えたのは周知のとおりだ。

通常、彼らの価値創造活動ばかりに目が行きがちだが、実は、利益の生み方に注目するからこそ見えてくることがある。

▸02.
利益の限界

GAFAをはじめとする米国企業と日本企業は、なぜこれほどまでに差がついてしまったのか。

日本企業は優れたプロダクト（製品）を開発し、生産や販売にかかわる提供プロセスもつくり込んでいたはずなのに、なぜ世界で戦えなくなったのだろう。

「デジタルに乗り遅れた」という指摘も多いが、果たして、本当にそれだけなのだろうか。

実は、これは、利益の生み方を紐解けば見えてくる。

◆価値創造と価値獲得の概念

企業は、価値創造によって顧客に価値を生み出し、価値獲得によって利益を生み出している。まずは、このことについて説明しよう。図表1-1を見てほしい。

企業は、「価値創造」と、「価値獲得」によって持続的な存在が可能になる。

価値創造は、この図にあるとおり、顧客に価値を提案することと、それを生み出す提供プロセスから成り立っている。価値獲得は、価値創造で生み出された価値から企業が利益を収穫する行為

図表1-1 顧客を喜ばせ、企業も利益を得る方法

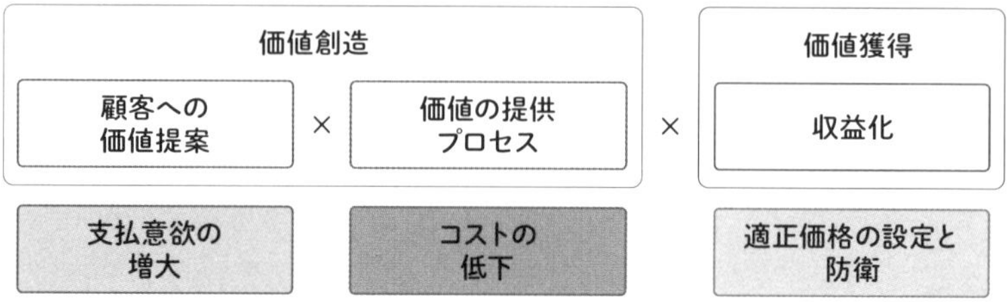

だ。

価値創造とは、付加価値を生み出す活動ともいえる。企業は、原料に、ヒト、モノ、カネ、情報といった経営資源を使った活動を加えて、製品を生み出す。魅力的な製品をつくり出すことで、顧客の生活を良くしている。つまり、企業が顧客に提案する便益を、それに比較して安いコストで提供して付加価値を生み出す。それこそが企業の存在価値だ。

付加価値を生み出せなくなった企業は、遅かれ早かれ破綻することになる。ものづくり企業にとっては、顧客が喜んでくれるような製品を提案することが何よりも重要だ。その製品を少しでも安く提供できるようにして、価値を最大化する。それが価値創造の骨子といえる。

もちろん企業は、そこから利益を生み出さなければならない。価値創造を続けるためには、先立つカネ、すなわち企業の活動原資となる利益が必要だ。そこで、価値獲得の出番だ。

価値獲得[1]とは、企業が事業活動から利益を得ることである。

1) 価値獲得は、“value capture”としてMOT（技術経営）の分野で議論されてきた、ものづくりの収益化をテーマとするトピックである（延岡［2006］）。「獲得」という名前が付いているとおり、価値創造から自社がいかに多くの利益を回収するのかを意味する。

利益は、顧客に対して生み出した価値から一部を収穫して得られる。そのため、いくら収穫するか、すなわち、価格をいくらに設定するのかという意思決定が重要になる。価格設定（プライシング）によって収益を生み出すこの行為は「収益化」と呼ばれる。提供プロセスからすでにコストは明らかであるため、収益の確定は、同時に利益の確定を意味する。つまり、収益化によって利益の額が決まるのだ。

企業は、顧客のために価値を生み出し、その一部を利益として獲得する。それがものづくり企業の主な利益のつくり方であることをまず押さえておきたい。

◆価値を大きくする「価値創造」

では実際に、顧客との取引を通じて、企業がいかに利益を生むのかを明らかにしよう。

図表1-2を見てほしい。左の図にあるように、顧客の支払意欲と、それをつくり出すためのコストとの差額が「生み出される価値」になる。顧客の生活をより良くするために、「生み出される価値」をできるだけ大きくしていくことが、価値創造の目的だ。

顧客の「支払意欲」（WTP: Willingness To Pay）とは、ある製品に顧客が支払ってもよいと思っている金額である。その製品に顧客が率直に感じ取った魅力を、金銭的に表現したものだ。何の予備知識もなく、値札の付いていない製品を見せられて、いくらなら支払ってもよいのかを率直に類推してみてほしい。それが、製品への顧客の評価額、すなわち支払意欲だ。

もちろん、支払意欲は人によって異なるが、特定の顧客を想定すれば、おおよその人が魅力を感じるポイントを見つけることができ、それにふさわしい解決策を提案できる。そうして企業は支払意

図表1-2 価値を創造する

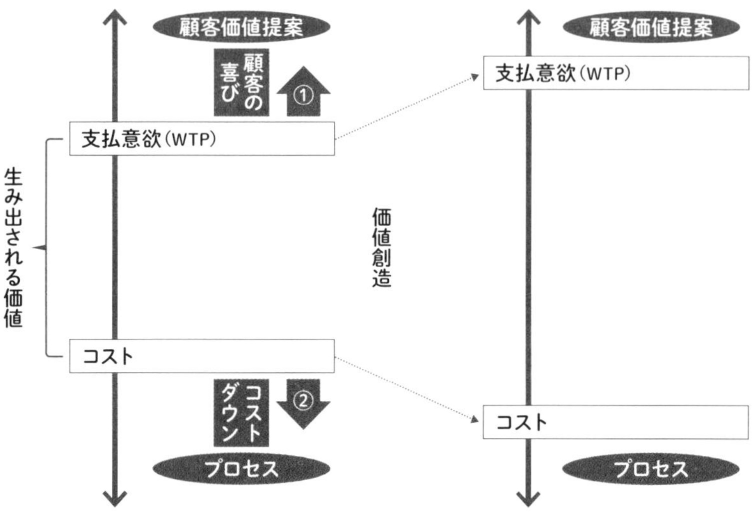

欲を高めていくことができる。

「コスト」は、プロダクトを生産し、販売するのにかかる費用を指す。顧客が喜ぶ製品を届けるための提供プロセスを最適化することで、全体的なコストを低下できる。効率化や合理化によって達成されるものだ。

顧客の支払意欲を上げ、それをつくり出すためのコストを下げることができれば、上図のように生み出される価値は大きくなる。企業は、さまざまな努力を経て、今以上に価値を高める活動を継続する。そうして、価値創造は循環していく。

◆利益のつくり方

では、「生み出される価値」に対し、企業の取り分である利益はどうなるのか。企業が利益を生み出す方法は、いたってシンプルだ。

図表1-3 企業の取り分を決める価値獲得

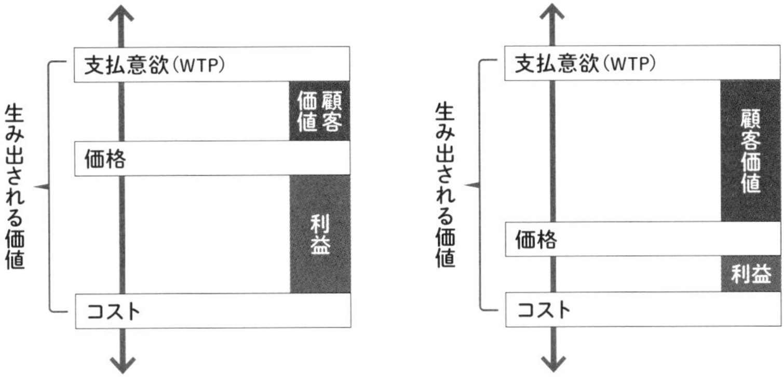

利益は、その製品にいくらの価格設定をするのかによって確定する。取引当たりで見れば、価格を高くすれば利益は大きくなり、価格を低くすれば利益が小さくなる。単品売り切りで価値獲得するものづくり企業は、このたった1つのやり方で利益をつくってきた。

図表1-3を使って詳しく見ていくことにしよう。

より多くの利益を取ろうと思えば、左側の図のように「価格」は「支払意欲」寄りに設定する。「このぐらいだったら買う」という顧客の支払意欲に価格を寄せるほど、その分、高い価格で提供できるのだ。屈強のブランドを持つ企業などがここに該当する。これは、1つの取引からより多くの利益を収穫する、すなわち、利益率を高くして、利益金額をつくり出す方法といえる。

ただし、この価格設定は、他社より高くなる可能性があるため、それでも買ってもらうには、「差別化」が大きなポイントになる。「これでなければダメだ」と顧客が思うほどの独自性を打ち出すなど、他社が真似できない仕掛けが必要となる。

これに対して、右図は、コストに寄せることで価格を低く設定して、企業の取り分をあえて少なくする方法をとっている。取引当たりの利益率は小さいものの、それを大量に販売することで、利益の額を大きくする考え方であり、これもまた有効な利益のつくり方といえる。

要は、利益率が低くても、数を売ることで利益金額をつくる、いわゆる「薄利多売」のことだ。どこよりも大規模に仕入れたり、低コストでつくれるスケールメリットやシステムを有している企業にとって、有利に働くやり方だ。

◆価値創造と価値獲得の概念

以上からわかるように、価格は、支払意欲とコストの差額によって生み出される価値を、顧客価値と利益に分ける、重要な変数だ。製品にいくらの価格を付けるのかによって、収益（売上）が決定するとともに、利益が確定するからだ。

また価格は、顧客の喜びである顧客価値を決めるうえでも重要な変数になる。顧客価値とは、顧客が製品に対して持つ「お得感」であり、支払意欲が価格よりも高いときに得られる。

もう一度、図表1-3を見てほしい。左図、右図とも「支払意欲」から「価格」を差し引いたものが「顧客価値」になっているのがわかる。顧客はその製品を買ってもなお、顧客価値を手に入れる。

このとき、左図のように企業が利益を優先させれば、高い価格を付けることになるので、小さい顧客価値でも顧客が魅力を感じるほどの差別化が必要になる。あるいは、右図のように顧客価値が大きいほど、多くの顧客が欲しがる製品といえる。価格は安いほうが、顧客の「お得感」が大きいので、企業はできるだけ安い価格を付けようとする。

ものづくり企業は、支払意欲とコストの間の「どこ」に「価格」を設定するのかを、必死で考えてきた。支払意欲に寄せて高くするか、コストに寄せて安くするか。大きく分けてそのどちらかの方法で、利益を生む意思決定をしてきた。

価格設定をうまくやることで、製品販売から利益を生み出す。それこそが、ものづくり企業にとって唯一の利益の柱であったといっても過言ではない。だからこそ、その利益を死守するために、常に新製品を開発し、投入し、販売した。しかし、すぐに類似品が登場し、しかも驚くほどの低価格で販売されてしまう可能性がある。

そこで、ものづくり企業はこの利益を守るために、さまざまな手段をとっている。代表的なものとして、商標登録や特許権による法的な防衛や、参入障壁を築くことによる戦略的な防衛、さらにはブランドイメージの強化による独自化が挙げられる。こうした方策で価格設定を補強し、価値獲得を試みてきた。

日本のものづくり企業は、これまで述べてきた価値創造と価値獲得のやり方を愚直なまでに貫き通してきた。他国のメーカーが提案した便益を上回るものを、他国よりも安くつくる方法を生み出して、価値創造につなげた。そして、比較的低価格を付けることで、顧客価値と利益の両方を上げていった。

1980年代には、もっぱら先行する外国製品があったため、その製品をベースに、より高性能で品質の良い製品をつくり上げた。その製品を手本に、無駄のないプロセスを構築し、コストを低減できる体質を構築した。まさに、トヨタや日産、パナソニックや日立や東芝は、こうした価値創造のやり方で、1990年代初頭まで世界のトップ企業として名を馳せた。

◆価値創造の苦境が価値獲得を困難に

しかし、プロダクトのみで利益を生み出す従来の方法では、限界が見え始めてきた。この価値獲得で大きく利益を生むには、無尽蔵

図表1-4 価値創造では、顧客価値が優先される

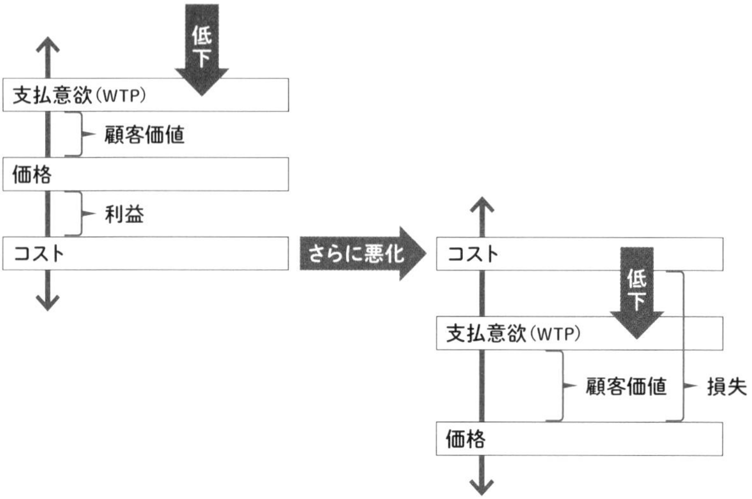

に価値創造ができる状況、環境でなければならない。それが困難になると、たちまち価値獲得もままならなくなる。

そのことを説明しよう。図表1-4は、競争環境が激化したり、環境の大変動が起きた場合に起こりうる価値創造と価値獲得の関係を示している。

左図は、競争の激化した状況を示している。このような状況が起これば、プロダクトは同質化を避けられなくなる。デビュー当時は華々しかったプロダクトも、いずれ見慣れてくる。後から類似品が登場したり、もっと魅力的なプロダクトが他社から登場するため、顧客の支払意欲は必然的に低下していく。企業の製造や販売体制が変わらなければコストは変わらず、全体的な価値はきわめて小さくなる。

それでも、最優先すべきは顧客価値だ。企業の目的は、顧客を喜ばせることだからだ。しかし、顧客価値を生み出すために価格を下

げていけば、残余としての利益がきわめて薄くなることは図を見ても一目瞭然だ。

ただし、これはまだましなほうだ。右図は、事業環境自体が大きく変化したり、人々の価値観が劇的に変化すると、価値創造自体が成立しなくなることを示している。価値創造が崩壊すれば、その時点で損失が発生し、価値獲得など望むべくもない。

旧来の価値創造が成立しなくなった背景には、デジタルによる既存事業の破壊がある。デジタルによって多くのサービスが安価に、時には無料で提供され、これが既存のものづくりやもの売り企業が扱う製品にも深刻な影響を及ぼした。コンパクトデジタルカメラ、携帯ラジオ、電卓は、すべてがスマートフォンのアイコンに代わってしまった。顧客の支払意欲は吹き飛んだ。

それだけではない。リーマンショックなどの金融危機や、新型コロナウイルスの感染拡大がもたらした不況は、消費者の所得を低下させ、欲しくても買えない状況を生み出した。このような劇的な環境変動下では、そもそも支払意欲が大きく低下する。

支払意欲が著しく低い状況にあっても、是が非でも顧客価値を出すため、価格は、支払意欲以下に設定しなければならない。しかし、提供コストは劇的に低下できない。だから右図のように、コストよりも価格が低くなり、売るなら赤字を覚悟しなければならない、といういびつな状態になってしまう。このような状況で製品を販売し続ければ、損失を重ねることになる。

生み出される価値がきわめて小さくなり、価値創造自体が成り立たなければ、企業が取り分を取れる状況では、とてもない。放っておいても「儲けは後からついてくる」のは、今は昔。従来の価値創造の枠組みの中で右往左往するだけでは、「儲けは全くついてこない」ことがありうるのだ。

こうした状況の下で、特に日本のものづくり企業やもの売り企業は、地を這うような低利益水準を受け入れながらも、必死に価値創造を続けてきた。日本人の生真面目さと諦めない我慢強さが、無駄をなくした独自のプロセスを生み出してきた。高まらない支払意欲を自覚しても、ひたすら製品を生み出し、薄い価値の中から、なんとか利益を収穫しようと頑張ってきた。

しかし、それが限界なのは、「失われた30年」が物語っている。その間、さまざまなテクノロジーを身につけ、イノベーションを試み、学びを蓄積してきたが、結局、世界で存在感を見せつけることができなかった。加えて、従業員の給料も上がらなかった。私は、この問題の根幹には、今まで述べてきたような汲々とした価値創造のやり方、特に利益のつくり方、つまり、価値獲得に問題があると考えている。

もっと言えば、価値創造では利益が出ない時代に突入し、その中でどう事業を変えるのかについて真正面から取り組まなければならなくなったのだ。

ここで世界に目を転じると、この価値獲得の枠組みを抜け出して、全く新しい利益の取り方を実現した企業が見えてくる。それがGAFAをはじめとするデジタル企業だ。

▶03.
価値獲得を駆使する企業

◆価値獲得の概念が変わる

世界を牽引しているデジタル企業は、どのように利益を得ているのか。まずは、図表1-5を見てほしい。図表1-1と比べて、右側の価値獲得に違いがあるのがわかるだろう。価値獲得の方法が、「適正価格の設定と防衛」から、「多様な収益源」へと変わっている

図表1-5　価値獲得を駆使する企業

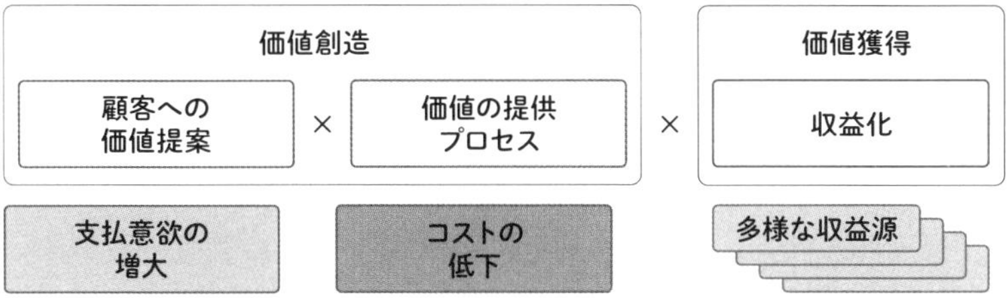

のだ。その理由は、デジタル企業がこれまで実現してきた利益のつくり方が、それまでのものづくり企業やもの売り企業のそれとは、全く異なるからだ。「収益化」の意味が変化しているのだ。

ものづくり企業の「収益化」は、プロダクトやサービスに適正な価格設定を行うことで収益に変え、利益を生み出すことを意味する。収益（売上）を確定し、同時に利益を獲得してきたため、「収益化」はそのまま利益に直結している。

これに対して、図表1-5中のデジタル企業の「収益化」は意味が異なる。デジタル企業の価値獲得は、プロダクトの適正な価格設定によって収益を確定することにとどまっておらず、それ以外のさまざまなやり方で利益そのものを生み出すことを意味している。

こうした企業は、プロダクト販売で利益が出なくても、全く気にしない。それどころか、プロダクト販売では最初は利益が出ないものだと開き直り、別の個所で利益を出す方法を積極的に探す。

フリーミアム、定額制サブスクリプション、従量制サブスクリプション、ロングテール、マッチメイキング、メンバーシップなどが代表例だ。これらは、プロダクト販売とは異なる価値獲得だ。顧客に対して創造した価値の一部から取り分をもらうという、従来のものづくり企業における価値獲得に、全くこだわっていないのだ。

今のところ、この価値獲得が奏功し、デジタル企業は莫大な利益を生んでいる。そしてコロナ禍がDX（デジタル・トランスフォーメーション）を後押しし、この先も当面そうであることが予測されているため、企業価値（株式時価総額）の伸びは、まさに青天井だ。

これらの儲け方は、売上とコストの差額による単品売り切り型のものづくり企業やもの売り企業にとっては、知識として知っていても、いざ実行するとなると、なかなか踏み出せない方法だ。従来の価値獲得の考え方、すなわち製品を通してのみ利益を得るという考え方が染みついているため、斬新な利益の生み方を目の当たりにしても、自社には無関係な儲け方であると認識してしまうのだろう。

◆収益源を多様化する

デジタル時代の価値獲得では、生み出した価値創造をベースにしながらも、課金対象はプロダクトに限らず、ありとあらゆる形で自在に収益を生み、利益を極大化する策を講じる。現在の事業活動から、利益を増やすためにはどうしたらよいのか、どのようなポイントで課金すれば利益が増えるのか、顧客以外に利益を増やしてくれる相手はいないか、今この瞬間だけでなく継続的に利益をもたらす方法はないのか、といったことがテーマとなる。

これはすなわち、プロダクトに価格を付ける以外の方法で利益を生むという選択肢が増えたことを意味する。「販売」では利益がなくても、別の収益源で儲けることが可能になっている。

象徴的なのが、グーグルやフェイスブックが採用する三者間市場、いわゆる「広告モデル」だ。主要なプロダクトである検索サービスやアプリによる価値創造ではユーザーから全くカネを取らない仕組みだ。それだけでは、利益は生まれようもない。

その代わり、価値獲得を工夫して別のプレイヤーから儲けている。つまり、広告主から利益を取る仕組みにしておけば、ユーザーを無料で喜ばせながら、利益を上げることができる。無料で良質なコンテンツが楽しめるのであれば、ユーザーは寄りつく。ただし、それには、広告主とコミュニケーションをとるための体制を備えておく必要がある。

アマゾンも価値獲得を駆使して、通常では儲からないビジネスでも儲ける仕組みをつくっている。ECサイトだからリアル店舗を持つもの売り企業に比べてコストが大幅に削減されるが、その分多大な物流コストがかかる。その結果、アマゾンといえども薄利だ。しかし、アマゾンは足りない利益を別の方法でつくり出している。ECで培った価値創造のベースを活かしながら、アマゾン ウェブサービス（AWS）という別の収益源で利益を生んでいるのだ。

アップルはご存じのように、iPhoneやiPad、それにMacというデジタルデバイスを製造、販売しているが、自社で行うのは企画開発のみ。パートナーのメーカーを通じて製造するファブレス方式をとっている。そのため、自社でつくるよりも製造原価は高くなる。そこで、巧みなブランディングによって顧客の情緒を刺激し、他社プロダクトでは考えられないくらい高い支払意欲をつくり出してきた。

一方で、アップルの利益はそれだけでは終わらない。価値獲得を駆使してさらに多くの利益を得るような取組みをしている。その元祖がiTunesだ。アップルデバイスの販売以外の課金ポイントを、音楽配信によってつくり出した。1曲当たりいくらの手数料ビジネスであるため、高い粗利を得ることができる。それは、アップルといえども、価値創造だけではなしえない額の利益と期待感をもたらした。

ただし、最近は少し状況も変わってきた。競合するプロダクトが多くなってきたことや、多くの人がデバイスを保有しているため、販売が鈍り、これ以上飛躍的に価値創造を伸ばすのが困難になることはアップル自身も感じているはずだ。そこで、さらにサービスのあり方を変えて利益を生み出す方向に動き出している。

以上に示したように、GAFAをはじめとするデジタル企業は、当たり前のように収益源を多様化して、ビジネスから多くの利益を生み出そうと常に挑戦している。

◆価値獲得を駆使するのはGAFAだけでない

価値獲得を駆使するのは、デジタルに強いGAFAやテック企業だけでない。実は、ものづくり企業やもの売り企業の中でも、価値獲得にフォーカスして利益をつくっているところがある。

その1つが、コストコホールセールだ。コストコは、低価格で顧客に商品を販売する倉庫型の流通業、つまり、もの売りである。価値創造だけを見るとかなりの薄利で最終利益が絞り出せないほどのコスト構造だ。

しかし、それをカバーしているのがコストコ流の価値獲得である。買い物をする顧客から年会費を徴収する方法をとっているのだ。これがコストコの赤字を防ぎ、利益を生み出す源となっている。そのおかげもあり、コストコは、流通業でウォルマートに次ぐ時価総額を記録している。

テスラも価値獲得を駆使して利益を生み出している。自動車業界は新参者が乗り込んでも、利益を出すことができるほど甘くはない。生産台数が相当ない限り、赤字をもたらす。しかし、テスラは赤字を最小限に抑え、黒字転換まで実現した。きわめて特異な価値獲得の仕組みを通じて、達成しているのだ。

テクノロジー満載のクールなスポーツカータイプのEVセダンという革新的な価値創造だけがクローズアップされがちだが、それを支える特異な価値獲得のおかげで、テスラは2020年にはトヨタを抜いて、自動車企業では時価総額で世界1位となった。

コストコやテスラのような例は、ものづくり企業やもの売り企業であっても、革新的な価値獲得をビジネスモデルに仕込んでおけば、利益を増やすことができることを示している。たとえ価値創造の方法が成熟しきっていても、価値獲得を駆使すれば新たなビジネスモデルはつくり出せる。これらの事例は、実際に数字を用いて第2章で説明する。

▸04.
もう1つのイノベーションとしての価値獲得

◆価値獲得に目を向けた、ものづくり企業のヒルティ

価値獲得を駆使すると、実質的に価値創造のイノベーションのみで戦ってきた既存の事業はどのように変革できるだろうか。それを示す絶好の例がある。

リヒテンシュタインに本拠地を置く、ヒルティだ。もともと工具を建設会社に販売するB2Bのものづくり企業である。同社は、性能の高い建設工具を顧客企業に提供するよう活動してきた。

しかし、ドリルをはじめとする建設工具は、いったん納入すると、その次に入るオーダーがかなり先になる。

性能や耐久性の高い製品に仕上げるほど、修理が必要なくなり、次の購入のタイミングが遅くなる。そこで、ヒルティは従来の単品売り切り以外の方法で、顧客から確実に繰り返し利益を得ることができないか、検討を重ねた。つまり、価値獲得からビジネスを再検討したのだ。

2000年、ヒルティは価値獲得をベースに、ビジネスモデルのあり方を変えた。製品を顧客企業に納めるのではなく、工具一式を納

入し交換するリース方式に代えたのだ。これにより、工具の所有権はヒルティが保持し、顧客企業には整備の行き届いた工具を提供し続ける「フリートマネジメント」の提供を実現させた。ものづくり企業から、定期課金を実現するサービス業へと変貌を遂げたのだ。

フリートマネジメントは、これまで販売していたものを単に定期課金に代えることを意味しているわけではない。工具を整備して届ける行為は、顧客の生産性を向上することにつながり、そこから派生し、顧客の抱える問題を聞きアドバイスする建築業のコンサルティングを手がけるようになった。工具の整備販売からコンサルティングへ。その道筋をつける足掛かりになったのだ。

ヒルティは、「顧客の生産性を高める」という価値提案をアップデートしたことで、提供プロセスも大きく変えた。工具をつくって代理店に卸して販売してもらうのではなく、自社が直接顧客企業に出向きサービスを行う体制に進化させたのである。

◆価値獲得が加わるとビジネスの仕組みは大きく変わる

ヒルティの業績は飛躍的に伸び、結果、ビジネスモデルも大きく転換した。

価値獲得が加わると、価値創造のみで戦うよりもビジネスを大きく捉えられることがある。その展開をまとめたものが、図表1-6である。

左図を見てほしい。現在の価値創造（1.0）で顧客を大喜びさせようとすれば、「価格」を「コスト」寄りに設定せざるをえなくなり、利益が圧迫されるのがわかる。「目標とする利益」はもっと高いが、現在の価値創造ではとてもではないが、達成できない。誰もが顧客を徹底的にリサーチし、コスト削減の努力をする。しかし、残念ながらその中では、なかなか新たな価値創造は生まれない。顧客のた

図表1-6 価値獲得がビジネスを変える

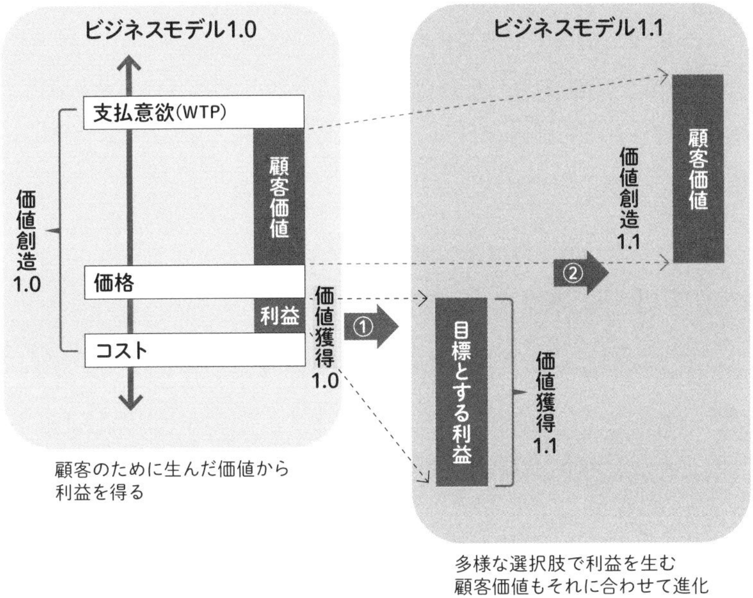

めに生んだ価値から利益を得るのは限界があるのだ。

そこで、価値獲得の考え方を変えてみる。右図を見てほしい。左図の価値獲得を便宜上（1.0）とし、右図は価値獲得（1.1）とする。価値獲得（1.1）は、これまでの価値創造（1.0）の枠組みから離れ、多様な選択肢で利益をなんとか生み出す仕組みを考えるため、目標とする利益を達成するよう設計する。

さらに、価値獲得（1.0）から価値獲得（1.1）へ変更し、それをビジネスに定着させる過程において、価値創造も価値獲得（1.1）に合うように最適化する必要がある。

まず、価値獲得の方法を変え（図中の矢印①）、それに合わせて、新たな価値創造（1.1）を生む（矢印②）。価値獲得を起点に価値創造を最適化するから、価値創造を革新するきっかけが生まれるのだ。

まさにヒルティは、良い製品を製造して販売する価値獲得(1.0)から、定期課金を行う価値獲得(1.1)に変更し、それに合わせるようにコンサルティング業務を行うなど、サービス業としての価値創造(1.1)へと転身した。ものづくり企業やもの売り企業であっても、価値獲得を起点としたビジネスモデルのイノベーションは可能なのだ。

◆価値獲得を変革する利益イノベーション

これまで、ビジネスの脈絡において「イノベーション」という言葉は、例外なく「価値創造イノベーション」を意味して使用されてきた。それは新製品や技術開発、あるいは工程革新など、価値創造のイノベーションによってもたらされることを前提としていた。実業界であれ、学界であれ、それは共通していた。つまり、図表1-7のようにイノベーションといえば、すべての企業は価値創造イノベーションをめざしていた。

しかし、これまで述べたように、従来の価値創造をもってしても、利益が生まれるとは限らない。このような状況で利益を生むには、価値獲得にも変革を起こす必要がある。価値創造にイノベーションがあるのと同じく、価値獲得にもイノベーションと呼べるものがあるのだ。この価値獲得のイノベーションを本書では「利益イノベーション」と呼ぶ。利益イノベーションは、業界慣行ともいえる既存の価値獲得から脱して、新たな利益の生み方を導入し、その結果、超過的な利益を生み出す。

それによって、既成の枠に収まりきらない革新的なビジネスをつくり出し、今まで以上に利益を取ることができる。

GAFAを見れば、みな口を揃えて価値創造イノベーションの素晴らしさを語るだろう。その点に疑いの余地はない。しかし、彼ら

図表1-7 すべての企業は価値創造イノベーションをめざした

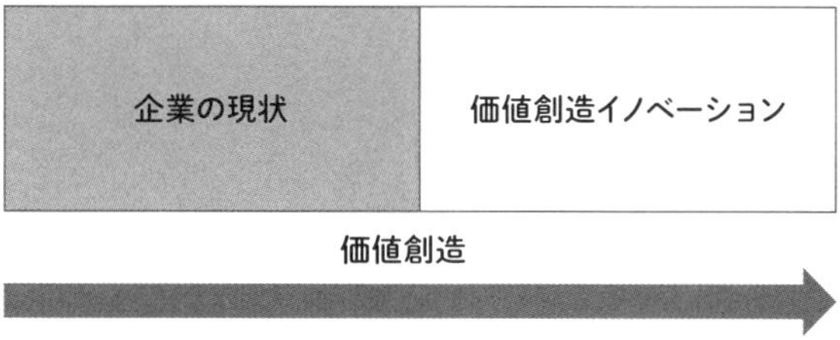

が取り組んだイノベーションは価値創造だけでない。常に、価値獲得に注目し、利益イノベーションともいえる取組みをしてきた。

グーグルは創立当初から試行錯誤して価値獲得を変え続けた。[2]

アップルも紆余曲折あって、1999年発売のiMacでようやく軌道に乗り始め、iPodで復権を果たそうとしていた。

フェイスブックはクールなサービスを確立し、ユーザーを拡大したが、なかなか収益を生み出せずにいた。[3]

アマゾンは、ECでの魅力的な買い物体験という価値創造の裏で研究開発費がかさみ、長らく赤字が続き、存続が心配されていた。

このような状況を打破する際に、これら企業は価値獲得の方法を変えてきた。利益イノベーションにトライしたのだ。

このことに気づかず、価値創造しか見えていない企業は多いように思うが、現在注目を浴びている企業の多くは、価値創造でも優れていながら同時に価値獲得にも工夫を凝らしている。必ず、利益イノベーションを起こしているのだ。

そのことを説明しているのが、図表1-8である。横軸は価値創造の進化を、縦軸は価値獲得の進化をそれぞれ表している。

2） Mullins and Komisar [2009]。

3） このことは、映画『ソーシャル・ネットワーク』で詳細に描かれている。

図表1-8 価値創造と価値獲得の強化

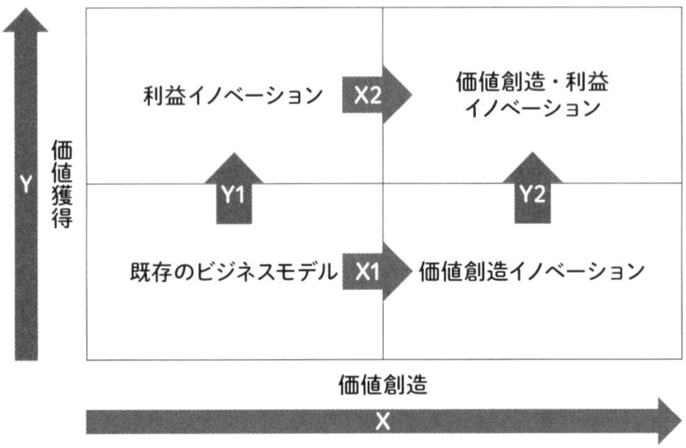

その業界で標準的なビジネスモデルをとる限り、図表中の左下にいる。価値創造をお題目に掲げる限り、ほとんどの企業は、横軸に沿って価値創造のイノベーションを進めるだろう。つまり、図でいうと横軸（X）を右へ（X1）と進めようとするのだ。企業の目的は、顧客を喜ばせることであるから、このことは無条件に推進される。それはごく自然な姿だ。そうして、価値創造イノベーションに成功した企業となる。

他方で、現在注目を浴びているのは、価値創造だけでなく、価値獲得でもイノベーションを起こしているGAFAのような企業だ。つまり、同じ右側でも右上に位置しているのだ。

これをめざすには、2つのルートが考えられる。1つは、多くの企業がそうであるように、価値創造イノベーションを実現させた（X1）うえで、さらに多くの利益を得ようと価値獲得をめざす（Y2）ルートだ。もう1つが、現状から直ちに利益イノベーションに踏み切り（Y1）、それにマッチした価値創造をつくり上げる過程で新たなビジネスを見出す（X2）ルートである。

どちらのルートでも、両方のイノベーションを実現する「価値創造・利益イノベーション」へは、理論的には行き着くことができる。しかし、価値創造を優先させるルートで直ちに利益に結びつけるのは、口で言うほど生やさしいものではない。

それは、なぜか。マーケティングのアイデアや思考を活用したり、最先端の技術獲得や工程革新に取り組み、あれやこれやと試行錯誤を続けても、そこにたどり着く企業はほんの一握りだからだ。さらにそこから、多くの利益をつくる方法を考えるとなると、途方もない道のりだ。

加えて、価値創造イノベーションに成功（X1）しても、最初から利益を織り込んでプロダクトの設計をしていたわけではないので、価値獲得の変更（Y2）に合わせてプロダクトやサービスを再設計しなければならない。試行錯誤の取組みが多くなるため、利益イノベーションは結果的に困難となり、価値創造も価値獲得も結実しない。

このルートでは、時間もカネも労力も多く投入する必要がある。しかし、今はどの企業もそのような悠長なことを言っていられる状況ではない。その間にキャッシュを消費してしまうとともに、プロダクトが陳腐化してしまうリスクもあるからだ。

◆「利益の器」はどのくらいか

現在のようなデジタルが当たり前の時代で、かつ有事を経験した私たちにとっては、価値獲得を優先させるルートをとるのが望ましい。最初から利益イノベーションをめざし（Y1）、さまざまな形で利益を取ることを想定し、そこから価値創造のイノベーションに取り組む（X2）のだ。今以上に利益を生むことを考えて、そこから事業を組み立てていく。利益を収穫する器を事前に準備するのだ（図表1-9）。

図表1-9　利益の器を先に変える

この方法であっても、結局は価値創造のイノベーションが必要となり、その点がネックになるように思われるが、最初に利益イノベーションに取り組むことで、価値創造に新たなアイデアやヒントがもたらされる。また、利益から逆算するため、漠然と暗中模索するよりは、価値創造イノベーションの方向性が明確になる。

企業は、価値創造と価値獲得の両方を達成する必要がある。言い方を換えれば、両方を達成すればよいのであって、順序は関係ないのだ。そうであるとすれば、利益イノベーションを優先させても何ら問題はない。

◆利益イノベーションが価値創造イノベーションを引き起こす

価値創造のイノベーションには、アイデアや技術的な限界、資金的な制約がある。それを乗り越えてこその価値創造であるが、あまりにもハードルが高すぎるのもまた事実だ。このように、価値創造のイノベーションはとても困難だ。

しかし、利益イノベーションを先行することで、結果的に価値創造のイノベーションのきっかけを生み出せる。直ちに利益から思考するという、通常とは異なるプロセスを経ることで、新たなアイデアが浮かび上がることがある。困難な価値創造イノベーションを間接的に起こすことができるかもしれない。

価値創造に邁進し続けた企業にとっては、すぐさま利益イノベーションに乗り出すY1のシナリオに抵抗があるかもしれない。また、本当に信憑性があるのか、疑いたくもなるだろう。

しかし、実際にそのような変革シナリオをとった企業は多くある。すでに紹介したヒルティ、史上最大のサブスク成功企業セールスフォース・ドットコム、同じくサブスク転換で生まれ変わったアドビ、2021年3月期決算で純利益1兆円を超えた日本が誇るエレキ企業のソニーグループだ。こうした企業は、実際に獲得できる利益に問題意識を持ち、利益イノベーションを重視していた企業だ。

古き良き時代に顧客価値と利益を生み出すことに最適化してきた、ものづくり企業ともの売り企業にこそ、利益イノベーションがもたらす影響は大きい。

05.

利益イノベーション発のビジネス変革
――マーベル復活の理由

利益イノベーションは、企業を窮地から救い、新たなビジネスモデルを生む。そのことを鮮やかに体現しているのが、マーベル復活のストーリーだ。出版業界の老舗企業が、経営破綻を経験しながらも、ビジネスそのものを大きく変えるときに、いかに価値獲得が重要な役割を果たしたのかを学ぶことができる。

◆出版社から映画スタジオへ

全世界の映画の歴代興行収入のランキングは、今やアメリカンコミック（アメコミ）の独壇場だ。公開時に歴代1位だった『アバター』

（2009年）の記録を10年ぶりに塗り替えたのが、約28億ドルを稼ぎ出した『アベンジャーズ／エンドゲーム』（2019年）だ。2018年公開の前作も約20億ドルで5位にランクインしている。加えて、シリーズ第1作（15億ドル：8位）も、第2作（14億ドル：11位）も、そして、世界観を同じにするシリーズ作品も上位を占めている。

これらの作品群を生み出した企業こそが、数々のコミックとキャラクターを生み出してきたマーベルだ。その輝かしい成果は、単なる「作品」の良し悪しだけにフォーカスすると本質を見誤る。

幾多の苦境を乗り越えた末にたどり着いた「ビジネスモデル」にこそ成功の本質があるのだ。マーベルのビジネスモデルへの向き合い方は、国や業種業態を超えて、すべての企業に利益イノベーションについての大きな気づきを与えてくれる。

利益イノベーションから読み解くと、マーベルの歴史は大きく3つに分けられる（図表1-10）。出版を中心としたフェーズ1、ライセンス収益の獲得をめざしたフェーズ2、映画製作を決めたフェーズ3だ。順に見ていくことにしよう。

◆フェーズ1　出版社としての苦悩

マーベルは1939年にコミックス出版社として設立し、出版を開始すると早い段階で成功を収めた。本を制作し販売して利益を生むという意味では、出版業界としてごく当たり前のビジネスだったが、スパイダーマンやX-メンをはじめ、創造性に富んだコミックスを次々と世に送り出したため、売れに売れた。

しかし、1970年代後半から、コミックスの世界観を無視した実写化などが行われた結果、キャラクターの価値を守りきれず、コミック自体の売上が低迷し、コミック作家たちもライバル会社に流出して、会社は存続の危機を迎える。

図表1-10 マーベルのビジネス革新

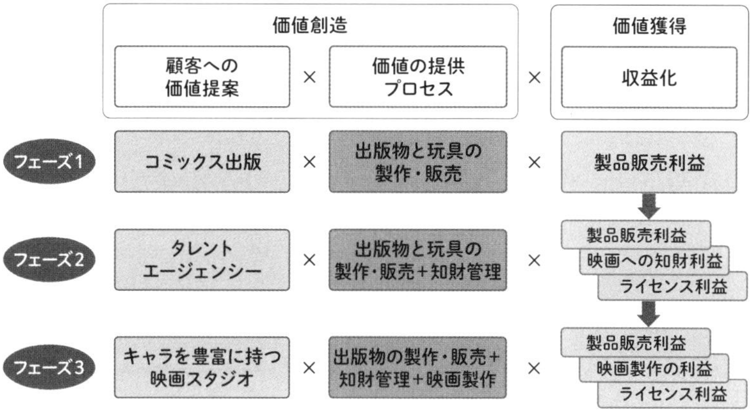

決定的となったのは、投資家であり企業再生家のロナルド・ペレルマンが買収した後のこと。コミックス出版というコアビジネスを全く理解しないまま、コミックの値段を大幅に釣り上げたり、小売店に直接販売をするなど、安易で乱暴な価値獲得に走った。その結果、1997年、マーベルはとうとう経営破綻してしまった。

18カ月間にわたる関係者の協議を経て、1998年10月に関係会社であった玩具メーカーのトイビズのオーナーであるアイク・パルムッターとアヴィ・アラッドがマーベルを獲得した。ここから、コミック出版社の殻を破るべく、マーベルのビジネスの大転換が始まる。

◆フェーズ2 利益イノベーションで再建

パルムッターは、1999年7月に著名な企業再生家であったピーター・クネオをCEOとして迎えた。伝統的な出版社の価値獲得は、在庫リスクも高いうえにマージンが低く、そこそこの売上ではほとんど利益が出ない。クネオは、まずマーベルを利益の出せる体質にするため、利益イノベーションに取り組んだ。

現有のアセットを使って多くの利益を生むにはどうしたらよいか。クネオは、マーベルのキャラクターをIP（知的財産）として活用するライセンス事業を思いつく。マーベルの抱えるキャラクターは4700以上あったため、マーベルのキャラクターが所属する「タレントエージェンシー」ができると考えたのだ。

このときの顧客への価値創造は、キャラクターの特性を損なわないようにしながら、ハリウッドのメジャースタジオで映画化され、そこから出版事業や玩具事業にも波及するというものだった。

クネオは積極的にこの仕組みを採用した。その結果、X-メンが20世紀フォックス（現・20世紀スタジオ）で、スパイダーマンがソニー・ピクチャーズで、そしてハルクがユニバーサル・ピクチャーズで映画化された。映画がヒットするかどうかにかかわらず、マーベルは全くリスクを負わず、多額のライセンス収益を得られることが決まった。

とりわけ、スパイダーマンシリーズは顕著な成果をもたらした。2002年と2004年のマーベルの営業利益は、なんとスパイダーマンが半分を占めている。映画公開がなかった2003年でさえ、営業利益の3分の1がスパイダーマンによるものだ。2004年にはついに負債を一掃、黒字の累積により株主資本も盤石となり、健全な企業となった。

ライセンス事業は価値獲得として理想的だった。著作権料が前払いで支払われ、なおかつ興行収入に伴って数パーセントのロイヤリティも入ってくるからだ。このビジネスは、再建期のマーベルを健全化するうえで、大きな成果をもたらした。

◆フェーズ3　さらなる利益イノベーションへ

健全な財務体質を得たマーベルは、自分たちのリスクで映画を製作し、さらなる価値獲得をするよう舵を切った。一般的に映画製作は当たれば莫大な収益が得られるものの、投資規模も大きく、それだけリスキーだ。そのため参入障壁がきわめて高いビジネスだが、マーベルはメジャースタジオとの協業を通じて、映画製作のリスクを正当に見極められるようになった。

マーベルが独自に映画をつくるきっかけの1つに、映画で得られる興行収入のわりにライセンスで得られる利益の割合が小さかったことが挙げられる。キャラクターの重要性を知ったマーベルは、このままライセンスビジネスを続けてキャラクターをすり減らすよりも、自分たちでもう一度キャラクターの価値を高め、それにふさわしい形で価値獲得していくことが、これからのマーベルのあり方として正しい道筋であると判断した。

これまでの価値獲得に映画製作からの利益を加え、コミットする。それは、タレントエージェンシーから映画製作スタジオへと価値創造をも刷新するという、価値創造イノベーションを推し進めることとなった。以前までライセンス管理のためだけに置いていた「マーベル・スタジオ」という名ばかりのオフィスを、実際に映画製作を行う独立系スタジオへとつくり替えた。早速メリルリンチから5.3億ドルを低利息で借り入れることに成功し、それを元手に製作したのが、実写版『アイアンマン』だった。

実は『アイアンマン』は、スパイダーマンやX-メンが永続的にライセンス契約をしていて使えないため、仕方なく使った経緯がある。主演には、ハリウッド俳優の中でも演技力はあるものの問題児として知られていた、ロバート・ダウニーJr.を起用した。

このキャスティングは世の中を驚かせた。当時のマーベルは、映画製作スタジオとしては新参者ゆえ、ギャランティの高い俳優は使えないこともあった。また通常であれば、コンプライアンス的にイメージの悪いダウニーは起用しない。しかしマーベルは、コミックスの世界観をつくり出したクリエイターたちの考え方を優先させたのだ。ダウニーのやんちゃなイメージが主役のトニー・スタークのキャラクターにピッタリであったことによる決断だった。

キャラクターの知名度が劣っており、また、人気俳優や人気監督の作品ではないという心配をよそに、コミックスの世界観に沿って丁寧につくり込まれた『アイアンマン』は公開時の全米興行収入で1位を獲得。全世界興行収入で最終的に約5.9億ドルを稼ぎ出す大ヒット作となった。

それは、著名俳優や監督でヒットをつくろうとするハリウッドメジャーのやり方ではなく、キャラクター・ファーストの映画製作という価値創造がもたらした成果だった。その価値創造がいかに強固で有効であるかは、続く作品群の『インクレディブル・ハルク』（アイアンマンと同時企画）、『マイティ・ソー』、『キャプテン・アメリカ』で証明された。

しかも、これらは単発の作品でありながらも、同じ世界観を共有しており、最後には『アベンジャーズ』で1つに集約されるよう設計されているのだ。それこそが、マーベル・シネマティック・ユニバース（MCU）である。

一貫性を持った世界観は、キャラクターを中心に据えた映画製作会社という価値創造でこそ実現できたものである。そうして生まれた作品群が、今なおファンを魅了し続けている。

◆利益イノベーションと価値創造イノベーションの好循環

マーベルの事業改革の成果は、売上と営業利益といった実際の数値からも明確に読み取ることができる(図表1-11)。

まずは、フェーズ2でライセンスによる価値獲得で再建に成功する。再建当時の1998年に売上高約2億ドルで営業赤字だった企業は、ライセンス収益を獲得する価値創造に変更し、6年後の2004年には売上高5億ドル超で営業利益2.5億ドルを計上、ROS(売上高営業利益率)も40%を超える超優良企業になっていることがわかる。

ここで価値獲得に成功して利益基盤が安定化するが、マーベルは歩みを止めなかった。そこで得た利益水準に甘んじることなく、さらなる価値獲得をめざし、映画製作会社を生むというフェーズ3に移行したのだ。

そのビジネスモデルで生まれた『アイアンマン』の成功を受けて、2008年のマーベルは過去最高売上高の約6.8億ドルと過去最高益の約3.8億ドルを実現する。価値獲得の進化に応じて、価値創造の方法も最適化しており、最終的にビジネスモデルを大きく変革させた。

図表1-11からは、収益構成と利益構成を大きく変えながら、利益構造を更新し続けていることが見てとれる。フェーズ3で映画製作が実現した頃には、ROSのレベルをさらに高めて、2期連続で50%を超えていた。

フェーズ3が成果を見せ始めた2009年、世界を驚かせるニュースが飛び込んできた。ディズニーがマーベルを42億ドルで買収したのだ。破綻した老舗コミック出版社は、いつの間にか世界的メジャースタジオの一員となり、今やその大黒柱となって映画の歴史を変えるほどの影響力を持っている。

マーベルの輝かしい変革は、苦境にこそビジネスモデルをつくり込むことの大切さを教えてくれる。どの企業も、苦境を迎えたときは資金繰りが何より重要となり、その場合は、とにかく利益イノ

図表1-11 各フェーズを裏づけるマーベルの利益構造の変化

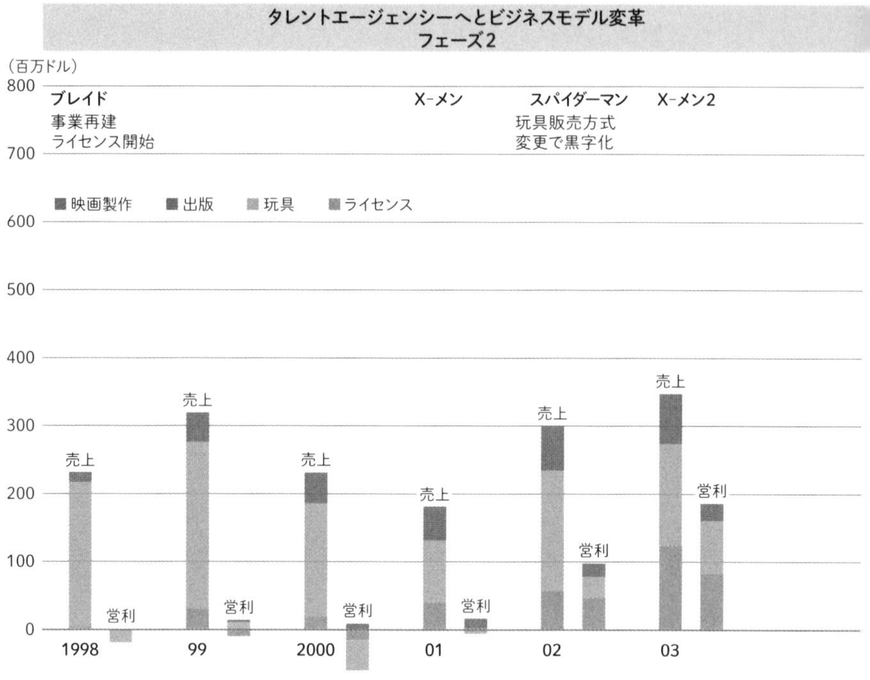

ROS	−8.4	0.1	−25.5	0.7	26.9	48.1

注：表中作品のアイアンマン以外は、ライセンス製。
出所：Marvel Enterprises annual report各年度分より作成。

ベーションを最優先するところから始めてかまわない。

ただし、利益イノベーションに主軸を置きつつも、それに応じた価値創造イノベーションも忘れてはならない。価値創造と価値獲得という2つの要素は、相互依存的な関係でビジネスを構成している。どちらかが圧倒的に秀でていても、「顧客を喜ばせ、利益も上げる」というビジネスの目的を実現することは不可能なのだ。

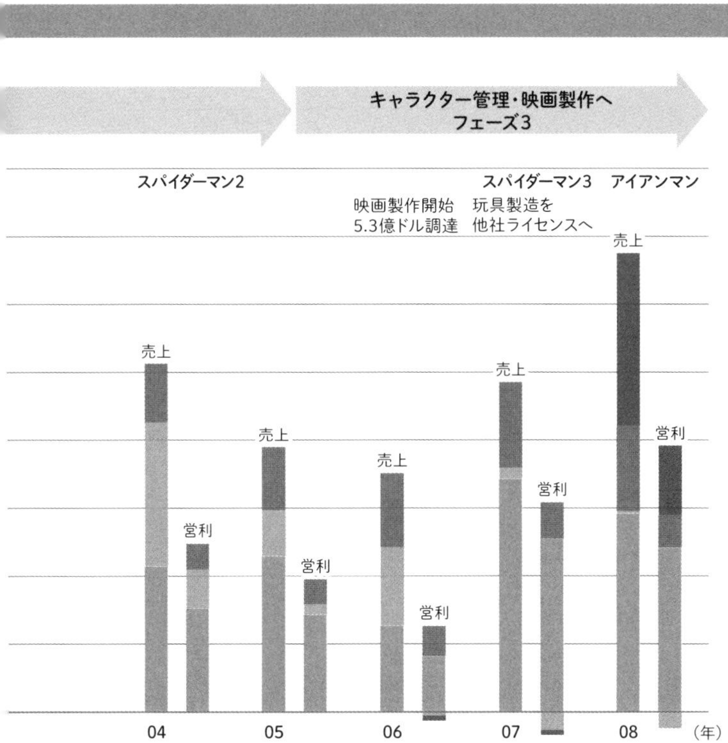

	43.7	44.1	32.0	56.5	54.4	(%)

◆イノベーションのルート

ここで述べたマーベルのビジネスモデル変革を、価値獲得と価値創造からフォローしたものが図表1-12である。

マーベルのようなクリエイティブな企業は、価値創造イノベーションによってビジネスを展開していくと思われがちであるが、意外にも利益イノベーションが大きな飛躍のきっかけになっている(【フェーズ1からのイノベーション】)。当たり前のことだが、創作意欲

図表1-12 マーベルの利益イノベーション

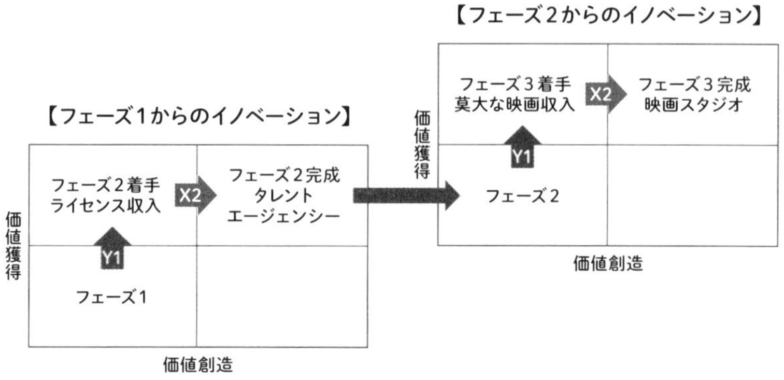

や能力がある企業でも、価値獲得がうまくいかないと資金面で苦労する。

だから、まずは価値獲得によって創作活動ができるよう正常に立て直すことが必要だ。それに合わせた価値創造がアップデートされれば、新たなビジネスモデルとして生まれ変わることができる。

マーベルはそれに飽き足らず、映画という表現の場を得て、新しくなった価値創造をさらに活かすために、さらなる利益イノベーションに乗り出した。そして、それに合わせてさらに価値創造を一新し、世界を代表する映画製作スタジオを生み出した（【フェーズ2からのイノベーション】）。

ライバルのDCコミックスが、映画の世界でマーベルほどの成功ができないでいるのとは対照的だ。実写の世界観を統一できず、そこそこのヒットしか生み出せない。まさに価値獲得が定着せず、価値創造も大きな展開を見せられない、足踏み状態を繰り返している。

なだらかに利益が入る状況に、つい甘えてしまい、価値創造を変革する意識は薄れていきがちだ。しかし、そんな状況に安住すれば、企業はゆっくりと滅びていくだろう。

マーベルの事例は、価値獲得からビジネスモデル全体を変革することが、いかに有効であるのかを教えてくれる。これは決して特殊なケースではない。すべてのものづくり企業やもの売り企業にとって重要な気づきを与えてくれる。

06.
利益イノベーションへようこそ

企業は価値創造だけでなく、価値獲得も変革することで、今以上に顧客を喜ばせ、利益を得ることができる。とりわけ価値獲得に焦点を当てることで、価値創造のイノベーションに悩んでいた企業は、視野を広げ、同業他社とは異なる事業を展開できる。

◆価値創造のメンタルブロック

ここまで、利益イノベーションの重要性を述べてきた。誤解を恐れずに言うならば、これまでの日本のものづくり企業やもの売り企業は、価値獲得をないがしろにしたまま、イノベーションを推進してきたといえないだろうか。

なぜこれまで多くの企業が、価値創造のみのイノベーションやビジネスモデルを語ってきたのだろうか。

それは、まさに価値創造による成功体験がそうさせているのだ。

ものづくりやもの売りで栄えてきた日本企業は、価値創造の枠組みをつくるのがうまく、それでヒット商品を連発してきた。そして、1980年代のバブル景気も手伝って、多くの利益を生んできた。また、日本は資本コストが安いという状況も手伝って、利益を生み出しやすい環境にあった。

そうして、価値創造の枠組みでも、難なく利益を生み出すことができた。企業が思うがままに活動してもなお、利益が残る体質をつくれたし、その時期はしばらく続いた。キラキラと輝く栄光の時期であり、日本企業が世界中を席巻した時期でもあった。

その結果、価値創造さえ一生懸命やれば、利益は必ずついてくるという無根拠な信念だけが残った。特に日本企業は、ものづくりやもの売りの成功体験から、価値創造に重点を置いてきた。

これを「価値創造のメンタルブロック」と呼びたい。価値創造のメンタルブロックは、ビジネスを価値創造だけで完結させ、残余としての「利益」のみを重視することに何の疑いも持たないことを指す。

もちろん、これも利益に違いはないが、価値創造の枠組みから一歩出て、価値獲得に目を向ければ、利益を生み出す方法はいくらでもあることがわかる。わかっていても、そこに着手できないのは、成功体験がもたらしたメンタルブロックではないかと思うのだ。

価値創造のメンタルブロックは、皮肉にも、本来は自由な価値創造を奪い去ってきたといえる。日本企業のものづくりやもの売り企業の多くは、利益を気にしつつも、支払意欲とコストの狭間でいかに価値創造を最大にできるかを考え頑張ってきた。しかし、他にたくさんの利益を生み出す方法が、実は価値獲得の枠組みに隠されていることを知ってほしい。

価値獲得は、企業が事業活動から利益を得ることである。利益そのものを生み出すことが主活動だ。それを中心に据えたイノベーションが実際に展開されていることは、これまで述べてきたとおりだ。

利益イノベーションには、自社の価値創造を尖らせる機能がある。もっと利益を生むには、現在の顧客以外に誰から課金するのがよいのか、もはや顧客でなくてもよいのではないか、主要プロダクト以外で課金すればよいのではないか、今の自社に課金できるものはないか、時間をかけて利益を得たいが、それには現在の体制で十分なのか、などと新しい角度から疑問を投げかけてくれる。利益イノベーションを駆使してビジネスモデルを構築すると、さらに自由な発想でビジネスが生み出せる。

利益イノベーションは、進出できるビジネスの選択肢を大幅に増やすのだ。これまでボランティアでしか成り立たないと思っていた取組みも、利益イノベーションを駆使することで、新たなビジネスを生み出すことになる。

◆利益にこだわらなければならない理由

本書では、新たな利益の生み方を説明するにあたって、これまでの価値獲得の概念では収まりきらない、多様な収益源に着目し、利益を生み出す「収益化」について説明する。

収益化と聞けば、収益、つまり、売上をつくることをイメージする人が多い。しかし、本書では徹底的に利益をつくることにこだわるため、「利益化」(profiting) という言葉を使うことにする。[4] 図表1-13は、収益化と利益化の違いを表している。

収益化では、いかに収益(売上)をつくるのかを問題にするが、利益化では利益を問題とする。一見、違いがなさそうだが、新たな収

---

4) 実際に収益モデルと呼ばれるものの中身は、本書でいう利益の生み出し方を指しているものが多く、明らかな矛盾を引き起こしている。それもそのはずで、日本において「収益モデル」と翻訳されているが、その原語は“profit model” (McGrath and MacMillan [2000]; Itami and Nishino [2010]) や“profit mechanism” (Gassman et al. [2014])、“earning logic” (McGrath and MacMillan [2000]) であり、これらは収益 (revenue) ではなく、明らかに「利益の生み方」を問題としている。利益を意味するprofitやearningを「収益」と訳してしまっていることで、利益へのフォーカスがぼけてしまっている。

図表1-13 収益化から利益化へ

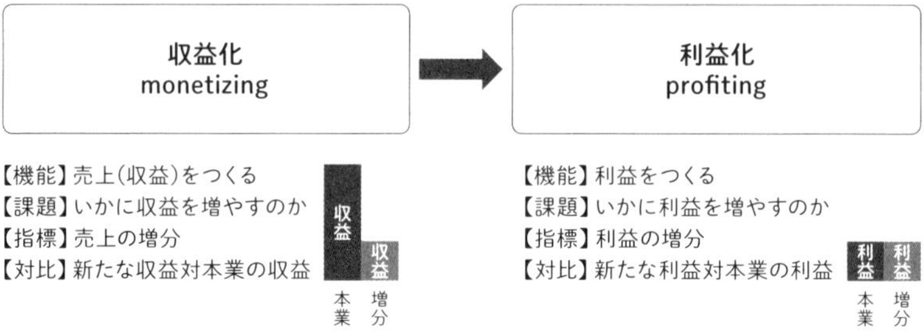

益源を売上で見るのか、利益で見るのかは、大きな違いを生む。その最たるケースが、本業へのインパクトを測るときだ。

収益化の枠組みでは、どうしても売上を見てしまう。その証拠に、収益源が多岐にわたるとき「売上構成比」を念頭に置いてしまう。

しかし、それだけでは判断を見誤る。収益源を多様化したとしても、その売上と本業の売上を比較しても、どうしても些細なものに見えてしまう。100億円対2億円ほどのものかもしれない。売上の比率でいえば50対1だ。だからといって、たいした額ではないと、捨ててしまうのはあまりに早計だ。事実、そうして見過ごされてきた収益源は、企業の中にたくさんあるだろう。

しかし、この収益源を「利益構成」で見ると、話がまるで違ってくる。売上100億円の本業の営業利益率が5%で、追加的な収益源には追加的コストがほぼかからず、売上2億円がそっくりそのまま利益だったとしたらどうだろうか。利益対比は、金額にして5億円(100億円×5%)対2億円(2億円×100%)。新たな収益源は、営業利益で見れば、本業の40%(2億円÷5億円)にも相当する。きわめて大きいインパクトだ。

仮に有事で本業が2億円の損失を出せば、利益構成では▲2億円対2億円となり、本業の損失を回復させるほどの力を持つ。利益で見れば全く印象が変わるのだ。

このような利益の重みは、収益（売上）で見れば、見過ごされてしまう。その収益源を利益の観点からチェックして初めて、正当なジャッジが下せる。

このように、さまざまな収益源の利益を組み合わせて、最終的に事業利益を生み出す仕組みをつくることを目的とするため、本書ではあえて「利益化」と呼ぶ。

なお、ひとくちに利益といっても、さまざまなものがある。会計上の利益だけでも、5つあり、[5)]その点でも混乱を招きやすいが、本書では断りのない限り、営業利益とそれをベースにした事業利益を「利益」として話を進める。

◆利益イノベーションからビジネスモデルを変える

本書は、利益イノベーションに着手し、価値創造のイノベーションを経て、最終的にビジネスのあり方そのものを変えていく方法を示す。図表1-14はその構造を示している。

第2章では、利益イノベーションが企業にどのような影響をもたらしているのかを、明らかにする。ここでは、実際に価値獲得を駆使する企業が、どのように多様な収益源を活用してビジネスを展開しているのか、財務的な数値の裏づけを取りながら、その真実に迫る。

第3章では、新たな価値獲得にはどのようなものがあるのか、代

5） 会計上の利益には、売上総利益（粗利益）、営業利益、経常利益、当期利益、税引後当期純利益がある。日本企業が最も重視してきたのは、支払利息を差し引いた後の経常利益である。これは伝統的に日本企業の多くが、銀行借入（間接金融）を中心に成長してきたという経緯によるものだ。

図表1-14 利益イノベーションによる新たなビジネスモデル構築

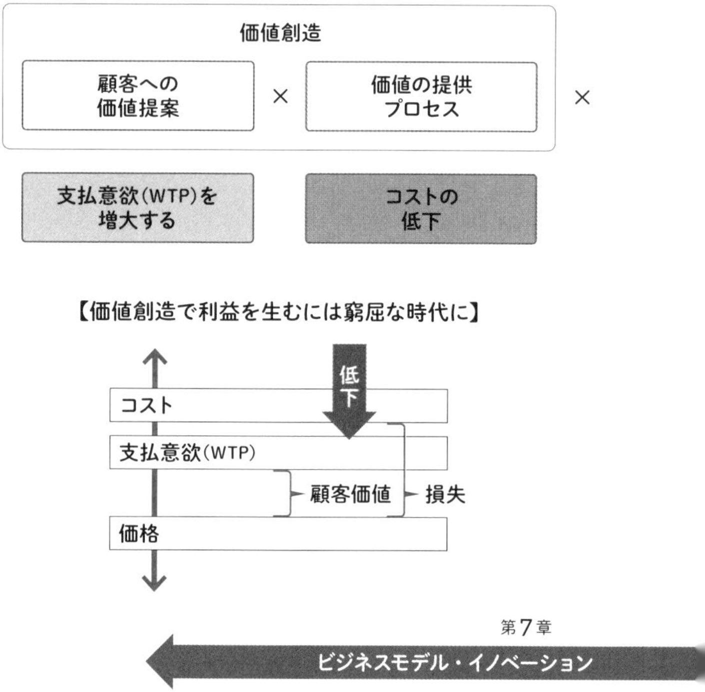

表的な30の価値獲得から示す。

第4章では、利益イノベーションを実働する際の前提となる具体的な概念を述べる。それが、本書の要にもなっている「収益源の多様化」だ。まずは、どのような収益源があるのか棚卸しするため、課金ポイント、課金プレイヤー、課金タイミングという構成要素に分けて探っていく。利益化を問題にしながらも、あえて「収益」に踏み込むには理由がある。利益は見えにくいからだ。そのため、売上や価格として見えやすい収益から着手するが、あくまでも目的は、利益を大きくすることだ。このような点もふまえて、概念と構成要素について明らかにする。

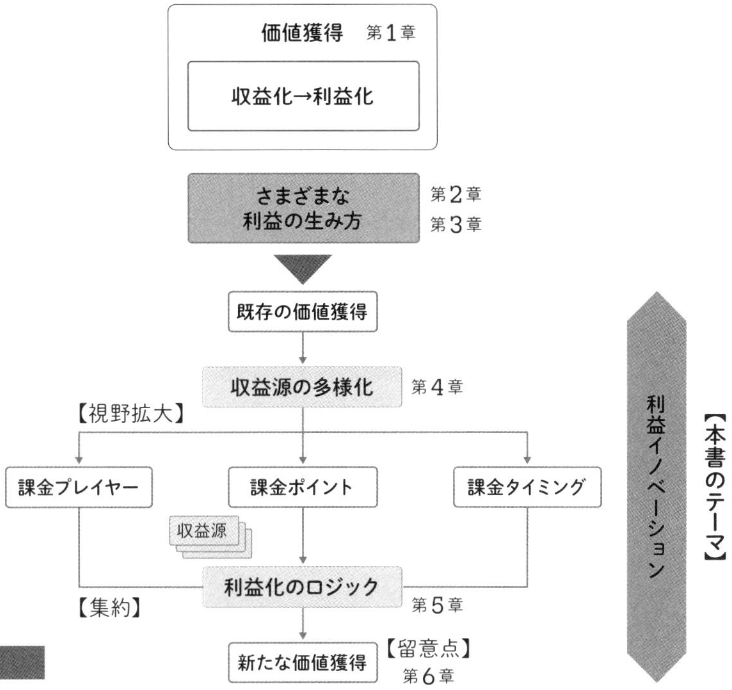

第5章では、第4章で洗い出した課金ポイント、課金プレイヤー、課金タイミングそれぞれの利益のつくり方と、その組合せ方について詳述する。利益イノベーションを結実させるためには、新たな価値獲得を一定の体系の下でつくり上げる必要がある。それを示した利益ロジックによって、いかに体系的な「利益化」が可能になるのかについて述べる。

第6章では、ものづくり企業やもの売り企業が最も着手しやすい価値獲得である「サブスクリプション」を取り上げ、その上位概念である「リカーリングモデル（継続収益モデル）」とともに紹介し、これら価値獲得との向き合い方について言及する。

最後に第7章では、こうした収益源の多様化と利益化という一連の利益イノベーションを駆使して、ビジネスモデル全体が変貌を遂げていく際の注意点や必要条件を示す。

本書を最後まで読めば、どのような企業であっても、価値獲得が重要な要素となることがわかるだろう。これから価値創造のあり方を変えようとする企業であっても、あるいは、すでに何度か価値創造の変革にチャレンジしてきた企業であっても、価値獲得によって全く違う角度からビジネスモデル全体のイノベーションに取り組み、さらに大きな変革を実現できる。

新たなイノベーションの視角を手に入れることで、これまでのビジネスの見方が全く変わる。もしかしたら、あなたの企業はすでに多くの収益源を持っていたにもかかわらず、見過ごしてきたかもしれない。イノベーションのきっかけがあるのに、放置してきたかもしれない。それらのことが見えてくるはずだ。

ビジネスモデルの変革に終わりはない。価値獲得を味方につけることで、どのような企業も、よりダイナミックなビジネスの絵を描き、新たな価値創造へと結びつけることができるだろう。

第2章

利益イノベーションの先進事例

POINT

- イノベーター企業が駆使する価値獲得とは？
- 利益の生み方を数字で追うと見えてくるもの
- ものづくり企業やもの売り企業でも利益イノベーションは起こせるのか？

KEYWORD

- 価値獲得
- プロダクト販売
- サービス
- サブスクリプション
- 温暖化ガス排出枠

本章では、利益イノベーションで結果を出している5つの企業を見てみよう。これらの企業は、価値創造でイノベーションを起こしたことで有名だが、実は価値獲得が独特だ。同業他社の常識に全くとらわれず、価値獲得を駆使して利益イノベーションを起こしているのだ。

そこで、実際の財務データを紐解き、どのような形で利益イノベーションを実現しているのかについて見ていくことにしよう。

▸01.
価値獲得が変わる

MacやiPhoneなどのアップルプロダクト（製品）を使って仕事をし、アマゾンで買い物をする。両者のない生活が考えられない人は多いのではないか。今やアップルやアマゾンが、現在のものづくり、もの売りの価値創造のスタンダードをつくり上げているといっても過言ではない。

現段階で、他の企業がここに割って入ることは難しい。なぜなら、アップルやアマゾンは、あれだけの価値創造を、利益をしっかり出しながら実現しているからだ。

同じ方程式は、伝統的なものづくり企業である自動車産業や、伝統的な流通業にも流れ込んでいる。

テクノロジー系企業として、電気自動車を魅力的につくり上げ、早期にポジションを勝ち取ったのがテスラだ。単なる電気自動車の提案にとどまらず、スポーツカーとしての性能や、自動運転という最先端の技術で人々を魅了した。新興の自動車メーカーということもあり、2019年度まで赤字続きであったにもかかわらず、将来黒字化したときには独り勝ちをすると資本市場は判断した。テスラの株式時価総額がトヨタを超えて1位になったのは、それを如実に表している。

コストコは、倉庫のような売り場で、顧客に低価格で、かつ、コストコサイズと呼ばれる大型の商品を提供して買い物の場を提供している。どのコストコも郊外にあり、顧客は大量購入のために車で向かうため、駐車場は常に大渋滞になる。コストコが近隣に出店してきたら、既存の商店街などは対抗しようにもできない。コストコの価値創造がすごいとわかっていても、価値獲得が全く違うので、同じように利益を出すことができないからだ。

エンターテインメントという、ものづくりとも、もの売りともいえる業界で、価値獲得に大きな変革をもたらした企業がネットフリックスだ。ネットフリックスは、定額制サブスクリプションがもたらす安定利益によって、新たな価値創造を実現している。実際、ハリウッドの映画産業も戦々恐々だ。アカデミー賞さえも、ネットフリックス作品がノミネートされるのは当たり前となり、すでに数々の主要な賞を受賞しているのだ。

これらの企業は、価値創造ばかりに目が行きがちであるが、価値獲得で革新的な取組みをしている。図表2-1でいえば、右上の「価値創造・利益イノベーション」に成功した企業なのだ。こうした会社は、縦軸の価値獲得（Y）で何ができるか考え、価値創造に取り組みつつも常識にとらわれない形で利益を生んだり（Y2）、あるいは、設立時から同業他社が一般に採用する利益化の方法をとらず、業界に利益イノベーションを起こした新たなビジネスとして登場している（Y1）。

革新的な価値創造に取り組もうとすると、横軸（X）に集中しがち

図表2-1 いずれにしても利益イノベーションが主眼に

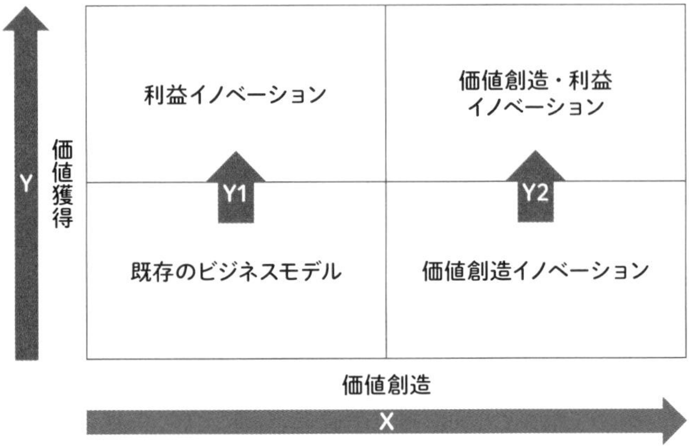

だが、そのような企業ほど、別の角度に視野を広げている。すなわち、縦軸（Y）に目を向け、新たな価値獲得の方法はないかと模索している。利益イノベーションに挑戦しているのだ。

▸02.
イノベーティブな企業は、価値獲得も革新的

早速、アップル、アマゾン、テスラ、コストコ、そしてネットフリックスの5社を例にとって、利益イノベーションがどのように数字に表れているのかを見ていくことにする。

◆アップル――尖った「もの」と「サービス」で価値獲得

アップルは、製造部門を持たないファブレス生産方式をとる。外注生産ゆえ、プロダクトのコストが高くつくため、販売スケールを大きくして少しでもコストを下げるか、あるいは価格を高くしな

ければ利益は生まれない。通常のスマートフォンであれば、価格が1000ドルを超えるようなら全く売れないが、アップルのiPhoneは、売れるのだ。ブランド価値を高めて顧客の支払意欲（WTP）を高めてきたからだ。それと同時に、世界中での大量販売によってコストを下げ、その価値創造を成立させてきた。

ただし、アップルといえども、ここからさらに利益を得るのは難しい。ものづくり企業であれば、利益を増やすためには、価格をより上げたいところだが、すでに高額のアップル製品は、もはや簡単に値上げできない。それでもなお利益を上げるにはどうすればよいのだろうか。

答えは、アニュアルレポート（年次報告書）にある。

アップルは、2020年9月決算期に約2745億ドルの売上を計上した。[1] その半分以上はiPhone（1378億ドル）によるものであり、最もアップルの売上に貢献をしているのがわかる。その次に売上貢献をしているのは、なんと、ものではなく「サービス」だ。

これは、iTunesやApp Storeでのアプリケーションの売上にiCloudやApple Musicなどのサブスクリプションサービスを加えたものである。その割合は年々増加し、今やMacの売上（286億ドル）を超える。MacとiPadを合計してもなお上回る538億ドルを稼いでいる（図表2-2）。

ここまでは、ただ収益を増やしただけのようにも見える。では、利益はどうか。そこで、2020年決算を中心に、損益計算書を詳しく見てみよう（図表2-3）。損益計算書からは、プロダクトとサービスにそれぞれかかわったコストがわかるため、利益へのインパクトが見えてくる。

1） 本章では以降、原則的に0.1億ドルを四捨五入して表記するため、「約」は省略する。

図表2-2 アップルの売上構成比

（単位：100万ドル）

	2018年9月期	2019年9月期	2020年9月期
収益（売上高）			
iPhone	164,888	142,381	137,781
Mac	25,198	25,740	28,622
iPad	18,380	21,280	23,724
ウェアラブル、ホーム＆アクセサリー	17,381	24,482	30,620
サービス	39,748	46,291	53,768
売上高合計	265,595	260,174	274,515

出所：Apple Form 10-k annual report〔2020〕より作成。

図表2-3 アップルの損益計算書

（単位：100万ドル）

	2018年9月期	2019年9月期	2020年9月期
収益（売上高）			
プロダクト	225,847	213,883	220,747
サービス	39,748	46,291	53,768
売上高合計	265,595	260,174	274,515
売上原価			
プロダクト	148,164	144,996	151,286
サービス	15,592	16,786	18,273
売上原価合計	163,756	161,782	169,559
売上総利益	101,839	98,392	104,956
営業費用			
研究開発費	14,236	16,217	18,752
販売費および一般管理費	16,705	18,245	19,916
営業費用合計	30,941	34,462	38,668
営業利益	70,898	63,930	66,288

出所：Apple Form 10-k annual report〔2020〕より作成。

2020年決算では、プロダクトでは収益（売上高）がトータルで2207億ドルであるのに対して、売上原価が1513億ドルかかっており、売上総利益（粗利益）は694億ドル、粗利益率は31.5%となる。高額のデバイスを買ってもらうために、いかに顧客の支払意欲を高めようとしても、売上原価がかさむため、粗利益レベルでは平凡な数値となっている。

一方で、「サービス」は、収益（売上高）が538億ドルで売上原価が183億ドル。粗利益率は、実に66.0%にもなる。しかも販売はオンラインのみであり、営業費用も実物を伴うプロダクトに比べればほとんどかからない。そのおかげで、プロダクトとサービスを合わせたアップル全体の粗利益率は、最終的に38.2%にまで高められている。サービスからの利益によって、全体の利益を押し上げるという価値獲得をとっているのだ。その結果、諸経費を引いた後の営業利益率は24.2%を達成している。

このようにアップルは、プロダクト販売とサービスの双方を一体として、利益を高めることに成功している。

価値創造イノベーションの成功事例として紹介されることの多いアップルだが、プロダクトを売って得られる利益だけでは心もとなく感じていたはずだ。iPhoneの売上規模が大きいゆえに同社には悩みがなさそうに見えるが、アップルなりの閉塞感があったはずだ。これ以上プロダクトをつくり続けても、そのうち価値創造は行き詰まり、同時に価値獲得も頭打ちするのではないか、と。

それがアップルを突き動かした。サービス部分を拡大することで、iPhoneをはじめとするプロダクトと、サービスの両方で相互補完的な価値獲得を実現するよう、ビジネスを変革させた。

アップルは、プロダクトを開発して販売する企業としてはあまり着手してこなかった方法で利益を得ようとした。しかも、その利益イノベーションは、かなり早い段階から始まっていた。

それが、2003年に開始したiTunesだ。iTunesはインターネット経由で楽曲を1曲ごとに課金して販売するサービスであった。ポータブル音楽プレイヤーのiPod（初代）の発売に合わせてスタートしたiTunesは、同業他社が思いつかない方法でプロダクトとサービスをうまく融合した結果、本業の利益を高める礎をつくったのだ。

そもそもiTunesのアイデアは、アップルのオリジナルではない。当時、個人間の音楽共有サービスのナップスターがネット経由で楽曲をダウンロードする場を提供し、音源の著作権が無視されており、物議を醸していた。アップルはそのナップスターのやり方を合法化する形で価値創造へと変換し、さらに価値獲得まで実現したのだ。iTunes自体が、既存の価値創造で利益イノベーションを実現した事業でもあった。

アップルの価値獲得は現在も進化している。音楽はiTunesから発展し、2015年からはApple Musicとして始動し、定額制サブスクリプションを開始した。さらに、音楽だけにとどまらず、映画、ゲーム、オンラインストレージにまで拡大している。2020年10月には、これらサービスのすべてを統合し、定額制サブスクリプションを一層強化したApple Oneの提供を開始した。

これらを組み入れることで、アップルは、他のものづくり企業とは大きく異なる価値獲得を実現したのだ。プロダクトの売れ行きは予測しにくいが、サブスクリプションサービスの売上ならば予測がつく。

継続的に課金できる点を意識して、さらなるサービスの拡充に重点を置く方向性が、2018年からの3年間から見てとれる。全体売上に占めるサービスの割合が、15.0%（2018年）、17.8%（2019年）、そして19.6%（2020年）と高まっているのだ。

ものづくり企業は、プロダクト販売による価値獲得のみにこだわらなくてもよい。アップルの利益イノベーションを見れば、持続的に利益を生むためには、価値創造だけでなく、価値獲得を柔軟に進化させていくたくましさが必要であることがわかる。

◆アマゾン――本業では顧客に徹底的に奉仕し、派生事業で価値獲得

この20年で、買い物体験を大きく変えたのが、アマゾンだ。アマゾンが成長、進出する業界や市場で、さまざまな企業が影響を受ける、いわゆる「アマゾンエフェクト」が起き、すべての小売業に激震が走った。アマゾンが、リアルな場面での購入のメリットをすべて吸収したユーザーインターフェイスを設計したことにより、多くの消費者は、オンラインでの買い物を支持するようになった。

その後、中国のアリババを除いて、アマゾンに比類するオンラインストアのサービスは現れていない。楽天といえども、日本国内での拡大が精一杯で、サービス内容や取引規模はアマゾンに大きく見劣りする。

すべての顧客に寄り添おうとする、ワン・トゥ・ワンマーケティングを軸としながら、ユーザーレビューの開示、即時配達、何でも揃う品揃え、返品のしやすさ、サイバーマンデーなどの特価販売を通して、ユーザーがまた買いたくなる仕組みを連続投入する。その価値創造により、顧客の支払意欲（WTP）が高まると同時に、価格も抑え込み、顧客価値を極大化した。

アマゾンほどの大規模なオンラインストアなら、欲しいだけの利益を得ていると考える人は多いのではないだろうか。少なくとも、オンラインストアだけで戦うなら、それで利益を得られるよう価格設定をするか、コスト体制を整えているはずだと思うだろう。

しかし実は、オンラインストアだけでは利益が足りていないのだ。足りない利益を、別の形でつくり上げている。まさにこれこそが、アマゾンの利益イノベーションだ。

アマゾンの財務諸表にあるセグメント情報からそれが確認できる。まずは、アマゾンの収益源を見てみよう（図表2-4）。

2020年12月期、アマゾンは全体として3861億ドルの収益（売上

図表2-4 アマゾンの収益源

（単位：100万ドル）

	2018年12月期	2019年12月期	2020年12月期
収益（売上高）			
オンラインストア	122,987	141,247	197,346
リアル店舗	17,224	17,192	16,227
サードパーティー	42,745	53,762	80,461
各種サービス会費	14,168	19,210	25,207
AWS	25,655	35,026	45,370
その他	10,108	14,085	21,453
連結売上高	232,887	280,522	386,064

出所：Amazon Form 10-k annual report［2020］より作成。

高）を計上した。消費者向けには、オンラインストア（1973億ドル）以外に目につくところで、ホールフーズやアマゾンブックスなどのリアルの売り場での売上（162億ドル）、マーケットプレイスによるサードパーティーへの売り場賃料（805億ドル）、そして、アマゾンプライムをはじめとする各種会員向けサービスの会費（252億ドル）がすぐに思い浮かぶ。

アマゾンの収益源がオンラインストアとリアル店舗、その周辺のサービスによってつくられているというのは、多くの人が想像できるだろう。しかしアマゾンには、それ以外に大きな収益源があるのだ。

それが、B2B領域でのサーバーレンタル事業のアマゾン ウェブサービス（AWS）だ。AWSは、454億ドルの収益をつくっている。オンラインストア単体と比較すれば、23.0%の収益しか得ていないが、これがアマゾンにとっての利益イノベーションなのだ。

価値獲得について確認するため、セグメント情報を見てみよう（図表2-5）。

アマゾンは、2020年度に229億ドルの営業利益を生み出している。対売上高で5.9%となる数字であり、直近で見ても、おおよそ

図表2-5 アマゾンのセグメント情報

（単位：100万ドル）

	2018年12月期	2019年12月期	2020年12月期
北米			
売上高	141,366	170,773	236,282
営業費用	134,099	163,740	227,631
営業利益	7,267	7,033	8,651
北米以外			
売上高	65,866	74,723	104,412
営業費用	68,008	76,416	103,695
営業利益	▲2,124	▲1,693	717
AWS			
売上高	25,655	35,026	45,370
営業費用	18,359	25,825	31,839
営業利益	7,296	9,201	13,531
連結			
売上高	232,887	280,522	386,064
営業費用	220,466	265,981	363,165
営業利益	12,421	14,541	22,899
営業外損益	▲1,160	▲565	1,279
法人税等	▲1,197	▲2,374	▲2,863
持分法適用会社に対する持分相当額	9	▲14	16
当期純利益	10,073	11,588	21,331

出所：Amazon Form 10-k annual report［2020］より作成。

5%台で推移している。金額としても率としても、小売流通業としてはきちんと数字を出しているように見える。しかし、その価値獲得は普通の小売流通業とは全く異なる。

まずは、収益的に主力をなしている、消費者向けもの売り事業の2020年度の数字を見てみよう。北米地域で、2363億ドルの売上規模に対して営業利益が87億ドル、つまり営業利益率は、わずか3.7%程度だ。北米以外では、1044億ドルの売上に対して7億ドル程度、営業利益率はなんと0.7%程度しかないのだ。もはや、もの売り事業では儲けがほとんどない状態である。

2020年度は、コロナ禍によるオンラインショッピング特需で大きく営業利益を伸ばしたものの、それ以前の2018年や2019年の平時では、北米以外の地域ではマイナス計上だ。まさに、赤字覚悟で顧客価値をつくり出しているのだ。アマゾンが赤字覚悟でやっているのに、他の企業が余裕の黒字で安泰でいられるはずがない。

リアルの売り場で展開する百貨店業態や、日用雑貨、書籍を扱う小売流通業は、実際のところ、モノを売って利益をつくり出すだけで価値獲得を成立させるのは非常に困難だ。そこにきて、「赤字覚悟の価値創造」で攻勢を掛けてくるアマゾンエフェクトには対抗するすべもない。これこそがアマゾンの真の恐ろしさだ。

アマゾンはただ赤字を垂れ流しているわけではなく、B2B事業のAWSという利益をつくる収益源、いわゆる利益源を持っているのだ。AWS事業は、先述のとおり454億ドル（2020年）と、売上規模としては北米とそれ以外で計3407億ドルを稼ぎ出すB2C事業に遠く及ばない。収益だけで比べれば、AWSは全体の11.8%程度の規模しかなく、魅力的ではないように映る。

しかし、利益にフォーカスしてみると、その印象は全く異なる。営業利益で比較するとB2C事業は米国内外で94億ドル（87＋7）であるのに対して、AWSは135億ドルを叩き出す。B2Cに比べて、圧倒的な儲けになっているのだ。

もしAWSの利益源がなければ、アマゾンの営業利益率はかなり低い。もちろん、B2C領域で顧客の支払意欲を高めるために、研究開発費にかなりの費用を投じているので、利益が薄くなることもうなずけるだろう。しかし、キャッシュがなければ研究開発費も捻出できないため、AWSの利益を成長のために使っている。本業のオンラインストアとは別に利益源を確保して、企業活動を維持しているのだ。

本業では赤字覚悟で最大限に価値創造しつつ、しっかりと価値獲得も行う。しかもそのやり方が、本業とは別の利益源に頼る利益イノベーションによるものだ。AWSによる利益源を含んでビジネスモデルをつくり上げているアマゾンと、小売流通業だけの利益源しか持たない企業では勝負にならない。小売流通業は、もの売り以外の利益源を掛け合わせた利益イノベーションに取り組まなければ未来がないのだ。

◆テスラ――ライバルから収益を得て、ものづくりを成立させる

テスラの利益イノベーションもユニークだ。

テスラは、顧客を明確にターゲティングしたうえで、その顧客が最大限に価値を感じる電気自動車を提供し、価値創造を行ってきた。2012年以降に販売した高級セダンのモデルSや高級SUVのモデルXは、独自の自動運転技術や加速性能を武器に、あまたある高級車とは一線を画す価値創造で、顧客の支払意欲（WTP）を最大限に高めてきた。

モデルSやモデルXでの販売で得た利益を使い、モデル3を開発、2017年より販売に至った。モデル3は発売当初5万ドルを切る価格で発表され、全米でヒット。いよいよテスラは普及価格帯の自動車に本格参戦し、世界中で広く販売するため、モデル3の生産拠点を一部中国に移転した。世界中に提供できる体制をつくり、同時に大きなコスト削減を実現して、さらに価格を下げた。

新興の自動車メーカーとしてのテスラの価値創造ストーリーは、華々しく映る。しかし、通常であれば価値創造が継続できるほど、財務状況は安定的なものではなかった。テスラの価値獲得は、実は自動車の販売だけで成り立っているわけではない。独特な価値獲得によって実現されてきたものだ。

それは、損益計算書とセグメント情報を見ればよくわかる。

図表2-6 テスラの財務データ

（単位：100万ドル）

	2018年12月期	2019年12月期	2020年12月期
収益（売上高）			
自動車販売	17,632	19,952	26,184
自動車リース売上	883	869	1,052
自動車関連収益計	18,515	20,821	27,236
発電システムと充電器	1,555	1,531	1,994
サービスその他	1,391	2,226	2,306
総収益	21,461	24,578	31,536
売上原価			
自動車販売	13,686	15,939	19,696
自動車リース売上	488	459	563
自動車関連収益計	14,174	16,398	20,259
発電システムと充電器	1,365	1,341	1,976
サービスその他	1,880	2,770	2,671
総売上原価	17,419	20,509	24,906
売上総利益	4,042	4,069	6,630
営業費用			
研究開発費	1,460	1,343	1,491
販売費および一般管理費	2,835	2,646	3,145
構造改革費・その他	135	149	―
総営業費用	4,430	4,138	4,636
営業損益	▲388	▲69	1,994
支払利息	663	685	748
受取利息	24	44	30
その他損益	22	45	▲122
税引前当期純利益	▲1,005	▲665	1,154
法人税	58	110	292
当期純利益	▲1,063	▲775	862

出所：Tesla Form 10-k annual report［2020］より作成。

まずは、テスラの損益計算書を見てみよう（図表2-6）。この表中の期間を見ても、テスラが赤字続きであることが見てとれる。

低価格のモデル3が本格的に世界に流通し始めた2018年も、営業利益レベルで3.9億ドルの赤字、続く2019年も同じく0.7億ドル

図表2-7 テスラのセグメント情報に見る排出枠事情

（単位：100万ドル）

	2018年12月期	2019年12月期	2020年12月期
収益（売上高）			
買取保証のない自動車販売	15,810	19,212	24,053
買取保証のある自動車販売	1,403	146	551
自動車規制クレジット	419	594	1,580
エネルギーの生成と充電池の販売	1,056	1,000	1,477
サービス・その他	1,391	2,226	2,306
売上高とサービス収益の合計	20,079	23,178	29,967
自動車リース	883	869	1,052
エネルギーの生成と充電池のリース	499	531	517
売上高合計	21,461	24,578	31,536

出所：Tesla Form 10-k annual report［2020］より作成。

の営業赤字である。2020年にようやく20億ドルの営業利益、そして、初の8.6億ドルの税引後利益を達成し、最終黒字を実現した。しかし、それでも車をつくって販売する価値創造だけでは、大赤字なのだ。

実はテスラは、赤字を補填するための価値獲得のやり方を身につけていた。それが温暖化ガス排出枠の販売である。図表2-7を見れば、そのことがはっきりとわかる。

ガソリン車をつくる企業は環境を破壊するため、一定程度生産に制限がかけられ、この制限を超えて生産販売すれば、多大なペナルティが課される。創業以来、100％の電気自動車を販売するテスラは、排ガス規制にかかる車がないため、車を1台つくるたびに排ガス規制の余剰を生む。これを、他社に販売して利益を生み出したのだ。図表2-7のセグメント情報にある「自動車規制クレジット」とは、まさにこのことだ。

ライバル企業に排出枠を販売する。同業他社が思いもつかないアイデアで利益イノベーションを行ったのだ。

図表2-6を見れば、テスラの最終損益は、2018年で▲10.6億ドル、2019年に▲7.8億ドル、2020年に8.6億ドルであることがわかる。それと合わせて、図表2-7のセグメント情報を見れば、排出枠がもたらす赤字の補填効果がはっきりと確認できる。テスラが販売した排出枠（自動車規制クレジット）は、2018年で4.2億ドル、2019年に5.9億ドル、2020年に15.8億ドルである。

もし排出枠がなかったとしたら、どうなっていたか。2018年は▲14.8億ドル、2019年は▲13.7億ドルとなる。最終黒字となった2020年も▲7.2億ドルの赤字になってしまうのだ。

テスラは、独特の価値獲得を活用して、自動車製造という価値創造を成立させた。その際に、温暖化ガス排出枠取引を利用した価値獲得のあり方が、テスラの財務的な損失を最小限にとどめ、自動車メーカーとして成り立たせ、さらに利益を出すことに貢献した。

とはいえ、他の自動車メーカー並みに生産体制をつくり込み、品質と利益を両立するには時間がかかるだろう。それほど自動車産業に進出するのは大変なことなのだ。

多くの自動車会社が、CO_2を排出しないカーボンニュートラルの電気自動車や水素自動車を自社開発し始めた。これにより、自社で排出枠を相殺でき、いずれはガソリン車自体を廃止するため、ガソリン車向けの排出枠は急速に価値を失うようになるだろう。

テスラは、その未来を十分に理解していたからこそ、早くからクルマづくりの価値創造で、価値獲得できる仕組みを確立するよう励んだのだ。今や排出枠なしで、自動車づくりの価値創造で利益を生む体質へと変貌し始めている（図表2-8）。

テスラは、さらに新たな利益イノベーションを計画している。2020年以降に発売されているテスラ車には、これまで以上に性能を高めたFSD（完全自動運転）という人工知能が搭載されており、ソフトウェアによる大幅な運転性能のアップデートが可能となった。

図表2-8 温暖化ガス排出枠による価値獲得からの卒業

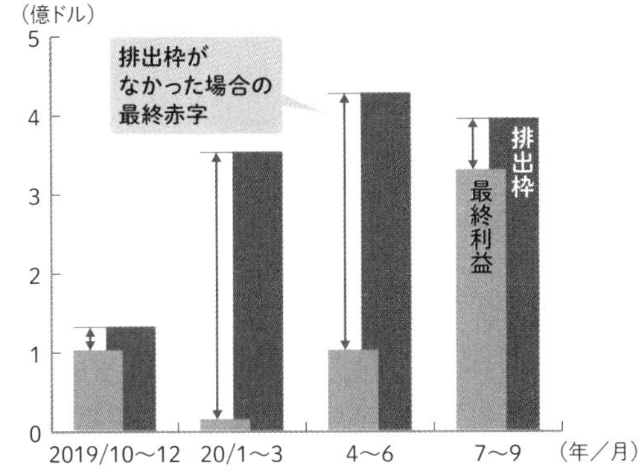

出所：『日本経済新聞』2020年10月22日朝刊より作成。

テスラはこれまでの車種でもソフトウェアアップデートを実施していたが、FSD搭載車は自動運転技術の精度が高く、歩行者の認識や信号の読み取りなどについて、より細かなアップデートを施すことができる。これにより、売り切りで販売完了していた自動運転のアップデートを、サブスクリプションで展開する可能性が示唆された。

2020年5月にその噂が出回ると、テスラの企業価値は、それまで世界1位だったトヨタを抜いた。自動車による価値創造だけでなく、ソフトウェアによる新たな利益源が現実味を帯びて、テスラはさらなる利益を獲得すると投資家が評価したのだ。

ものづくり企業は、ものを販売して利益を得ることができるのが最も望ましい。しかし、それには大変なノウハウや技術が必要であり、時間や投資が必要であることを見越して、他の方法で価値獲得をしながら、価値創造を続けることで、破綻を避ける。それを実現したテスラの利益イノベーションは見事としか言いようがない。

◆ コストコ——会費で利益をつくる

コストコは、大型倉庫形態の店舗を持つもの売り企業だ。ホールセールという名前が付いているのは、そもそもはビジネス客をターゲットに卸売を意図していたからだ。卸値なので、法人用途（小売業）の顧客が多かったが、現在では、基本的にその卸値の価格帯のまま、一般消費者も小売用途で直接購入できる。そのユニークさと「お得感」が支持されている。

開業当初から、会費を支払って会員になることで利用が許可される会員制のもの売り企業であることも特徴だ。会員数は2020年8月期に1億人を超えた。まさにこの「会員制」の仕組みで、販売の利益を支える価値獲得が、コストコの利益イノベーションなのだ。

有料会員の内訳は、比率にして法人が2割、個人が8割程度で推移している（図表2-9）。

コストコの魅力は、コストコサイズと呼ばれる、通常サイズよりも大型の商品を扱うのに、それが圧倒的な低価格で、かつ広大な倉庫型の店舗で販売されていることだ。そうしたユニークな顧客体験で、顧客を驚かせ、魅了し、リピーターを生み出している。では、この低価格販売の価値創造はどのようにして実現されているのか。

注目したいのは粗利益率だ。モノを仕入れて販売することで利

図表2-9 コストコの会員数

（単位：1000人）

	2018年8月期	2019年8月期	2020年8月期
個人会員数（有料）	40,700	42,900	46,800
法人会員数（有料）	10,900	11,000	11,300
有料会員数	51,600	53,900	58,100
家族カード（無料）	42,700	44,600	47,400
カード保有総数	94,300	98,500	105,500

出所：Costco Wholesale Form 10-k annual report［2020］より作成。

図表2-10 コストコの財務データ

（単位：100万ドル）

	2018年8月期	2019年8月期	2020年8月期
収益			
売上高	138,434	149,351	163,220
会費	3,142	3,352	3,541
総収益	141,576	152,703	166,761
営業費用			
商品原価	123,152	132,886	144,939
販売費および一般管理費	13,876	14,994	16,332
開業準備費用	68	86	55
営業利益	4,480	4,737	5,435
その他の収益（費用）			
支払利息	159	150	160
受取利息	121	178	92
税引前当期純利益	4,442	4,765	5,367
法人税	1,263	1,061	1,308
非支配持分を含む当期純利益	3,179	3,704	4,059
非支配持分の当期純利益	45	45	57
当期純利益	3,134	3,659	4,002

出所：Costco Wholesale Form 10-k annual report［2020］より作成。

益を得る流通業であっても、粗利益率は4割程度確保するのが常識だ。粗利益は従業員への労働分配や、地代支払といった、固定費の原資になる。そのため、粗利益が薄ければ、たちまち経営が不安定化する。

コストコの価値獲得が秀逸なのは、他の流通業のように大量販売によってコストを大幅に圧縮し、利益が出る価値創造の方程式から脱却していることだ。そのことは、図表2-10の損益計算書からはっきりと見えてくる。

2020年8月期のデータからコストコの粗利益率を計算すると、粗利益183億ドル（1632億ドル－1449億ドル）と売上高1632億ドルから11.2%となる。他の年度を計算しても同様に、販売によって得られる粗利益は1割程度しかない。

この傾向は、創業以来継続している。低価格で顧客を喜ばせるが、コストは他の流通業と同じくかかっている。その証拠に、粗利益から営業にかかわる固定費163億ドルを差し引けば、本来は営業利益19億ドルとなり、売上高営業利益率はわずかに1.2%しかない。物販では全く儲かっていないが、これは、コストコが意図的につくり出した価値獲得なのだ。

実はコストコは、「販売では、儲けない」と決めているのだ。

では、何で儲けているのか。それが「会費」である。

コストコは、販売とは別に、「会費」という価値獲得の仕組みを持っている。コストコで買い物を楽しむには、会員になる必要がある。コストコを初めて訪れたときには、年会費の支払いが必要になる。米国では最低60ドルから120ドルまでバリエーションがあり、それぞれ割引率が異なる。2021年現在、日本で個人会員向けの会費は、4400円と9000円の2種類がある。

しかも、年会費だから1年分を最初に徴収する。先払いのため、コストコにとっては先に会費が得られるのだ。これは、特定の追加コストがかからないため、100%コストコの利益になる。そうして得たキャッシュがあるから、どれだけ物販の利益が薄くても、投資家からの投資や銀行からの融資に頼らずに、顧客のカネを使って余裕を持った経営を行い、成長できる。会費という利益が、コストコの奇抜な価値創造を可能にしているのだ。

さらに分析すると、毎期の会費は、売上に対して2%程度の比率に相当し、しかもこの金額は、コストコの税引後利益とほぼ同じなのだ。2018年の会費が31億ドルに対して税引後利益が31億ドル、2019年は34億ドルに対して37億ドル、2020年は35億ドルに対して40億ドルと、かなり近い額だ。つまり、会費がほぼ最終利益になっている。もしも会費を取らなければ、ほとんど利益はないことになる。

コストコは、価格やサイズや商品の提供方法といった価値創造が注目されがちであるが、それは会費による利益確保という価値獲得の独特さがあってこそだ。同業者の価値獲得とは一線を画した利益イノベーションによって、流通業界に一石を投じたのだ。

◆ネットフリックス――サブスクリプションで利益をつくる

ネットフリックスは、それまで主流だったレンタルDVD業界にサブスクリプションを持ち込んで、利益イノベーションを起こした。ネットフリックス誕生のきっかけは、CEOのリード・ヘイスティングスが、ビデオ・DVDの店舗型レンタルチェーン店であるブロックバスターで借りた映画『アポロ13』を返し忘れ、莫大な延滞料を課されたこと、という有名な逸話があるほどだ。[2)]

話の真偽はともかく、この逸話がネットフリックスの価値獲得の変革につながっている。

1本当たりのレンタル料と、多額の延滞料から利益を得るこれまでのレンタル業界のやり方から、定額料金を継続的にもらうやり方に一変させた。それにより、ネットフリックスの価値創造のあり方までも大きく変えたのだ。

そもそもネットフリックスは、1997年、ウェブサイトでDVDを郵送レンタルする事業を立ち上げたのが始まりだ。当時としては画期的なものだった。なぜなら、ブロックバスターのようにビデオ・DVDを1本当たりで「時間貸し」して利益をつくるのが一般的だった頃に、ネットフリックスはあらかじめ決めた本数内であれ

2） 後に、これはネットフリックスがつくり上げたフィクションではないかと物議を呼んだ。詳しくは、Keating［2013］を参照。

図表2-11 ネットフリックスの成長

（単位：100万ドル）

	2016年12月期	2017年12月期	2018年12月期	2019年12月期	2020年12月期
売上高	8,831	11,693	15,794	20,156	24,996
営業利益	380	839	1,605	2,604	4,585
営業利益率	4%	7%	10%	13%	18%
当期純利益	187	559	1,211	1,887	2,761

出所：Netflix Form 10-k annual report［2020］より作成。

ば、何本でも借り換えができる、定額制のサブスクリプションで対抗したからだ。

たくさんのDVDを見たい人は、高頻度で借り換えて多くの映画が見られるし、ゆっくり見たい人は長い時間その映画を自宅に置いておける。定額料金さえ払えば、延滞料は一切かからない。

この価値獲得が多くの顧客に受け入れられ、定額制サブスクリプションのポスト投函型レンタルが流行した。その後、インターネットのブロードバンド化によって、DVDのポスト投函がオンラインストリーミングに置き換わり、以後それが主流となった。今のネットフリックスの原型がここにある。

およそ10ドル前後、劇場で見る映画1本分程度の料金で、1カ月に何本でも、何時間でも見放題。有名な映画タイトルだけではなく、オリジナル映画やドラマが無数にラインナップしている。しかもここでしか見られないオリジナル作品の質がきわめて高く、多くのファンを魅了した。

そのネットフリックスの価値獲得を数字で読み解くと、次のようになる。図表2-11を見てほしい。

2020年12月期のネットフリックスの売上高は250億ドル、営業利益で46億ドルを計上している。本格的に世界進出を始めた2016年12月期の売上高が88億ドル、営業利益で3.8億ドルであったことを比較すれば、わずか4年で驚くほどの成長ぶりだ。

図表2-12 ネットフリックスの会員数の推移

（単位：1000人）

	2016年12月期	2017年12月期	2018年12月期	2019年12月期	2020年12月期
有料会員数	89,090	110,644	139,259	167,090	203,663
有料会員の純増数	18,251	21,554	28,615	27,831	36,573

出所：Netflix Form 10-k annual report［2020］より作成。

価値獲得で注目するべきは、やはり営業利益率である。2016年度には4%しかなかったのに、2020年度には18%にまで高まっている。これはコスト削減による経営の合理化だけでは説明がつかない。実は、会員数を大幅に伸ばしつつ、会費の値上げを断行している。つまり、定額制サブスクリプションで売上を増大させ、なおかつ営業利益をそれ以上に大きく成長させているのだ。

ネットフリックスの会員数は、コロナ禍の2020年には前年度より3657万人増やし、会員数が2億人に達した（図表2-12）。彼らの会費が、まさにネットフリックスの価値創造を支える原資となっている。

サブスクリプションでは、会員を維持することが生命線になる。今や、ネットフリックス以降の動画配信サービスも、みなサブスクリプションを採用し、似たような動画を提供している。そこだけ見れば、他のサービスとの差異がなくなっている。定額制程度の利便性を打ち出すだけでは、価格競争に突入するだけだ。

しかし、ネットフリックスは他とは違い、オリジナル作品でユーザーを引きつけるという最大の特徴がある。オリジナル作品に惜しみなく投資し、かつ、ビッグデータでユーザーの趣向を分析することで、良質なコンテンツをこれでもかというくらいに顧客に提案し、継続せずにはいられないサービスにまで高めている。

映像の流通業だったはずが、映像製作にまでかかわることで「コンテンツ業界のSPA（製造小売）」といえる価値創造をとっている。それにより、顧客の支払意欲を高めることに成功し、度重なる値上げを行っても、会員数は増加の一途をたどっているのだ。

利益イノベーションによる価値獲得の変革は、ネットフリックスの価値創造も大きく変えた。コンテンツ制作を行うあまたあるうちの1社という域を超えて、作品を製作して流通する巨大スタジオになり、今や、映画産業を脅かす存在になった。すでにネットフリックスのライバルは、動画配信サービスではなく、ハリウッドのメジャースタジオとなったのだ。

パラマウント・ピクチャーズやユニバーサル、ワーナー・ブラザーズといった既存のメジャースタジオの価値獲得は、投資家から多くの資本を調達し、巨額の費用を投じて製作し、そして回収するという形をとる。これには3つの大きな問題がある。

1つ目は、思いどおりに資本調達できず、製作が頓挫することだ。金融危機などによって、想定どおりに資金が集まらないことがある。

2つ目は、出資者やスポンサー配慮による作品の質に関する問題だ。出資者が作品に口出しをすることで、作風が歪められることがあり、製作側との摩擦が起こってしまう。

3つ目は、ヒットしなければ投資回収はままならないことだ。映画はミズモノだから、製作をしても売れるかどうかは公開を迎えるまでは未知数だ。投資回収ができなければ、次の資本調達に支障が出て、新たな大作を製作することは難しくなる。

これに対してネットフリックスの価値獲得は、ユーザーから定額の会費を徴収し、それを製作にあて、さらに多くのユーザーを集めるという形をとる。製作にあてる資金は、現在のユーザーからの会費で調達でき、足りない分だけファイナンスすればよい。[3] だからこそ、基本的にはユーザーの意向に沿った作品づくりができるのだ。

ユーザーから得たビッグデータを作品製作に活用することで、ユーザーに喜んでもらえる確率が高まり、話題を呼び、新たなユーザーを引き込む。この好循環は、ミズモノ商売といわれる映画を、確実に当たるラインを見据えて製作し回収するプロダクトへと高めた。

実際、良質な作品が次々に生まれ、今や、ハリウッドメジャーが独占していたアカデミー賞に、多くのネットフリックス作品がノミネートされ、受賞にまで至っている。ユーザーから会費を徴収するという価値獲得が、製作資金の心配をなくし、製作サイドの心の余裕にもつながり、それが良質な作品を生み出すことに結びついているのだ。

1997年にDVDレンタル業界に起こした利益イノベーションは、巨大な映画産業を揺るがした。価値獲得は、価値創造にも大きく影響する。利益イノベーションは業界の常識を崩し、全く新しい価値観をもたらすことがあるのだ。

03.
利益イノベーションの成果

ここまでで、利益イノベーションを起こした5社を見てきた。

5社とも、価値獲得が突出しているからこそ、大きな利益をつくり出しているのだ。世の中をあっと驚かせるイノベーションを実現した企業も、本業の価値獲得のみであれだけの利益を生んでいるわけではないということだ。

3) Mullins [2014] は、これを「顧客の資金で成長する方法」(Customer-Funded Growth) と呼んでいる。

アップルはプロダクトだけでなくサービスという利幅の大きいもので、アマゾンはEC事業だけでなくAWSで、テスラは自動車販売だけでなく排出枠の販売で、コストコは物販ではなく顧客からもらう会費で、それぞれ価値獲得を行い、本業を支えてきた側面があるということだ。その業界が儲からないといわれるときはなおさら、本業以外の価値獲得がないかを考えてほしい。[4)]

5社それぞれの価値獲得は、今では広く知られたやり方だが、5社とも早くからそこに目をつけ、うまく価値創造に組み合わせ、定着させ、独自のビジネスモデルに仕立て上げている。

ここまでの価値獲得の話を事業評価した場合には、何が見えてくるだろうか。それを示したものが図表2-13である。ここでは、最終的に2020年決算期データで確認する。

ファイナンスでお馴染みの投下資本利益率（ROIC）を見ると、それぞれ儲けるカギとなる収益源を駆使して価値獲得を成立させることで、各社ともに最終的に一定の利益率を達成できているのがわかる。

この数字が期待水準を超えているかもチェックしておこう。各社の加重平均資本コスト（WACC）[5)]をROICから差し引けば、どの程度、期待水準を超えているのかがわかる。これを見れば、さまざまな収益源を組み合わせながら、アップル（22.7%）、アマゾン（7.5%）、コストコ（11.4%）、そしてネットフリックス（8.1%）が、期待以上の利益率をつくり出すことに成功していることがわかる。

なお、テスラはわずかに期待水準を超えていない（▲1.3%）が、

---

4)　なお、ネットフリックスは、月会費を取るという価値獲得で、レンタルDVD事業から脱却し、オリジナル作品の製作を実現している。

5)　加重平均資本コストは、資本市場が企業に期待する資本利益率を意味する。名前は、その求め方からついている。有利子負債と株主資本にかかる各資本コスト（期待利回り）を、それぞれの資本構成割合に応じて加重平均して求めている。

図表2-13 最終的な価値獲得

	アップル	アマゾン	テスラ	コストコ	ネットフリックス
投下資本利益率(ROIC)	29.7％	14.7％	6.7％	17.4％	14.6％
期待水準(WACC)	7％	7.25％	8％	6％	6.5％
期待以上の利益率	22.7％	7.5％	▲1.3％	11.4 ％	8.1％
儲けのカギ	サービス	AWS	排出枠	年会費	サブスク

注：いずれも2020年決算期の数値。
ROICは各企業のform 10-kの財務情報、WACCはfinbox.comの数値を使用して計算した。

温暖化ガス排出枠によって、設備投資も重くのしかかるうえに競争が激しい自動車業界において、大きな下振れを防いでいる。

実際に価値創造に優れていると思われる企業は、価値獲得においても、かなり工夫をしていることが見てとれた。このことは、閉塞感が漂う伝統的なものづくり企業やもの売り企業も例外ではない。

これら5社は、「とんでもない儲け方をしている特別な企業」に見えるが、それぞれの企業を個別事例として捉えてしまうと、学ぶべきことは少ない。大事なのは、「どんな儲け方をしているか」に着目すること。体系的な方法論にたどり着けば、脈絡のない利益源を探して途方もない時間を費やす必要もなくなるし、効率的かつ効果的な利益イノベーションを起こすことができるだろう。

第3章

価値獲得の視野を広げる

POINT

- 代表的な価値獲得の分類を俯瞰する
- プロダクト販売以外にどのような価値獲得があるのか？
- 価値獲得は収益源から成り立っている

KEYWORD

- プロダクト販売以外への転身
- 30の価値獲得
- 事業利益を生む仕組み
- 多様な収益源

利益イノベーションは、価値創造では利益が出ない時代に、常識にとらわれない新たな価値獲得を生み出すことを指す。第2章で見てきた5社も、革新的な価値獲得で飛躍的な発展を遂げてきた。

では実際に、私たちが利益イノベーションを起こすならば、現在採用している価値獲得をどのように変革できるのだろうか。そこで本章では、まず現時点で認識できる価値獲得を30のパターンに分類し、それぞれを説明する。

価値獲得のパターンの分類は、これまでにも存在している。最も古い分類で、なおかつ有名なものが、1997年にエイドリアン・スライウォツキーが示した「利益モデル」と呼ばれる22分類だ。[1)]

これは、利益の生み方に注目しているが、実は、この中には価値創造も含んだ概念があるため、今でいうビジネスモデルであったといってよい。こうした分類は当時としては画期的であり、今なお参考になる切り口を提供してくれる。初期のビジネスモデル分類なので、なかにはかなり似通ったものもあり、重複も見られる。

それ以降も、このような利益の獲得に関する分類を提示するものはあった。特にインターネット全盛期を経験して、新しい利益の獲得方法が見出され、2014年には、オリヴァー・ガスマンらがビジネスモデルのいわゆる「標本分類」として、55種類ものパターンを列挙してみせた。[2)]

---

1) スライウォツキーは、これまでの著書の中で利益の生み出し方を「利益パターン」や「利益モデル」そして「利益中心のビジデザイン」と呼んでいる。分類はその後、23分類へと改良されていった。詳しくは、Slyworzky and Morrison [1997] と Slyworzky [2002] を参照。

これは整理されたパターンとして現在でも有名だが、そもそもこの標本はビジネスモデルの分類を目的としているので、どうしても顧客の喜ばせ方やコストダウンの方法といった価値創造に議論が寄りがちだ。つまり、WTPやコストにかかわる価値創造による利益創出の方法が掲げられており、必ずしも利益のみを直視した分類ではない。

一方、ビル・オーレットは価値獲得に絞って17のパターンを列挙している。[3] ただし、この分類は並列に並べるには、首を傾げるものもある。事業として利益を得るための純粋な価値獲得（コストプラスやサブスクリプションなど）以外にも、本章で後述する収益源（広告や取引手数料）を掲げていたり、抽象度のレベルが異なる具体的な個別事例（携帯電話プランやパーキングメーター）をそのまま並べている点には違和感を覚える。

以上をふまえて、筆者は利益イノベーションに焦点を当て、価値獲得に的を絞ったものを整理する必要性があると感じた。

そこで本章では、価値獲得を事業活動から利益を回収する仕組みとして捉え、その具体的な指針となる30の価値獲得のパターンを示した。これら30のパターンは、よく知られたものを網羅し、カタログ的な感覚で確認できるようにしている。類似の価値獲得も整理し、できる限り漏れ、ずれ、重複のないものを集めた。今後、自分たちが価値獲得を考えるうえで参考にしてほしい。

2）　詳しくは、Gassman et al.［2014］を参照。

3）　オーレットが示した17パターンは次のとおりだ。一括先払い＋保守費、コストプラス、時間請求、サブスクリプション、ライセンス供与、消耗品、高額プロダクトの販売、広告、収集したデータやアクセス権、取引手数料、従量制、携帯電話プラン、パーキングメーター、マイクロトランザクション、シェア、フランチャイズ、運用とメンテナンス。詳しくは、Aulet［2013］を参照。

図表3-1 代表的な30の価値獲得での事業利益の生み方

価値獲得	概要	代表事例
①プロダクト販売	すべてのプロダクトの原価に一定の利幅を付ける	トヨタ、ユニクロ
②サービス業の物販	サービス業が物販を組み合わせて利益を高める	ANA
③プロダクトミックス	利益率の異なるプロダクトを組み合わせて事業の利益を生む	流通業、リゾート業
④非メインプロダクト	主要プロダクトと併売するプロダクトの利益率を高める	飲食店
⑤マルチコンポーネント	中身が同じプロダクトだが、状況により利益率を変える	コカ・コーラ
⑥事前付帯（保険・ファイナンス）	主要プロダクトだけでは不足する利益を販売時のサービスで補う	AppleCare
⑦事後付帯（メンテナンス）	主要プロダクトだけでは不足する利益を販売後のサービスで補う	ヤナセ
⑧サービス化（コンサル化）	プロダクトを活用する際の補助サービスで利益を生む	IBM
⑨非メインターゲット	メインターゲットからは低く、それ以外からは高い利益を得る	子ども映画、ブッフェ
⑩オークション	支払者が入札することで、対象プロダクトの利益を多く回収する	Googleアドワーズ
⑪ダイナミックプライシング	支払者の状況に応じて、同じプロダクトの請求額を変える	テーマパーク
⑫定額制サブスクリプション	期間ごとに定額の利用料を回収し、時間をかけて利益を積む	ソニー、セールスフォース
⑬前金制サブスクリプション	前払いで利用料を払ってもらい、先に利益を確定させる	新聞、雑誌
⑭従量制サブスクリプション	利用量に応じて利用料を回収し、時間をかけて利益を積む	デアゴスティーニ、AWS
⑮リピーター	1ユーザーが何回も買うことを前提に利益を生む	ディズニーランド

01.

新たな価値獲得へ

現在の価値獲得を新たな価値獲得に変える。これが、利益イノベーションのゴールだ。

価値獲得とは、企業が事業活動から利益を得ることであり、そ

価値獲得	概要	代表事例
⑯ロングテール	製品ラインナップの豊富さで集客し、売れ筋商品で利益を得る	アマゾン（ストア事業）
⑰リース	一定期間の利用を契約で縛り、時間をかけて利益を回収する	オリックス
⑱レーザーブレイド	本体は利益率を低く付属は高くして、時間をかけて利益を生む	任天堂、キヤノン
⑲メンバーシップ（会費）	会費回収と本業の利益を合わせて利益を生む	コストコ
⑳フリーミアム	本体は無料で付属は利益率を高くし、時間をかけて利益を回収	DeNA、ガンホー
㉑バイプロダクト（副産物）	事業活動で生まれた副産物の対価を顧客以外の支払者に提供	テスラ、JR東京駅
㉒コンテンツ（IP）	コンテンツやIPの転用を利益の重要な柱にする	ルーカスフィルム
㉓フィービジネス	顧客以外にライバルや取引先からも手数料で利益を生む	楽天、マーケットプレイス
㉔プライオリティ	優先的に利用できる権利を利益の重要な柱にする	富士急ハイランド
㉕三者間市場	広告主からの広告料を利益の重要な柱にする	リクルート
㉖マッチメイキング	提供者と利用者を結びつける対価を利益の重要な柱にする	メルカリ
㉗アンバサダー	紹介者には料金を大幅減免して、集客と顧客育成で利益をつくる	MS Office、バリスタ
㉘スノッブプレミアム	同じプロダクトに高く支払う人を設定して利益を回収	アメックス・ブラック
㉙フランチャイズ	成功した事業手法の利用許諾の対価を利益の重要な柱にする	セブン-イレブン
㉚データアクセス	蓄積したデータにアクセスする権利を利益の重要な柱にする	紀伊國屋書店PubLine

のパターンは30に分類できる。それらを一覧に示したものが図表3-1である。ものづくり企業やもの売り企業の多くが採用しているのが、網掛けで示した「①プロダクト販売」である。

しかし、価値獲得は他にも少なくとも29ものバリエーションがあることがわかる。プロダクト販売以外に転身できる可能性があるのではないか、という視点で30の価値獲得を見ていこう。

① プロダクト販売

プロダクト販売は、取り扱う製品を販売することで、確実に一定の利益を回収する価値獲得である。このやり方は、ものづくり企業やもの売り企業が古くから採用してきた。

原価に一定の利益率を乗せて顧客に販売することで、期待利益を回収する。これを複数回繰り返して、最終的な売上高と利益を実現する。ものが売れる状況では、この方法が一番危なげがない。

ものづくり企業の多くは、プロダクト販売で成長を遂げた。日本では、トヨタやユニクロを展開するファーストリテイリングが代表的である。生産体制を整備し、顧客を喜ばせながらも低コストで製造できる体制を組み、そこに一定の利益を付して価格設定する。そのため、プライシングが何より重要な意思決定となる。

同じやり方で成功を収めたのは、ヨーロッパのラグジュアリー企業である。フェラーリやエルメス、そしてルイ・ヴィトンを展開するLVMHもプロダクト販売によって利益を獲得する。ただし、その利益率は高く、高価格でも買ってもらえるよう支払意欲（WTP）を常に向上するような仕掛けをつくっている。*

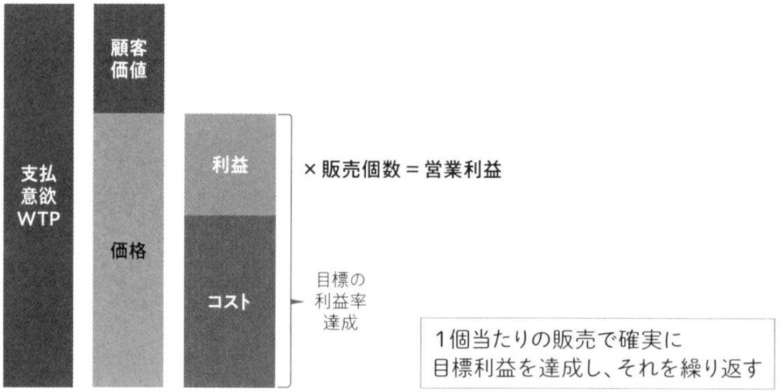

しかし、この価値獲得は、デジタルによる破壊的イノベーションや、不況や感染症などの有事に伴う購買力の低下などによって、多くのものづくり企業で通用しなくなり始めている。

ただし、サービス業がこれを活用すれば、同業とは異なる新たな価値獲得になる可能性がある。②で紹介するサービス業の物販がそれだ。

---

*　これらの企業は、実際に高いROEを誇る。2020年度のフェラーリのROEは37.2%で欧州トップである。エルメスも19.9%を記録し、10位にランクインしている（『日本経済新聞』2021年6月3日朝刊）。

② サービス業の物販

サービス業の物販とは、レジャーやアミューズメント、あるいは金融サービスなどのサービス業によるモノの販売を指す。ときにオリジナル商品の企画までを行い、モノにして販売する。物販は、ものづくり企業やもの売り企業にとっては当然の価値獲得だが、これまでサービスという無形財を扱ってきた業界では、プロダクト販売はかえって斬新に見える価値獲得になる。サービスを販売して利益をつくるという業界慣行に、プロダクトという別の収益源を加えるのだ。

ANAがコロナ禍で見せた、何が何でも利益を生むという姿勢はまさにこれだ。世界の人流がストップした2020年、どの国も海外旅行どころか、国内旅行すらままならない状況に陥った。航空業界で企業が次々と破綻した。こうした中、ANAもまたコストを支えるだけの売上を確保できず、資金不足に陥った。ドル箱の国際線は飛ばず、国内線の需要は大幅に低下。航空運賃で儲ける価値獲得は、苦境に立たされた。

利益を生むことが絶望的な状況であったが、ANAは、航空運賃以外で収益を生む方法を模索し始めた。これまでの航空運賃では十分な利益が獲得できないことが早々にわかると、収益源をプロダクト販売に移した。

ANAは機内食を「おうち機内食」としてオンラインサイトで売り出した。他にも、ラウンジでしか食べられないカレー、国際線ビジネスクラスで提供していたワインなどを販売した。さらに、機内サービスで使用される皿やカップなどのテーブルウェア、機内で使われるカートも10万円以上で販売した。新しい飛行機で使われるはずであった備品を新品のまま寝かしておかず、活用したのだ。

極めつきは「ANAコレクターズグッズ」と称したシリーズの販売だ。廃棄した機体のスラストレバーは120万円、操縦桿は75万

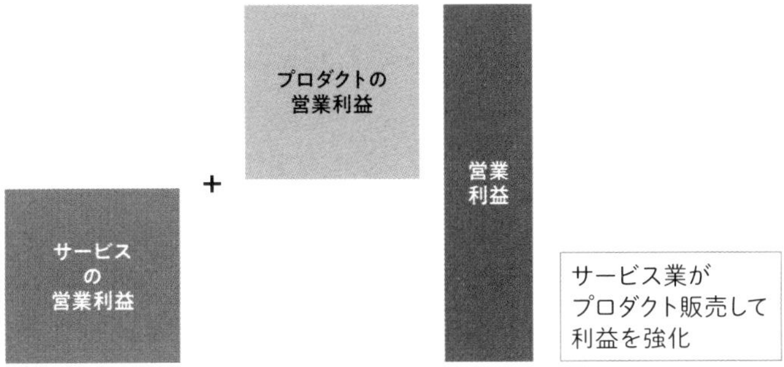

円、コックピットパネルは22万円で販売。さらに、飛行機のシートのサンプル（モックアップ）も、75万円と80万円で提供された。よほどの要望が見込まれたのか、抽選制での販売となった。

これは、本業のサービス以外の収益源をつくり、それらを合算して最終的に利益を積み上げようとした事例だ。ANAが行ったこれら物販化は、急場しのぎである。しかし、おかげで「非航空収入」の重要性に気づいたのだ。

コロナ禍を経た2021年、非航空収入を5年後に2倍の4000億円にまで育てることを決めたと同時に、数多くのサービスを統括するスーパーアプリを構築してANA経済圏を生み出すことを宣言した。収益源の多様化をきっかけとして、ANAは全体的なビジネスモデルを変革するまでに至った。

③ プロダクトミックス

プロダクトミックスは、利益率の異なるプロダクトを組み合わせて目標とする利益率を達成する価値獲得を指す。関連性のあるプロダクトを組み合わせるやり方や、サービスを組み合わせるやり方でもあるので、サービスミックスとも呼ばれる。

スーパーマーケットをはじめとする小売流通業は、プロダクトミックスを巧みに活用している。スーパーではチラシに掲載したバーゲン品を頼りに、客が来店する。卵がワンパック100円で提供されるのは古典的な事例だが、いまだによく機能する。

卵を買いに来た顧客は、それだけを買って帰るわけではない。野菜や魚、精肉なども買い物かごに入れてレジに向かう。このとき、トータルの粗利益率が、目標とする粗利益率を超えるよう、買い物の設計がされているのだ。利益度外視の目玉品で魅了し、通常の少し高めの利益率が付けられた商品も購入してもらうことで、最終的には利益を獲得する。

100円均一ショップや単品数百円均一の居酒屋なども、プロダクトミックスを使った業態の好例だ。すべてのプロダクトの価格を同じにするということは、原価率と利益率が異なるということだ。それらをうまく組み合わせて、最終的に事業としての利益を生み出している。

プロダクトミックスは、1つの売り場や、営業部隊で完結しない。売り場や部門が変わっても成立する。たとえば、スキーやスノーボードを楽しむ場面を想定してほしい。

家族連れで行くことになれば、まずゲレンデに近い宿を取る。到着したらリフト券を購入する。手ぶらで行ったならスキーのセットをレンタルし、料金を払う。子どもを別途料金を支払って初心者用のスキースクールに入学させる。お昼にはランチをとる。ホテルでは、夕食代と宿泊代と入浴代を含んだ金額を支払う。帰りは、施設

プロダクトごとの
利益率の違いがカギになる

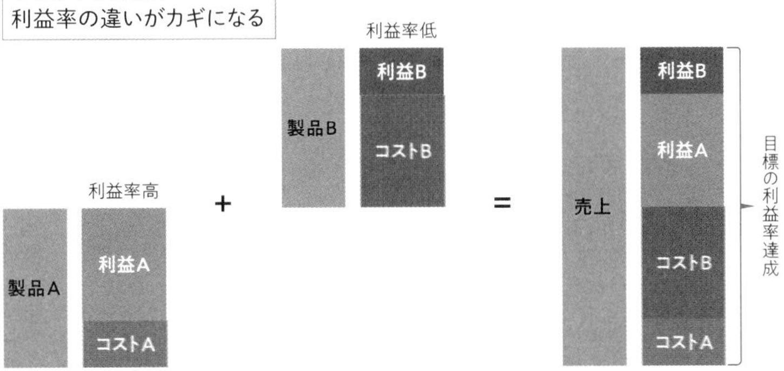

でホテル自慢のお土産を買う。

　さて、ここまでどれほどの収益源があったろうか。それぞれ利益率が異なる収益源を組み合わせることで、リゾート企業は目標とする利益率を達成するのだ。星野リゾートなどのリゾート業の価値獲得は、その代表例だ。

④ 非メインプロダクト

非メインプロダクトは、メインプロダクト以外を利益の柱とする価値獲得だ。プロダクトミックスと基本構造は同じであるが、少し違う。この少しの違いが、最終的に大きな違いとなって現れる。

牛丼チェーンを見てみよう。看板メニューの牛丼の粗利益率よりも、卵や味噌汁といったサイドディッシュの利益率のほうが高い。

メインプロダクトをつくり込んで差別化し、高価格をとるというのがマーケティングの定石だ。しかし、この定石を裏切るケースは多々見られる。マクドナルドの価格表を見ても明らかだ。ハンバーガーが110円、ドリンクMが220円、ポテトMが280円だが、明らかにハンバーガーの価格が安く、原価率が高い。しかし、セットで購入してもらうことで、顧客には安く感じてもらいながらも、目標とする利益率を達成するのだ。メインプロダクトこそ安く提供し、その周辺商品の集まりで利益を獲得している。

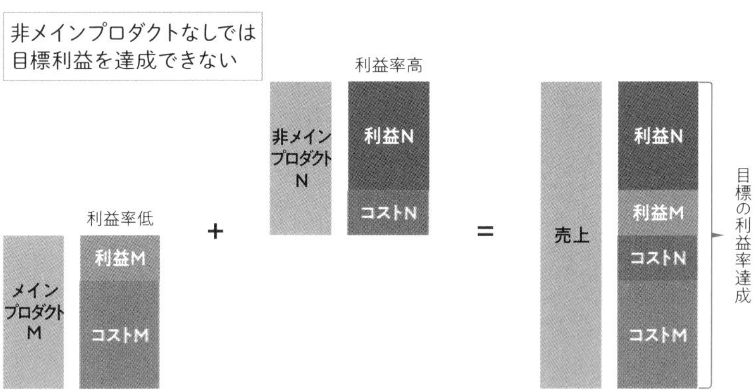

⑤ マルチコンポーネント

マルチコンポーネントは、基本的に同じプロダクトの利益率を変えて提供することで、全体として利益を得る価値獲得だ。

炭酸飲料が好例だ。スーパーマーケットはもちろん、飲食業にも提供されているし、自動販売機でも販売されている。しかし、利益率は異なり、飲食業への提供が最も高く、次いで自販機だ。スーパーでは安売りされることが多く、高い利益率は望めない。

利益を考えれば、飲食業での提供や自販機でたくさん売れてほしいが、それにはブランド認知を高めておかなければならない。ブランド認知は、利益率の低いスーパーマーケットを通じて日常的に形成されていくため、スーパーへの販売は無視できない。実際にコカ・コーラは、この方法でブランド認知を高めて利益を獲得した。

利益率の低いものには、広告宣伝の機能を持たせているという低いなりの役割があるのだ。タレントは、TVの出演料は控え目にし、劇場や営業で利益を回収する。文化人はPRの場では多くの報酬を要求せず、講演料を高く取ることで利益を回収している。

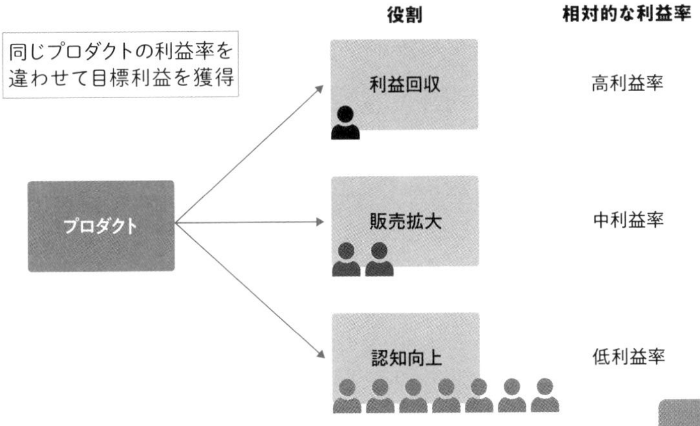

⑥ 事前付帯（保険・ファイナンス）

事前付帯とは、プロダクト販売に購入時に増やすことのできる収益源を加えてさらに多くの利益を得る価値獲得である。耐久消費財の場合、それに付帯できる保険やファイナンスは、購入時の心配事を取り除くため、余計に支払いが生じても顧客に喜ばれる。

10万円を超えるスマートフォンを購入するときは、ファイナンスを利用する顧客も多い。各社の販売するスマートフォンは、性能が飛躍的に高まったことで高額化した。通信企業は自社のスマートフォンを使ってもらうため、分割払いといったファイナンスを提供し端末価格に乗せている。利用者にとっては、一括で購入するよりも多少高くなるが、手軽に所有できる点で利用価値は高い。

ファイナンスの事前付帯は、さらに、保険という事前付帯を呼び込むことがある。顧客は長期間かけて端末料金を支払うので、メーカーの提供する独自の保険サービスを利用する。アップルが提供するAppleCareなどは、その代表的な事例だ。追加料金を支払うことで、液晶割れを始めとする破損への修理料金を軽減してくれる。

プロダクト販売で薄利でも、事前付帯は利益率が高いので、それを合わせることで目標とする利益を獲得できる。

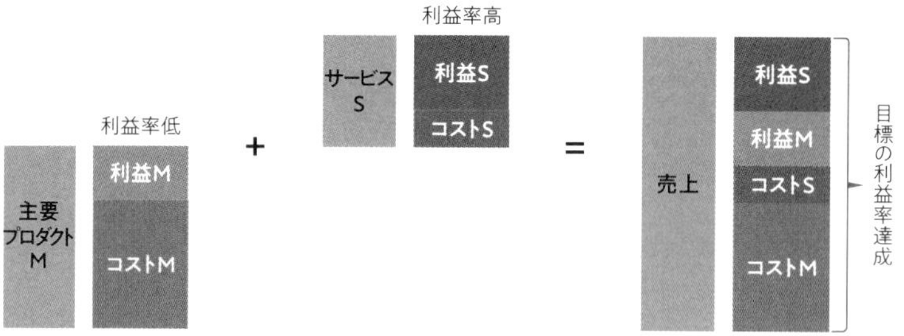

主要プロダクトの利益の低さを
同時販売のサービスでカバー

⑦ 事後付帯（メンテナンス）

事後付帯は、プロダクト販売とは別に、購入後に増やすことのできる収益源を加えて、時間をかけて利益を得る価値獲得である。

事後付帯に該当するメンテナンスは、プロダクトを販売する以外に想定しやすい収益源の1つだ。保険・サービスが購入時に付随する収益源であるのに対して、メンテナンスは購入後、いわゆる「アフターサービス」の代表的なものであり、保守点検や修理で利益を得る。

わかりやすいところでは、自動車ディーラーを思い浮かべるとよい。儲けの柱がメンテナンスになっており、修理工場を併設するディーラーにとっては、新車を販売して得られるマージンよりも修理代金のほうが利益率は高い。メンテナンスは、顧客のプロダクト使用に伴ってかなりの確率で発生するため、プロダクト販売に合わせて利益を強化することができる。

ただし、メンテナンスの依頼に結びつけるためには、顧客との関係性をいかに構築するかが求められる。近年では、ソフトウェアやIoT機器のメンテナンスがリモートで提供されることもある。その料金を前もって徴収するか、定期的に徴収することもできる。

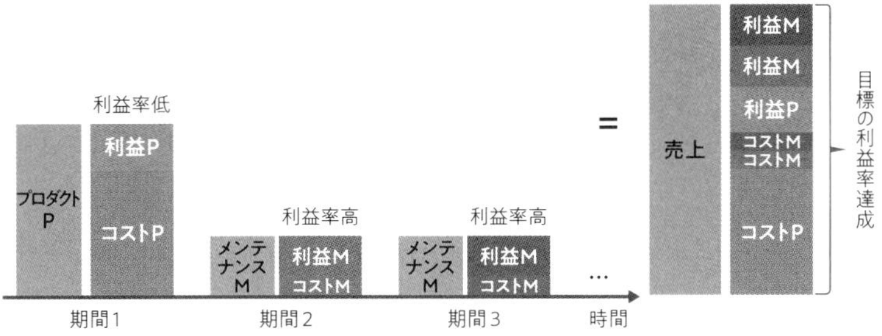

主要プロダクトの利益の低さを
事後販売のサービスでカバー

⑧ サービス化（コンサル化）

サービス化は、ものづくり企業がプロダクトに関するサービスを収益源にし、それを組み合わせて利益を生み出すことを意味する。サービス企業にとっては当然の収益源をプロダクトに組み合わせて価値獲得を斬新にするというものだ。

⑥で紹介した事前付帯の保険・ファイナンスや、⑦の事後付帯のメンテナンスと似ている部分もあるが、サービス化（サービタイズ：servitize）は、耐久消費財を提供するB2Bも対象範囲に入るなど、もっと広範囲にユーザーを補助する役割を担う点が異なる。

B2Bでは、顧客企業がその機材を使用して生産性を上げない限り、継続的な購入はありえない。使い方がわからなかったり使いにくかったりしても、継続はない。そこで、業務効率を高めるコンサルティングをはじめ、顧客に寄り添うサービス部分に力を入れ、そこでも利益を得ている。

かつて、IBMはB2C向けにもB2B向けにもハードウェアを販売しながらも、実はB2Bのサービスで大きな利益を得ていた。結果、ハードウェアを製造することにコストがかかること、何よりそれ以上にサービスの利益が魅力的であることから、ハードウェア販売からは撤退し、サービスを本業とした価値獲得へと変革を遂げた。

サービス化は広くサービスをすることを収益源とするので、購入前に収益源を設定することもある。たとえば、サービスの長期契約や、ハードウェアなどの耐久消費財の購入前には、相談やカウンセリングをすることがあるだろう。

弁護士事務所などでは、事前相談料を取ることも通常だ。コンサルティング企業も、プレゼンフィーを取る場合がある。より一般的には、パーソナルトレーニングをするジムでは、体験の段階から体験料を取ることもある。

このように、実際の契約に入る前段階においても、収益源を設定

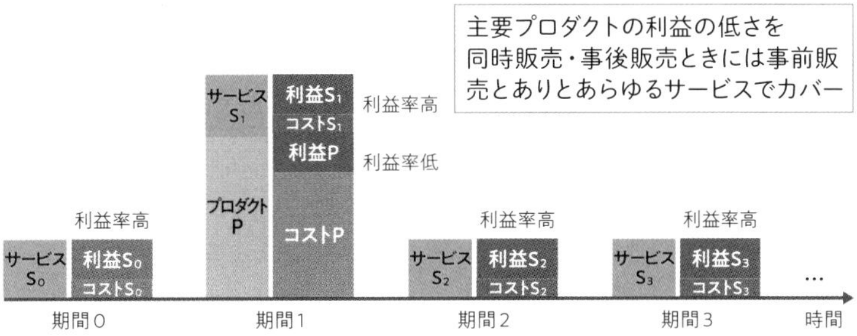

することが可能であるが、本契約をすればその事前のサービスを減免するという特典をつけることで契約を促すための手段となっていることもある。

⑨ 非メインターゲット

非メインターゲットは、プロダクトやサービスのメインターゲット以外の支払者を増やし、なおかつその支払者から多くの利益を得る方法だ。通常は、メインターゲットから多くの利益を得ようとするが、そうでない支払者から多くを得ようとする点でユニークだ。

このやり方は、日本において成功例が多く見られる。アニメ映画などは、まさにこの好例だ。ポケットモンスターや名探偵コナンなど、アニメ映画が日本の興行収入ランキングの1位に就けている。

こうしたアニメ映画のメインターゲットは子どもだ。子ども料金は約1000円。しかし実は、利益のメインターゲットは付き添いで来る大人である。大人料金は約2000円。子どもの倍だ。子どもが両親を連れてきたら、トータル約5000円の課金に成功する。同じシートに座って同じ映画を見るのでコストは同じだから、大人の利益率が圧倒的に高いことになる。

同じことは、食べ放題のブッフェでも行われている。家族向けブッフェは基本的にメインターゲットを子どもに設定しているところが多いが、利益の大半は同伴する大人がもたらしている。

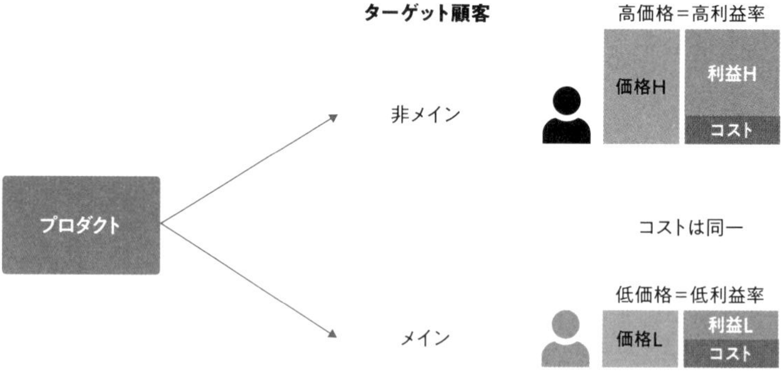

同じプロダクトなのに非メインターゲットに高くプライシングして高利益獲得

⑩ オークション

オークションは、同じ財やサービスに対して、より高い金額を支払う人から利益を獲得する方法だ。どうしてもそれを獲得したい顧客が利益に大きく貢献する。特に希少なプロダクトやサービスで実現しやすい。同じサービスでも異なる価格を設定すれば、さまざまな支払者を呼び込むことができる。

絵画や骨董品などのアンティークなどを扱うサザビーズやクリスティーズなどのオークションハウスが、まさにこの価値獲得を採用している。オークションハウスの利益は販売時の手数料だが、対象となるプロダクトの価格が高まれば高まるほど取り分が増える。アンティークをオークションハウスで落札することは、ほとんどの人にとって縁遠いが、この価値獲得自体は、デジタル時代においてより身近なものになった。

グーグルの広告では、アドワーズでこの方式がとられている。最も上位に自社サイトをリストアップさせたければ入札することになる。

こうした希少なものを競い合って、高利益をもたらす支払者を呼び込む。

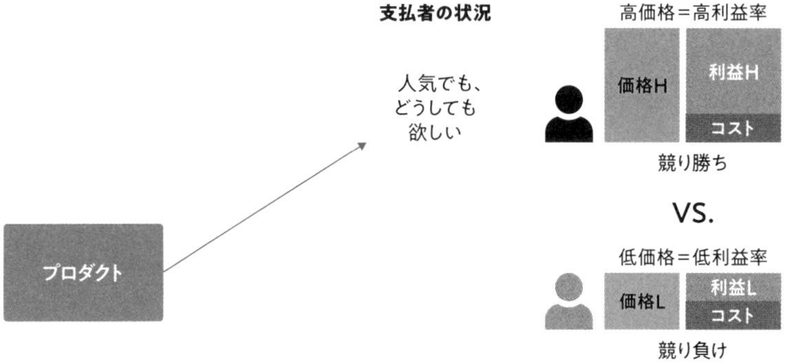

希少性をもとに競争させて
高利益獲得

⑪ ダイナミックプライシング

ダイナミックプライシングは、全く同じプロダクトやサービスでもリアルタイムの需要の増減に比例して価格を変化させてトータルで利益を得る価値獲得だ。

最もわかりやすいのは、レジャー施設の繁忙期と閑散期で料金が異なることだ。祝日や連休には、レジャー施設の利用料が高くなることがある。需要の高まりに応じて、高く支払っても良い人から高利益率を取る。予算が見合わない人は断念し、結果的にその時期は高く泊まれる人だけで落ち着く。この方式では、いわゆる「相場」でプライシングされている。

最近では、これを経験や勘に頼らず、システムを使ってリアルタイムに実施している。それが近年のダイナミックプライシングの特徴だ。大阪のユニバーサル・スタジオ・ジャパン（USJ）は、2019年より、一日券の価格をリアルタイムな入場者数に合わせて変化させている。AIを導入することで過去データや現在の入場者数を織り込み、価格を決定している。

導入以前は一律7900円であった一日料金が、閑散期には7400円まで下がり、繁忙期には8900円にまで上がる。より高い価格でも納得して入場する顧客で高利益率を獲得する。これにより入場を諦める顧客もいるので、場内の混雑も緩和される。

同じ方式は、すでに配車サービスのUberでも用いられている。Uberの場合は、需要増によりリアルタイムに料金が上がる仕組みを採用している。たとえば、雨が降れば配車リクエストが多くなることから料金が上がる仕組みだ。それでも配車を依頼したい顧客は、高利益率顧客としてUberに利益貢献する。

一見するとマルチコンポーネントと似ているが、大きく違っている。マルチコンポーネントは基本プロダクトをベースとしつつも、顧客の状況に応じて異なるプロダクトをつくり出している。対し

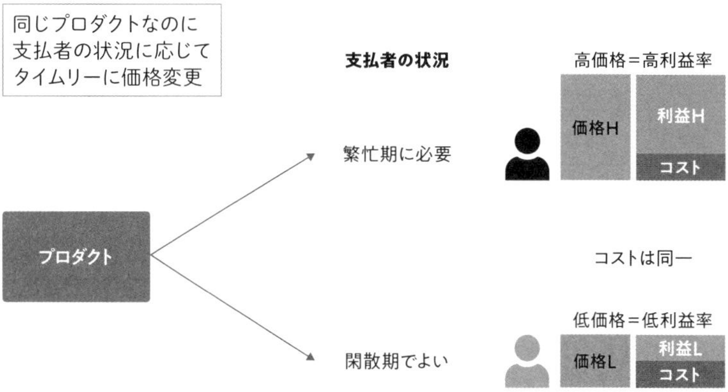

て、ダイナミックプライシングは全くの同一プロダクトを「時間によって」目まぐるしく価格を変動させている点で異なる。

⑫ 定額制サブスクリプション

定額制サブスクリプションは、サブスクリプションの中でも、ユーザーに定額を課す点に特徴があり、月や年単位で利用し放題のサービスを展開し、時間を経て利益を得る価値獲得だ。販売時に全額を回収するモデルとは異なり、販売後に少額をじっくりと支払ってもらい、利益を回収し終わっても支払いを続けてもらうことで利益を拡大していく。時間をかけて利益を獲得する典型的な方法だ。

ユーザーにとっては、どれだけ利用しようとも課されるのは一定金額なので、特にヘビーユーザーには値頃感が高い。Apple Musicやスポティファイなどの音楽サービスや、ネットフリックスやDisney+などの動画サービスの登場は、これまで作品ごとに支払いをしていたことに比べれば、コストパフォーマンスの高さが際立つ。

企業側から見ても、ユーザーが定額契約してくれているので、将来の利益を計算しやすい。特に利益について案じる企業にとっては、これほど望ましい形態はない。

そのため、一度サービスを利用してもらったユーザーにいかに継続してもらうかがカギになる。企業もさまざまな内容をアップデートしながら、ユーザーに奉仕するため、双方にとってメリットが生まれることが期待できる価値獲得だ。

⑬ 前金制サブスクリプション

前金制サブスクリプションは、古くは新聞や雑誌で採用された定期購読の原型である。通常は1回当たりの支払いを都度もらうところ、年初や月初にサービスの対価を先に受け取る価値獲得だ。企業としては、支出より先にキャッシュが入ってくる点でもかなり魅力的だ。

この方式は、ユーザーにもメリットがある。継続的に利用するものなら、わざわざ購入する手間がなくなるうえに、多く利用するほど1回当たりの料金が安くなるからだ。通勤に利用する定期券や、テーマパークの年間パスポートもこの形態だ。

近年のサブスクブームで、飲食業やサービス業などでもこの形態が見られたが、定着と成功には課題も多い。特定銘柄の新聞や雑誌、毎朝飲む牛乳、行く回数がわかっているテーマパークなど、ロイヤリティの高いものか、あるいは毎日使う鉄道などのインフラレベルにまでなっていないと、成立は困難を極めるからだ。

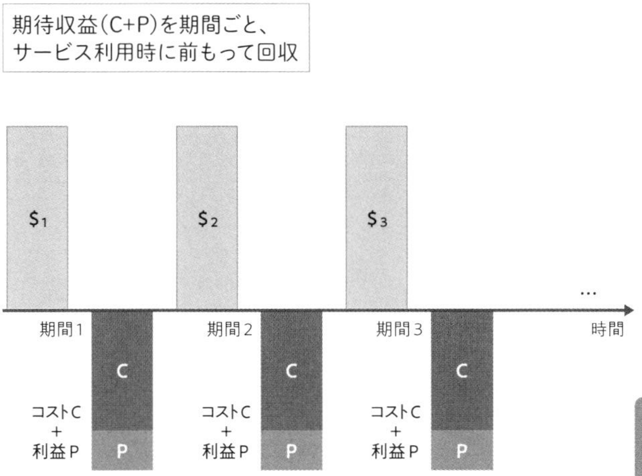

⑭ 従量制サブスクリプション

従量制サブスクリプションは、使用量に応じて料金を徴収する利益の獲得法だ。ユーザーにたくさん利用してもらって初めて収益が生まれ、利益が回収できる。前金制とは異なり使用後に料金を徴収するが、だからといって、全く使用されなかったときには料金が発生しない点で定額制とも違いがある（基本料を設定している場合は、基本料のみ徴収）。使用頻度がわからないユーザーや、すべてを最初に払うだけのおカネがないユーザーにとってはメリットがある。

典型的な例がサーバーだ。第2章で紹介したアマゾン ウェブ サービス（AWS）は、自社サーバーを構築する代わりに、利用した分だけサーバーの料金を支払う形をとる。飛行距離に応じて課金するロールス・ロイスやGEなどの航空機エンジンも従量制だ。DXやIoT、高速通信やデジタルの普及で従量制は飛躍的に進展した。

しかし、デジタルでつながっていれば成立するというものでもない。より重要なのは、顧客を慮るという姿勢だ。顧客に寄り添う姿勢があれば、アナログなやり方でも成立する。実は日本は、昔から従量制サブスクリプションを導入してきた。それが、「先用後利」の信念の下、1690年に登場した「富山の置き薬」（配置薬）だ。

従量制サブスクリプションを実施するには、先につくって納入し、じっくり利益を回収するため、キャッシュに余裕が必要だ。

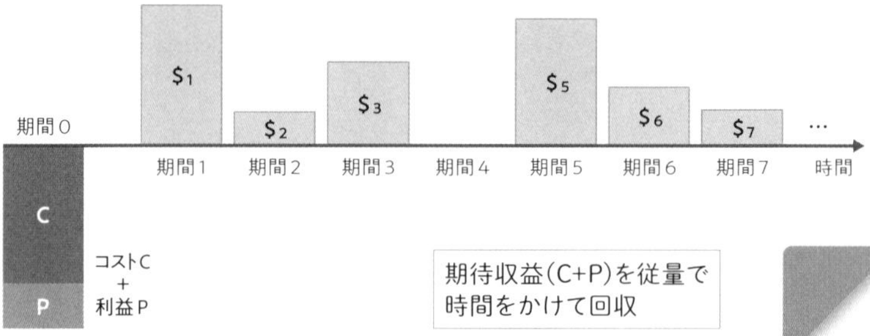

⑮ リピーター

リピーターは、リピート客の存在を大前提として利益設計する価値獲得だ。企業にとってリピート客は、安定収益をもたらしてくれるありがたい存在だ。

しかし、リピーターによる価値獲得は「リピート客がいてくれたらよい」という生半可なものではなく、「リピート客がいなければ成り立たない」ようにデザインされた価値獲得だ。彼らの来店頻度を高めて利益を獲得するには、顧客がどうしてもリピートするほどの粘着性や中毒性のある仕掛けを組み込まなければならない。

東京ディズニーリゾートを運営するオリエンタルランドは、まさにこの手法をとる。90%がリピート客といわれるが、実はこれは90%がリピートするということを前提に、さまざまな投資計画が組まれているのだ。

どのような企業であっても、リピーターの価値獲得を取り入れ、ファンをつくり出して安定的に利益を得ることは可能だ。ただし、その際にはリピート客から時間をかけて利益を得る仕組みが必要になることは忘れてはならない。

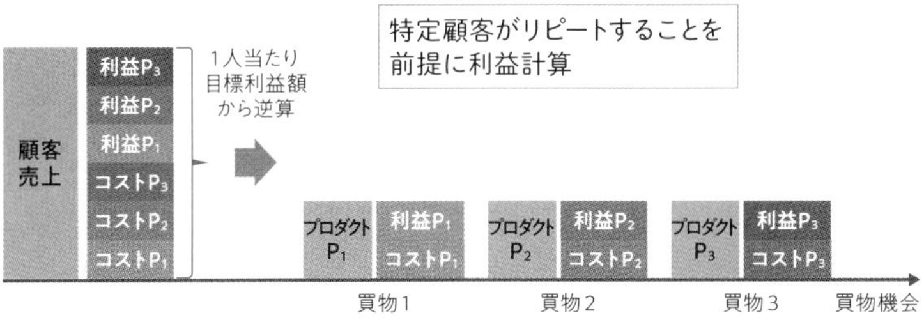

⑯ ロングテール

ロングテールは、めったに売れないものを用意しながらも、それを目当てに顧客を誘い、ファンになってもらい、たくさんの買い物をしてもらって最終的に利益をつくる価値獲得だ。目玉商品を用意する意味で、プロダクトミックスに近い印象を持つが、新たにプロダクトを増やすわけではない。製品ラインナップの豊富さをアピールしながら、いずれ自社のファンになってもらうことが目的だ。

アマゾンが他を圧倒しているのは、その豊富な品揃えだが、1年に数回売れるか売れないかという売れない製品が占める比重は多い。売れない製品であっても、コアなファンにとっては重要である場合がある。そのため、その分野のファンにとって魅力的な品揃えにして、どこにでもある製品もアマゾンで買ってもらおうとするのだ。

売れない製品は回転率が悪く非効率で儲からないが、それを使って通常の買い物をしてもらい、儲けるという価値獲得である。

これを成立させるためには、特定の製品を自社で扱っていることをアピールする必要がある。それにはネット検索や口コミなどで、特定分野の品揃えが豊富であることを認知してもらう仕掛けが不可欠だ。

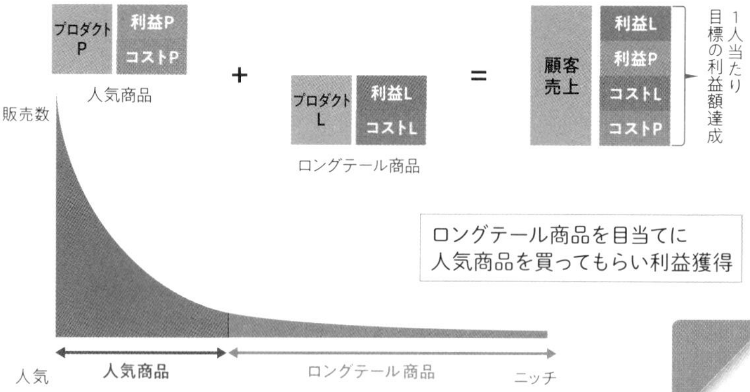

⑰ リース

リースは、ユーザーが耐久消費財を購入するときに、その場ですべて支払うのではなく、分割で支払ってもらう価値獲得だ。ユーザーにとって、導入に多額の費用がかかるものを、支払いやすくする役割を担う。

代表例が社用車だ。たとえば5年後に一定の評価額を残し、それ以外の額を分割で支払う。5年後には残った評価額で自動車を買い取るか、それともリース会社に返還してリース契約を終了する、あるいは、新たなリース契約をするかの選択をする。

契約すれば5年間は支払いが確定し、ユーザーはやめることができない。その代わりに、企業は5年間の利益が確定する。自動車を納車しているので、先にキャッシュアウトした資産原価と利息を5年かけてじっくり回収するのだ。

リースは他にもコピー機やパソコンなど、B2B分野で多く採用されている。

⑱ レーザーブレイド

レーザーブレイドは、ジレット社の創業者であるキング・ジレットが、自社のカミソリ本体（レーザー）と替刃（ブレイド）でこの価値獲得を採用したことから付いた呼び名だ。これは、消耗品という収益源で、支払いのタイミングを後にずらして、トータルの利益をつくる方法である。

目標とする利益率を下回るプロダクトと上回るプロダクトを用意し、前者で顧客を引きつけて、後者でトータルとしての利益を得る。ここまでは、実はプロダクトミックスと変わりない。レーザーブレイドの特殊性は、プロダクトミックスを時間をかけて完成させることにある。

典型的な方法が、本体は利益率を低めに、使用に伴って必要となる消耗品や付属品の利益率をとびきり高く設定し、時間をかけて目標とする利益を回収する。

今でも、多くのプロダクトでこのやり方がとられる。最も代表的な例は、プリンタとインクカートリッジだ。カートリッジの利幅を高く設定する代わりに、プリンタ本体の価格を原価スレスレか赤字になる程度に設定する。プリンタだけでは利益の回収は完了せず、カートリッジを数回替えてもらってようやく目標とする利益が達成できる計算だ。

本体でも、消耗品でも同じだけの高い利益率を達成しようとした場合には、レーザーブレイドとはいえない。本体が高くなってしまえば多くのユーザーを引きつけることは困難で、この価値獲得は破綻する。

家庭用ゲーム機でも、レーザーブレイドがいまだに採用されている。本体は低マージンか損失を許容して利益が出ないようにし、ソフトウェアの利益を高く設定する。ゲーム機の場合には、ハードとソフトの関係が明確に区分できるので、この関係がつくりやすい。

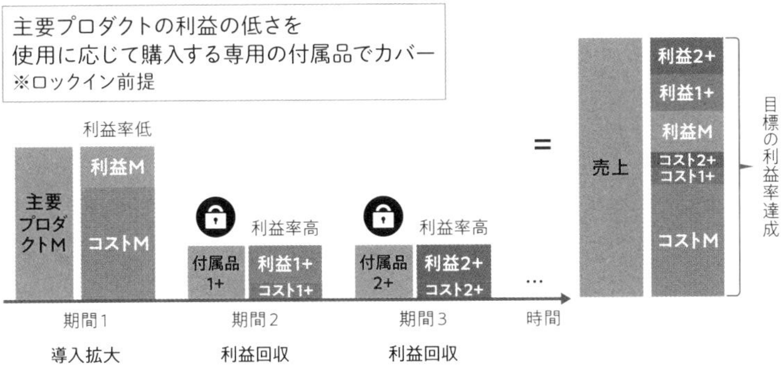

自社の価値獲得法をレーザーブレイドにするなら、まずは、本体やベースとして機能するものと、消耗品や付属品を棚卸しして並べてほしい。そして、後者に利益を高く付けられないかを考える。付属品の料金支払いは本体購入以降に発生するので、顧客との関係を継続的に持ち続けることが不可欠だ。

レーザーブレイドの最も注意するべき点として、「ロックイン」がある。本体と付属品が専用品で、他のプロダクトで代用できないようにしておかなければ、利益の出ない本体を買った後、他社製の安い消耗品を利用されてしまう。

実際に、キヤノンはプリンタ本体を低価格で販売したが、カートリッジをリサイクルしてインクを詰め替える専用業者のエコリカなどにリサイクルカートリッジを安価で販売されてしまうという事態が起こった。キヤノンは消耗品で利益回収をするすべを失ってしまい、価値獲得が破綻してしまう。

この件は、裁判に発展したが、なかなか決着がつかず、結局のところ、プリンタメーカーがICチップを付けて自社プロダクト以外を使用不可にする仕掛けなどを施し、自衛するという結果となった。

ロックイン状態をつくったとしても、このような問題は起こりうる。最初から消耗品や付属品が他社と互換性のある場合は、このモデルは成立しえない。たとえば、自動車販売では利益を低く、修理やメンテナンスの利益を高くしても、どこの工場でも修理可能であればユーザーは安いほうに流れてしまう。

日用雑貨に見られるシャンプーと詰替え用パックも、レーザーブレイドとして機能しにくい。カラになった容器にはどのシャンプーも入れられるからだ。そのため、各メーカーはシャンプー本体と詰替え用で利益率を大きく変えていない。

⑲ メンバーシップ（会費）

メンバーシップは、会費という収益源を設け、時間をかけて何度も回収することで利益を得る価値獲得だ。

会費を利益回収における主役とし、本業の物販を儲けない収益源にするという通常では考えられないやり方をとったのが、前章で紹介したコストコだ。流通業としての利益率の向上は諦め、会費で目標とする利益を得ることに決めたのだ。

メンバーシップは、本業以外の会費を利益の柱にすることが特徴だ。また、年会費の場合には、1年分を前受できるので、キャッシュフローとしては最高の条件といえる。ただし、年会費を前受でもらうには、よほどの会員特典が必要だ。

どのような企業でも会費を収益源とすることは可能だが、会員制をとりつつも会費を無料で奉仕している企業は多い。それほどの特典がないからだろうか。

会費を支払っても会員になりたいと顧客に思わせるサービスを提供できるかが、メンバーシップを考えるうえで重要な論点になる。

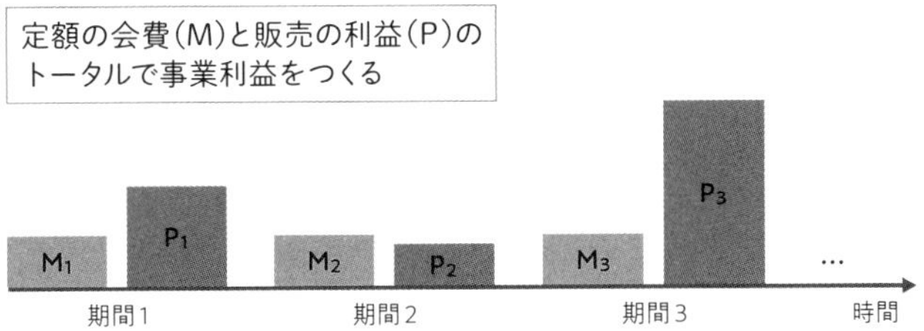

⑳ フリーミアム

フリーミアムは、主要プロダクトである本体の利益をゼロにし、付属サービスに高い利益率を付け、しかもその受け取りを先延ばしにしながら、事業全体として目標とする利益を得る価値獲得だ。フリーミアムはクリス・アンダーソンの著書『フリー』によってその名称が広められた。

レーザーブレイドは利益率を低めにするが、本体の料金を取るのに対して、フリーミアムは本体を完全に無償（フリー）にしている点が異なる。デジタルが台頭したことで確立した価値獲得といえる。

レーザーブレイドは「モノ」を扱うため、どうしても限界コスト*がかかってしまう。デジタルでは、ユーザーにアプリをはじめとするソフトウェアを提供したとしても、限界コストはゼロだ。研究開発費などの固定費はかかっているものの、プロダクト提供に伴う追加コストはかからないため、無償で提供しても追加のキャッシュアウトがない。

フリーミアムで特に盛り上がりを見せるのは、オンラインゲームである。ゲームそのものは無料で楽しめるが、ステージをクリアしたりレベルアップを早めるために有料アイテムを販売する。これが利益を生む収益源となり、時間を経て利益を回収する。

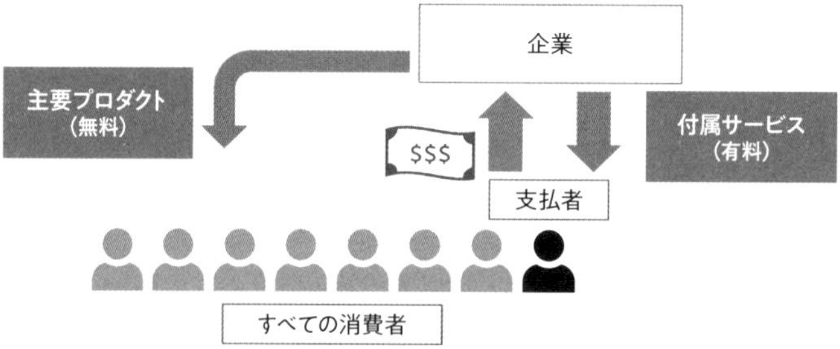

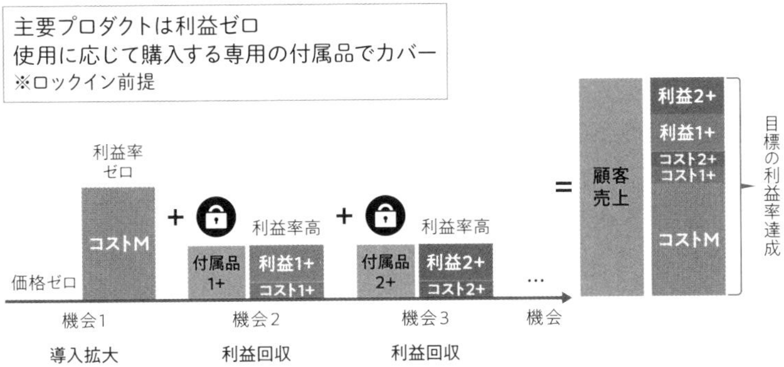

デジタル企業では当たり前のフリーミアムだが、ものづくり企業やもの売り企業で実行するのは危険だ。もし何らかの本体を無料で提供してしまうと、限界コストに伴うキャッシュの持ち出しが発生し、なおかつ付属品を購入してもらえるかどうかも不明で、利益回収は難しい。

これまで携帯電話やウォーターサーバーなどのプロダクトでは、実際に本体を無料にする、一見「フリーミアムライク」な提供方法は見られたが、こうしたプロダクトは通信や水のボトルといった付属サービスがなければ機能せず、またロックインもかかっている。さらにそれらの支払いを契約により縛るため、確実に利益を回収できる。

これらの意味でフリーミアムとは異なり、レーザーブレイドの本体代金を無料にするという価値獲得に近い。

＊　モノやサービスを追加的に１単位提供するときにかかる、コストの増分。「増分（ましぶん）コスト」とも呼ばれ、そのほうがわかりやすいが、一般的に「限界コスト」と認知されている。

㉑ バイプロダクト（副産物）

バイプロダクトとは、主要顧客以外の誰かに何らかの価値をもたらす副産物を駆使して利益を得ることを意味する。その結果、本業での価値創造が目標とする利益を生まなくても、顧客以外の支払者から得られる副次的な権利が利益に大きく貢献する。通常、副次的な権利はわざわざ生み出すものではないため、原価がかからない粗利率が100％の収益源と考えることもできる。

第２章で詳しく見たように、テスラは自動車を販売する顧客以外からも利益を得ている。それが温暖化ガスの排出枠を購入する競合企業だ。それによって、テスラは自動車販売だけでは不足する利益を補填し、利益を強化しようと工夫してきた。

スイスのベスターガード・フランドセンは、特殊樹脂でつくられたストロー型の浄水器「ライフストロー」を開発した。* このストローを使えば、汚染水を飲料水に変えることができ、バクテリアや寄生虫を99.9％除去できる。これを飲料水の問題を抱えている地域に販売しようとしたが、開発途上国の一般世帯には価格が高すぎることが問題となった。そこで同社は、一般世帯が買えるほど安価な価格でこれを提供するために、顧客以外の課金プレイヤーを探し当てた。

それが規定以上のCO_2を排出する、排出枠を欲する企業だ。

通常、汚染水を飲むためには、火をおこして煮沸する必要があり、石油や木材を燃やす必要があった。ライフストローでは、その必要がないため、CO_2の排出がない。だから同社は、国連関連機関や非政府組織にこの話を持ち込み、温暖化ガス排出枠の認証を得て、それをクレジットとして収益化することで、最終的にライフストローを無償で提供することに成功した。

同じことは、建物の空中権でも見られる。エリアによっては建物には高さの制限がかけられており、それ以上の高さで建設はできな

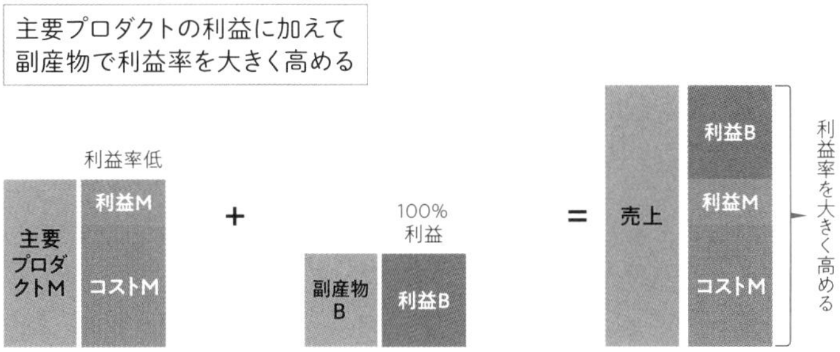

い。しかし、もし規定以下の高さしかない建物であれば、高さの余剰ができ、それを販売できるのだ。

日本での成功例が、東京駅復元プロジェクトだ。2012年にJR東日本は東京駅の丸の内駅舎を完全にリニューアルした。その総工費は約500億円。かなり高額な建設費だが、今後の東京駅の利便性やブランディングには必要な投資であった。

これをJRは、空中権のおかげで持ち出しゼロでやってのけた。東京駅は地下2階、地上3階の低層構造だが、この立地なら敷地面積に対して9倍の延床面積になる高層ビルの建設が可能であった。この駅の上空部分の余剰な権利を「空中権」という形で周辺の企業に売却した。JRは東京駅を使う顧客以外から収益を得たことで、自社の利益を減らさずに済んだのだ。

この価値獲得を導入する際は、顧客以外の支払者を探すことから始めるのが有効だ。競合企業や同業者のカネを使って利益を強化する荒唐無稽にも思える方法だが、意外に見つかることがある。

---

* この事例は、Michel [2015] に基づいている。

㉒ コンテンツ(IP)

コンテンツは、本業で生み出した情報資源である。その情報資源をさまざまな個所で活用し、利益を生み出すことを意味する。このやり方を活用するのは、主に著作物だ。

最も大きなカネが動くのは、漫画や映画、ゲームである。ジョージ・ルーカスは映画『スター・ウォーズ』を製作する際、メジャースタジオの20世紀フォックスに配給を依頼した。しかし当時、宇宙をテーマにした映画は興行的な成功確率が読めず、引き受けるのが躊躇された。そこでルーカスは、配給してもらう条件として、監督としての報酬をほとんど受け取らない契約を提案した。その代わり、スター・ウォーズから発生する商品化権をライセンスとして保有することを契約に盛り込んだ。

結果的に映画は大ヒットし、20世紀フォックスは多くの利益を手にしたが、映画の大ヒットによってルーカスも莫大な利益を得た。関連プロダクトが大量につくられ、飛ぶように売れたからだ。ルーカスは、映画という本来の価値創造では自身が欲しいだけの利益を達成せず、最終的にコンテンツを転用し、グッズメーカーからコンテンツの収益を得ることで莫大な利益を得た。しかも、この利益率は粗利率にして100%である。

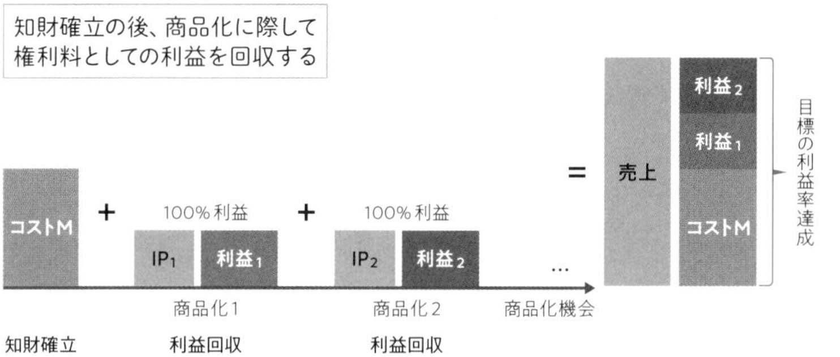

一方、顧客からは利益を得ず、全く別の支払者から別の収益源で目標とする利益を得るやり方をとることがある。サンリオは、ハローキティのプロダクトを自社で製造販売していたが、2008年よりすべてをライセンスとしてテーマパークや運営会社に貸し出して利益を得る価値獲得に変えた。

コンテンツ産業では、このような情報コンテンツはIP（知的財産）と呼ばれており、製作時から多重利用を前提にして事業として価値獲得をつくり込んでいる。

㉓ フィービジネス

フィービジネスは、本業での顧客以外の支払者、特にB2B企業から、何らかの手数料を得る方法を指す。

最も身近な事例として、自動車ディーラーは、顧客に保険会社の保険や銀行ローンを斡旋することで、コミッションを得ている。つまり、顧客以外の支払者からフィー（手数料）で利益を得ているのだ。手数料はわずかであっても粗利率はほぼ100%であり、利益達成には大きく貢献するはずだ。

また、フィーは同業者から取ることもある。アマゾンのECサイトでは、本業である物販以外に、マーケットプレイスを運営している。マーケットプレイスは、アマゾンが出店料を課すことで業者にサイト上のスペースを貸し、ECサイトの顧客ではない支払者（業者）から、プロダクトではない収益源（出店料）を得ている。

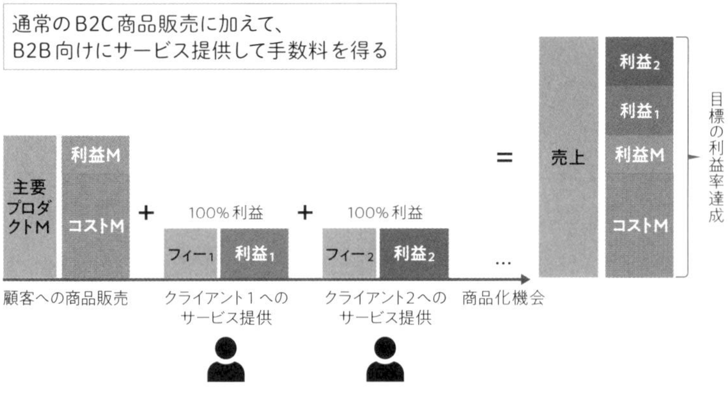

㉔ プライオリティ

プライオリティは、何らかの理由でそのプロダクトを早く手に入れたい顧客や、優先的なサービスを得たい顧客に対して、通常のプロダクトとは別の収益源を設定し、利益を得る価値獲得だ。

たとえば、混雑するテーマパークではこのやり方が採用されている。通常の入場券や乗り物券以外に行列を飛ばせる優先券でも利益を生んでいるのだ。優先券は、粗利率100%を実現できる価値獲得だが、乱発すると混雑が起こって価値を失ってしまう。

また近年、映画館ではプライオリティシートを用意しており、スクリーンが最も見やすい位置に上質シートの特等席を提供している。設備投資が必要になってコストはかかるが、同じ稼働率を維持しながらも追加料金を得られる点で、長い目で見れば望ましい収益源である。優先的にサービスを得るためなら、追加の課金を厭わない顧客を見つけることがポイントだ。

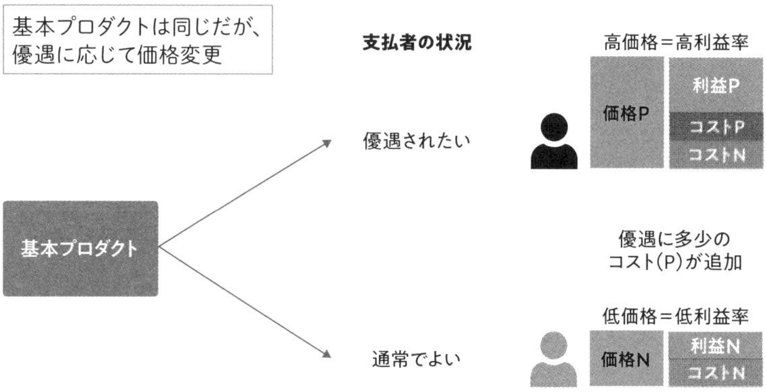

㉕ 三者間市場

三者間市場は、広告という収益源を中心に置く価値獲得だ。自社が顧客を集められる能力を活かして、広告スペースを他社に利用させ、その対価を得る。

以前から、テレビ局も広告で価値獲得を実現している。視聴者からは料金を取らず、広告主からの利益のみで成り立っている。テレビ局は政府による認可事業のため数が限られており、開局時にはすでに一定程度の視聴者数が期待できるため、すぐに成立する。

雑誌事業の場合は、読者からも雑誌代を徴収し、広告主からも課金するのが一般的だ。ただし、利益の半分ほどが広告主からの広告料でつくられる。

インターネット時代を経て、グーグルやフェイスブックが、この方式をとって莫大な利益を得ている。デジタルのプラットフォームをテコに、三者間市場の価値獲得で飛躍的に発展を遂げた。

ユーザーの安価な利用を
他の支払者が支える

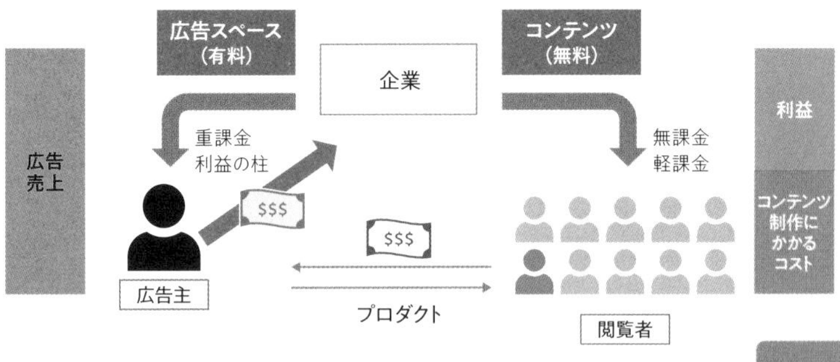

㉖ マッチメイキング

マッチメイキングとは、取引の参加者からの支払いを組み合わせて、利益をつくり上げる価値獲得だ。かつては不動産業などで用いられてきた古いモデルだが、デジタル全盛期を迎えプラットフォームが活用できるようになって、飛躍的に発展を遂げた。

フリーマーケットのメルカリは、創業以来まさにこの方法でビジネスを拡大した。メルカリは、購入者からは手数料を取らないが、出品者からは売れたときにその販売手数料の10％を徴収しており、それが利益の柱になっている。取引1件当たりから得られる金額は小さいが、多くのユーザーが毎日のように取引を行うことで、小規模な手数料が蓄積されて最終的に大きな利益となる。

売り手は事業者であることもあり、手数料は彼らから徴収するのが一般的だ。その手数料が利益になるため、仲介業者は、より多く買い手が集まるようなシステムを構築する必要がある。

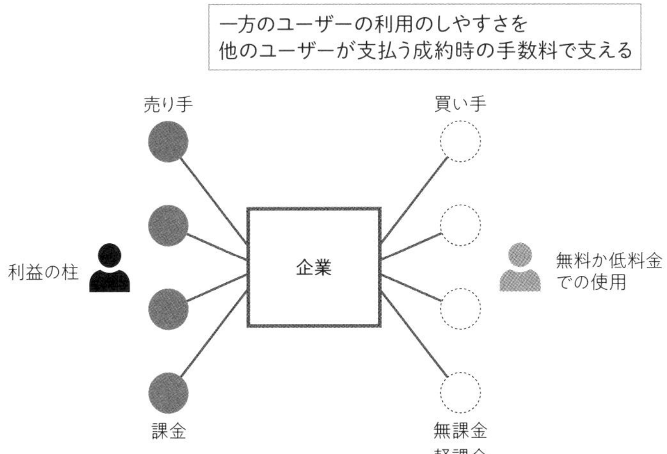

㉗ アンバサダー

アンバサダーとは、大使や使節を意味する。企業のプロダクトを現在の顧客以外に使ってもらい、彼らに広くプロダクトを広めてもらうやり方をとる。現在の顧客から通常の利益を得たうえで、さらにプロダクトのユーザーを拡大したい場合にアンバサダーを設定していく。

アンバサダーには協力の対価として、プロダクトの代金や利用料を低く設定するか、場合によっては無料にする。利益率が低い支払者になるものの、あえてアンバサダーを立てるのは、プロダクトを広めてくれる役割を担うからだ。本来かかるプロモーション費用の削減にもつながり、費用対効果で考えればトータルでコスト削減になるので成立する。

アドビのクリエイティブクラウドや、マイクロソフトのOffice 365などのアカデミックユーザーは、アンバサダーに該当する。アンバサダーの教職員は教育に必要なソフトウェアとしてこれを使い、多くの学生ユーザーを引き込む。アンバサダーにかなりの割安価格で提供しているのは、多くのユーザーを集客できることを見越しているからだ。しかも、学生ユーザーは卒業後も個人的にそのソフトウェアを使い続ければ、正規料金を支払う通常ユーザーへと育つ。

もう1つ、アンバサダーを設定してプロダクトを拡大し、認知を拡大した事例がある。ネスレが提供しているネスカフェバリスタだ。同社は、コーヒーを消費してもらうために製造したマシンを消費者向けに販売している。

アンバサダーは、自分が所属する会社にネスカフェバリスタを設置する。毎月一定量のコーヒーを注文すれば、本体は無料で提供される。コーヒー代はネスレに支払うが、その金額は会社が負担する。1杯当たり20円程度と考えれば、会社の負担は小さい。

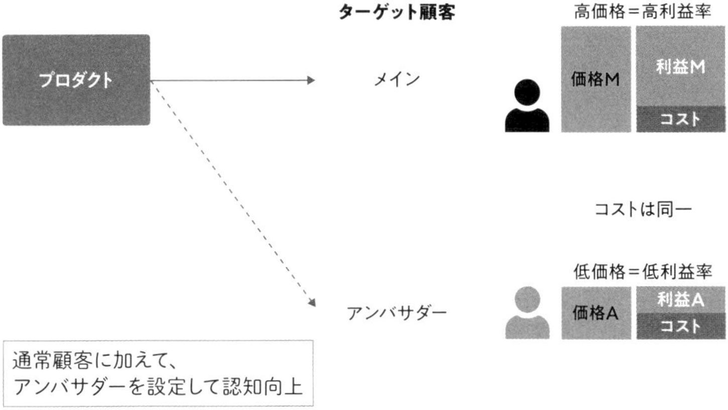

このような取組みによって、プロダクトの良さを感じた従業員が、個人的にネスカフェバリスタを自宅に導入し、通常料金を支払い続けることになれば、ネスレにとっては、顧客拡大に成功したことになる。

アンバサダーは、一見すると通常の顧客よりも儲からないが、新たな顧客を開拓するうえで絶大な影響力を持つ。時間をかけて利益を獲得することに貢献してくれる。導入の際は、儲けない支払者を最初に設定し、彼らから利益を得られないのであれば、どのように立ち回ってもらうのか、その役割を検討する必要がある。

㉘ スノッブプレミアム

スノッブプレミアムとは、ほぼ同じサービスに対して、特別に高い料金を支払える者に、超過分を支払ってもらい利益を得る価値獲得だ。主に会員制をとる企業において、多くを支払う顧客に利益の柱になってもらう。顧客にとっては、それがステイタスになる。

これを最もうまく使っているのが、アメリカン・エキスプレス（アメックス）だ。アメックスは、通常のグリーンカード、ゴールドカードの上に、さらに上位のプラチナカードを設定している。プラチナカードのメンバーは現在こそ誰でも会員になれるシステムだが、以前は紹介が必要であった。年会費も13万円（税別）と、破格に高い。しかし、そのカードを持つ顧客は、専用コンシェルジュデスクを用意してもらえたり、旅行関係の手配までしてもらえるなど、ステイタスを感じられるさまざまなサービスが付帯している。

これよりも上位のステイタスとして、アメックス側から招待されて初めてなれるセンチュリオンメンバーを設定している。年会費は35万円（税別）で、ステイタスは同社の最上位だ。実際には、セン

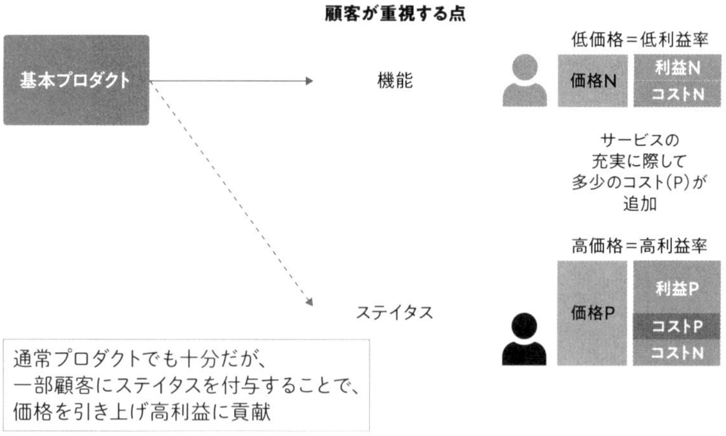

チュリオンメンバーが頻繁に格別のサービスが受けられるわけではない。そこに重きを置くのではなく、アメックスから認定されたという特別感に対して、顧客は超過支払いをしてくれるのだ。

スノッブプレミアムは、企業側にブランド力がなければ成立しない。しかし、一定程度のブランドを持った企業なら、スノッブプレミアムを価値獲得として検討する余地はあるだろう。

㉙ フランチャイズ

フランチャイズは、他者に対する営業権の利用許可を出し、その対価で時間をかけて利益を得る価値獲得だ。フランチャイズを許可する企業（フランチャイザー）は、使用する企業（フランチャイジー）に対して、店舗の看板や、プロダクトを使う権利、仕入れ、販売、集客、採用、商品開発などビジネスを行ううえで必要な各要素をパッケージ化したサービスを提供し、これらの対価を得る。

自社も価値創造を行いつつ、利益を生み、その方法を使用する権利を他社に貸与することで、フランチャイズからの利益を足し合わせて価値獲得を行う。フランチャイジーがビジネスモデルを利用したくなるほど、フランチャイザー側は見本として儲けをつくれていなければならない。企業に利益をもたらすものは、自社の顧客とフランチャイジーになる。

世界最大のフランチャイズは、マクドナルドだ。その起源は1955年である。マクドナルド兄弟が生み出したハンバーガー店に惚れ込んだレイ・クロックは、自社がフランチャイザーとなる「マクドナルドシステムズ」（現在のマクドナルド・コーポレーション）を立ち上げた。

マクドナルドの価値創造方法の利用許可を他社に与え、フランチャイジーに売上の数パーセントを支払わせた。そこから自分の収入を差し引いて、マクドナルド本店にフランチャイズの利益を支払った。マクドナルド本店は、フランチャイズから入る利益で本店の利益を高めた。

紆余曲折がありながらも、最終的にレイ・クロックがマクドナルドの権利を保有し、現在の形態がつくられた。その仕組みは巧みで、土地を担保に銀行から融資してもらい、そこにマクドナルドを建設し、フランチャイジーに店舗をリースする形をとった。土地はレイ・クロックが所有し、フランチャイジーは規約に従って店舗運

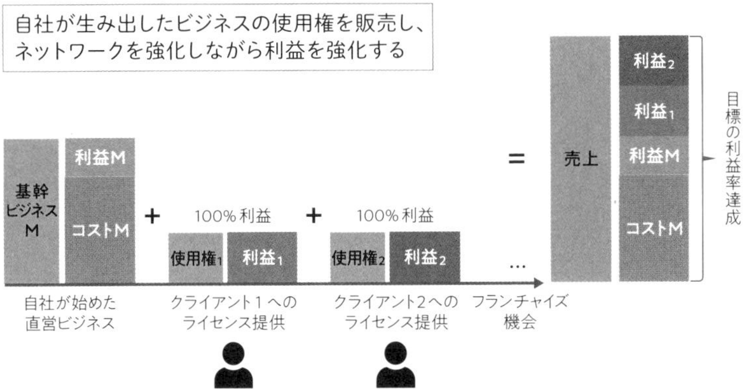

営を行うだけだ。

銀行は、マクドナルドの価値創造を信頼していたので、レイ・クロックは瞬く間に多くの不動産を保有するに至った。土地を用意して店舗を建て、オペレーションのやり方まで教えて、とすべてをお膳立てして、後はフランチャイジーに貸し、そこから利益を得た。

フランチャイズという価値獲得はその後、セブン‐イレブンなどのコンビニエンスストアや、居酒屋チェーン、書店や映像音楽メディアのレンタルチェーンなど、さまざまな業種に広がっている。

㉚ データアクセス

データアクセスとは、企業が自社の価値創造をしながらも、そこで蓄積されたデータを欲しがる事業者に対して、一定のアクセス権料を徴収して利益を生む価値獲得である。以前は、ある時点のデータの塊（データセット）そのものが売り切りで販売されていたが、インターネットが当たり前になった現在では、日々アップデートされる情報へのアクセスを許諾して、料金を徴収するのが一般的だ。

この価値獲得を採用する場合は、本業で蓄積された情報を、誰が欲しがるのか、ということを考えて構築するのがよい。さらに、そうした事業者にはどのように情報にアクセスできればよいのかまで想定して提供方法を考える必要がある。

紀伊國屋書店は、書店で書籍を販売するだけでなく、POSレジで管理される紀伊國屋書店全店の情報を「PubLine（パブライン）」として公開している。いわば自社のPOSデータを他社に公開した先駆けといえる存在だ。支払者は、出版社の編集や営業担当などさまざまだが、彼らにとっては、トレンドを知る、ライバル企業の刊行物の売れ行きを多角的にチェックして販売戦略を練るために使うな

基幹ビジネスから得られるデータを販売する

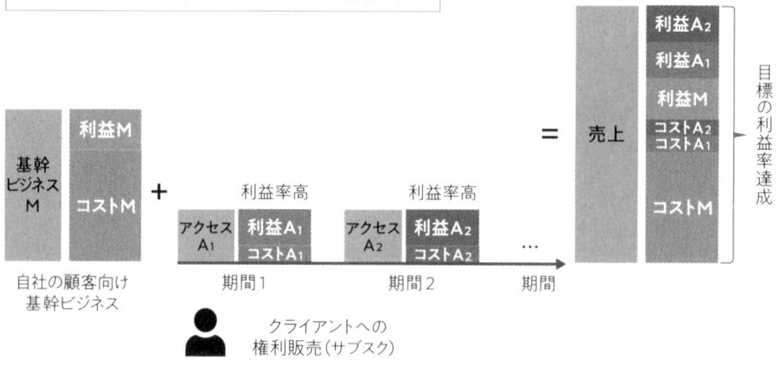

ど、利用価値が高い。

同社は、データベースへのアクセス権を1アカウント月10万円(税別)で提供しているが、着実に契約数を伸ばしてきた。自社のデータベースなので運用コストを低く抑えられる。ここからもたらされる利益は、本業である書籍の利益以外のものとして重要な意味を持っている。自社にとって、顧客以外の取引先から利益を得るという特殊な方法をとっているが、このやり方は、条件さえ整えればどの企業も挑戦できる。

ここまで30の価値獲得を見てきたが、このうちのどれかが、現在の自社の価値獲得になっているはずだ。

ここで、押さえておきたいことがある。その業界においては常識的なことでも、別の業界においては、革新的な価値獲得になりうるということだ。ものづくり企業であれば、プロダクト販売（①）が支配的な価値獲得であり、それ以外の29の価値獲得へと変革することが利益イノベーションにつながる。

流通業の多くがプロダクトミックス（③）をとる中、コストコはメンバーシップ（⑲）を採用したからこそ、革新的な価値獲得となり、他の流通業を圧倒的に引き離すことに成功した。

デジタルデバイスや自動車業界ではプロダクト販売（①）が中心だが、アップルはサービス化（⑧）、テスラはバイプロダクト（㉑）という価値獲得をとったからこそ、革新的なビジネスモデルとして成果をあげ続けている。

もう1つ、押さえておきたいことがある。それは、1つの事業単位に、1つの価値獲得しか存在しないということだ。事業単位とはあるターゲット顧客と競合企業が存在し、そこでプロダクトを提供する事業そのものを意味する。それは、事業部のように組織図で明確に見える場合もあれば、事業部内の小規模事業やプロジェクトとして、組織図には見えない形で存在している場合もある。

ある事業が利益イノベーションを実行すれば、現在の価値獲得が別の価値獲得に置き換わることになる。

最もわかりやすいのは、現在のプロダクト販売（①）から、別の形態として定額制サブスクリプション（⑫）に全面移行するということだ。アドビは、売り切りで販売したクリエイティブスイートから、定額制サブスクリプションのクリエイティブクラウドに全面移行している。

移行当初は両方とも併存させていたが、ユーザーへの対応の方法や、営業活動の方式が全く異なるため、当時まだ多額の売上を誇っていたプロダクト販売を廃止して、サブスクリプション1本にしたのだ。

また、1つの事業に複数の価値獲得が存在するように見えることがあるが、実際には異なる事業部門が混在していることは多い。たとえば、アマゾンはオンラインストアだけを見ても、プロダクト販売（①）以外に、プライム会員への定額制サブスクリプション（⑫）、さらに販売業者から手数料を取るマーケットプレイスといったフィービジネス（㉓）を行っている。これら事業部門は分離しながら、異なる価値創造に合わせて異なる価値獲得を併存させている。さらにグループ全体から俯瞰すれば、従量制サブスクリプション（⑭）も採用しているが、この場合はAWSという事業を別企業として展開しているのだ。

利益イノベーションを考えるうえでは、現在の事業部門の価値獲得を新たな価値獲得に置き換えるか、あるいは価値獲得を増やす際には別の事業部門を立てるのが望ましい。

02.
新たな価値獲得を生むために

これら30の価値獲得は、過去に誰かが生み出したいわば「完成品」だ。30のうちのどれかをゴールとして、自社の価値獲得の変革に着手するのが一般的だ。

しかし、本書では、「その先」を見据えた利益イノベーションを目的にしたい。変化の激しい今、誰かのつくった価値獲得に飽き足らず、経営者が舵を切り、自分たちの力で31番目、32番目の新しい革新的な価値獲得を生み出してほしい。

では、まだ見ぬ新たな価値獲得を生み出すには、どうすればよい

図表3-2 **多様な収益源の代表例**

収益源	概要
❶プロダクト	主要プロダクトの原価に一定の利益を付けて収益を得る
❷消耗品	主要プロダクトに適した消耗品で収益を得る
❸メンテナンス	販売後に発生するメンテナンスで収益を得る
❹サービス	販売後に発生する使用に伴う問題解決にサービス料で収益を得る
❺廃棄	ユーザーのプロダクト廃棄を手伝うことで収益を得る
❻会費	何らかの会費を取って収益を得る
❼副産物	本業を追求するうえで発生する副産物や権利を販売する
❽知財	コンテンツやIPを転用して収益を得る
❾広告	広告主から広告料を取って収益を得る
❿ロイヤルティ	つくり上げた事業やプロダクトの利用許諾を販売して収益を得る

のだろうか。

新しい価値獲得をつくるには、まず材料を揃える必要があるし、その後に組み立てるというプロセスを経なければならない。

ここで改めて30の価値獲得を眺めてほしい。起業家や経営者が、知恵を絞って生み出したものなので、かなりバリエーションが豊富なことがわかる。これらは、何の共通点もないように見えるが、実は、価値獲得の内容をよく見てみると、1つのキーワードが浮かび上がる。

それが「収益源」(source of revenue)だ。①〜㉚のすべての価値獲得は、収益源を駆使してできている。

30の価値獲得で登場した主な収益源が、図表3-2のリストだ。ここで示した10の収益源は代表的なものをごく一部取り上げており、すべてではない。

30の価値獲得のうち、多くのものづくり企業が採用していたのは、プロダクトを売ることで利益を獲得する「①プロダクト販売」だった。その収益源が何かを確認すると、当然ながら、「❶プロダクト」だ。ここで、新たな価値獲得に向かうためには、収益源を広く認識することが重要だ。「プロダクト」という現在の収益源以外に、新たな収益源がないかを探す必要がある。

では、これらの収益源を用いて、どのように価値獲得をつくり出すのだろうか。

たとえば、30の価値獲得のうちで「⑱レーザーブレイド」は、10の収益源のうち、「❶プロダクト」と「❷消耗品」という収益源の組合せでできており、価値獲得「⑲メンバーシップ」は、「❶プロダクト」と「❻会費」の組合せでできている。価値獲得「㉑バイプロダクト」は、「❶プロダクト」と「❼副産物」の組合せでできている。

あるいは、単独の収益源を磨き上げて価値獲得とする場合もある。価値獲得の「⑫定額制サブスクリプション」は、収益源の「❻会費」を定期的に取ることで利益を生むように設計されている。

このような価値獲得と収益源の関係を示したものが図表3-3だ。

30の価値獲得は、10の収益源という要素によってできあがっていることがわかる。新たな価値獲得を生むには、収益源を正確に捉えることが重要になる。収益源を複数見つけ、それらを組み合わせたり、磨き上げることで新たな価値獲得が生まれるのだ。

ところで、長きにわたって操業してきたものづくり企業の中には、❷から❿までの収益源について、すでに検討し、採用までこぎつけたものの、たいしたインパクトもなくやめてしまった場合もあるかもしれない。

しかし、時代背景や環境が変われば、以前はうまく行かなかったものも、実現できることがある。特に今は、たとえば、デジタルの劇的な進歩によって、IoTやAIが当然のように日常生活に入り込むようになった。それにより、これまで理論的にしか実現できなかった収益源や、人海戦術が必要で利益にならなかった収益源が、急に利益を生み出すことがある。このような技術の進歩は日進月歩

図表3-3 価値獲得の焦点は収益源

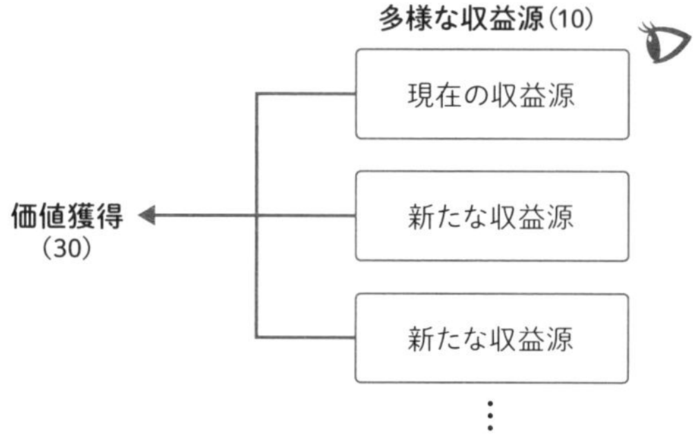

注：価値獲得と収益源の（数字）は本章で示したパターン数を表す。

であるため、定期的に収益源の洗い直しが大切だ。

ここでは、代表的な収益源の一部を10のみ示したが、収益源はこれがすべてではない。できるだけ多くの収益源を認識できれば、その分、斬新な価値獲得が生まれるチャンスが出てくる。

ではいったい、新たな収益源はどのように見出せばよいのだろうか。次章では、収益源を体系的に抽出する方法を説明しよう。

第4章

収益源を多様化する

POINT

- 収益源を増やすには？
- 課金ポイントと、それを拡張する課金プレイヤーと課金タイミングとは？
- 収益源は利益のために

KEYWORD

- 収益源の多様化
- 新たな収益源
- 課金ポイント
- 課金プレイヤー
- 課金タイミング

前章で示した30の価値獲得は、かつて誰かが完成させた「利益の生み方」のいわばカタログなので、それを踏襲して自社の価値獲得として着手する方法もある。

しかし、本書では、それもふまえつつ、「その先」を見据えた利益イノベーションを目的にしている。そのために最も重要な着眼点である収益源の多様化について、課金という視点で見つめ直す方法を紹介しよう。

収益源の見方が変われば、独自の価値獲得を生み出す利益イノベーションへとアプローチできる。

01.
収益源をロジカルに抽出する

本書が最終的に目的としている利益イノベーションとは、現在の価値獲得を新たな価値獲得へと転じることを意味する。

利益イノベーションを実現するためには、まずは収益源の多様化と、その後それを価値獲得へとつくり上げていく利益化という2つのプロセスが必要だ。それを示したものが図表4-1だ。本章では、価値獲得のベースとなる収益源を抽出する「収益源の多様化」について説明する。

◆なぜ、収益が生まれるのか

収益源を財務や会計の視点で捉えようとすると、すぐに思考停止

図表4-1 利益イノベーションには収益の多様化が必要

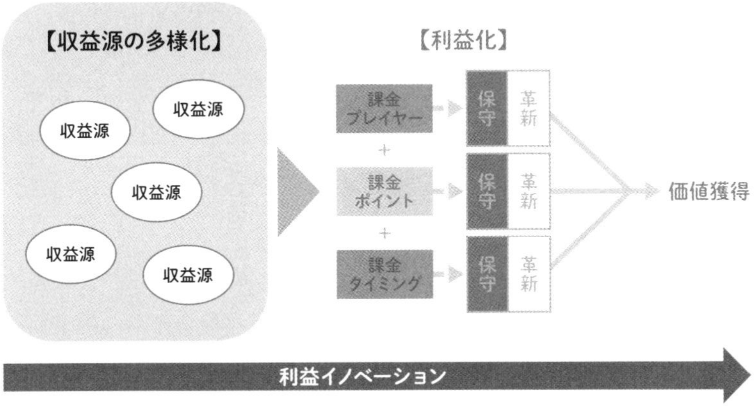

する。財務用語や勘定科目で考えるしかないため、すでに確立された収益源から見つけるしかなく、潜在的な収益源にはなかなかたどり着かないからだ。それでは、多様な収益源を見つけることができない。

では、どうすればよいのか。顕在化された収益源ではなく、潜在的な収益源を広く認識するには、なぜ収益が生まれるのかという理由を考える必要がある。すると「課金」というキーワードに突き当たる。

課金（charge）とは、字句のとおり、企業が「料金を課す」という意味である。現在認識できる収益源とは、まさに何らかのモノやサービスに課金されたものだ。自社の現在の収益源を考えてみてほしい。それは何かのプロダクトに対して、誰かが、どこかのタイミングで支払ったものである。

こう考えると、新たな収益源も、まだ見ぬ何かに対して、誰かが、どこかのタイミングで支払うものになる。課金という角度から見ることで、支払う側の気持ちや痛みを理解できるのだ。

というのも、「課金」という言葉は、支払者にとっても、すでに馴染み深い言葉になっている。課金の本来的な意味は、上述のとおり、企業が何らかの金額を支払者に課すことだが、現在においては、支払う側も「支払う」という意味で「課金した」という言葉を使っている。支払う側が「課金した」と言うのは、文法としては誤りだが、特に、ゲームや音楽や動画などのサービスを使う人にはすでに市民権を得ている。

そう考えると、課金する側の企業にとっても、課金される側の支払者にとっても馴染みのある「課金」という言葉を使うことで、請求側と非請求側の両者をイメージできるので、これまで想定しなかったような新たな収益源を抽出することができるといえる。

そこで本書では、収益源を多様化する方法を探るのに「課金」という概念を用いる。

自社は、どのプロダクトやサービスに課金しているのか。あるいは、将来的に別のプロダクトやサービスに課金できる可能性はあるのか。このような魚眼レンズで広く描写する視点が、多様な収益源を捉えるには必要なのだ。

◆課金ポイントを探せ

さて、ものづくり企業が「課金」と聞くと、「主要な顧客から、いま課金する」ことを思い浮かべるが、実は、課金する対象は「主要顧客」とは限らない。実際、多くのウェブページや動画サービス、アプリなどは、主要な顧客は全く支払わず、それ以外の誰かが支払っている。

課金のタイミングについても、そのタイミングが「対価のすべてをいま課金する」とは限らない。現に、流行を見せた定額制サブスクリプションは、顧客の購入時点では課金を完了せず、利用継続に

図表4-2 **課金ポイントはこれらすべてを含む**

	認識している（顕在）	認識していない（潜在）
課金している	課金中の収益源	—
課金していない	未課金の収益源	潜在的な収益源

図表4-3 **課金ポイントは潜在的な収益源を含む**

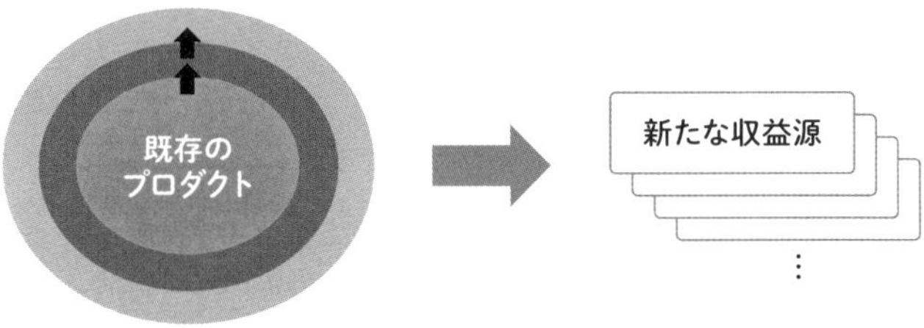

よって多額の支払いを得ている。

こうした課金の考え方は、プロダクト販売というただ1つの「課金」によって収益を得るものづくり企業やもの売り企業こそ取り入れたい視点だ。課金という概念を導入することによって、多くの収益源を見つけることができるからだ。

課金ポイントは、実際に課金しているかいないか、あるいは自社が認識できているかいないかにかかわらず、企業が対価を請求できるポイントである。すでに収益源として課金しているものだけでなく、認識しつつも課金していないもの、認識すらしていない潜在的なものまでも含んでいる（図表4-2）。

課金ポイントの視点に立てば、さまざまな収益源を見つけることができる（図表4-3）。

特にものづくり企業やもの売り企業で、「プロダクト販売」の価値獲得を追求してきたなら、まずは、プロダクト以外の収益源を探すか、現在のプロダクトという収益源を軸に、関連商品や周辺サービスなど課金できるポイントがないかを探るのが取り組みやすいだろう。

それでは、早速課金ポイントを探しにいこう。

▸02.
課金ポイントで収益源を多様化する

ものづくり企業が新たな収益源を見出すには、どこで料金を課すことができるのか、課金ポイントを探すのに有効だ。

企業に支払いをしてくれる代表格は、顧客である。そのため、まずは現在の主要顧客に対して、現有プロダクトを中心としてどこで課金できるのかという視点で考え、どのような収益源を自社が持っているのかを棚卸ししてみるとわかりやすい。

この視点は、これまで想定していなかった収益源を新たな収益源候補としてつぶさに拾い上げる点で有益だ。しかも、その中心がプロダクトであるため、ものづくり企業やもの売り企業にとって理解しやすい。

◆課金ポイントと製品多角化の違い

ものづくり企業やもの売り企業における最大の収益源は、プロダクトだ。プロダクトに一定の利益率を乗せてプライシングして、顧客に課金する。それによって、企業は収益を得て利益を確定する。

新たな収益源を見つけるためには、現有プロダクト以外の収益源を探す必要がある。図表4-4を見てほしい。

これまでものづくり企業やもの売り企業で行われてきた収益源の増やし方は、この図の上部にある「製品多角化」である。「収益源

図表4-4　課金ポイントによる収益源の多様化

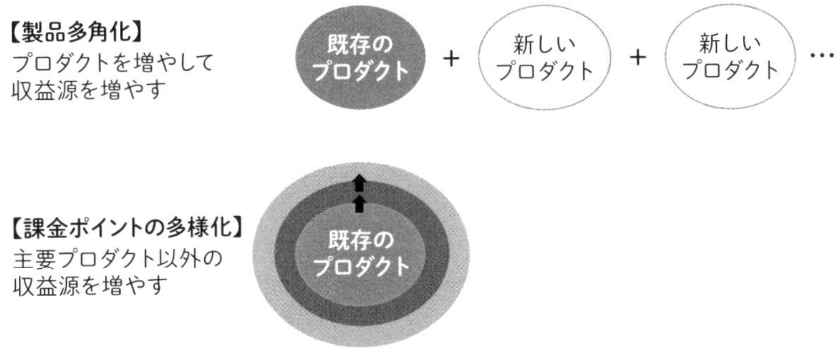

を増やそう」と社内に号令をかければ、ほとんどの場合、現場は取り扱うプロダクトの数を増やそうとするだろう。もちろん、それでも、「収益源が増えた」といえる。

ただし、これは複数の「プロダクト」という収益源が増えただけで、「プロダクト」という1つの収益源から利益を得ていることに変わりない。製品多角化は、収益源の多様化とはいえないのだ。

いくら製品多角化をしても、収益源が主要プロダクトのみである限り、ものづくり企業やもの売り企業の利益率を大きく変えることはできない。また、新たなプロダクトでヒットを狙うのは、価値獲得ではなく価値創造における取組みになり、その枠組みで粛々と挑戦し続ける性質のものだ。

価値獲得の枠組みで課金ポイントという視点を活用するのは、潜在的な収益源を認識しながら、利益の取り方を変え、利益構造を変える目的があるからだ。これまでとは異なる価値獲得、すなわち利益イノベーションを起こすためだ。だからこそ、現在の自社の主流である収益源とは異なる潜在的な収益源を認識することが必要なのだ。

図表4-4の下部は、まさにそのことを示している。製品多角化

ではなく、潜在的収益源の多様化を考える。ものづくり企業に課金してくれる代表的な支払者である顧客に対して、プロダクト以外に課金できる個所がないかと探す。これこそが、課金ポイントだ。

課金ポイントという着眼点は、ものづくり企業やもの売り企業が従来から大きく依存しているプロダクトから離れて、収益源を広く捉えるのに有益だ。

◆課金ポイントを拾い上げる

では、ものづくり企業やもの売り企業が、現有プロダクトを軸にしながら課金ポイントを見つけるには、具体的にどうすればいいのか。その考え方を示したものが、図表4-5だ。[1)]

現有プロダクトを販売するとき、それに関連しているもの、支援しているものがないか、といった視点で考えると取り組みやすい。

円の中心部に自社の「主要プロダクト」があり、その周りを同心円状に「補完プロダクト」が、さらにその周りを「補完サービス」が取り囲んでいる。これを見れば、現段階における自社の課金ポイントが浮かび上がってくる。

囲みの中にある文字は、それぞれの分類の代表的な課金ポイントである。この課金ポイント1つひとつが、潜在的な収益源であると考えてほしい。主要プロダクトを補完できる課金ポイントは、ざっと思いつくだけでもこれだけあるのだ。

たとえば、主要プロダクトを補完する付属品や拡張ツール、ソフ

---

1)　これは、セオドア・レビットが1969年に提示し、その後ジェフリー・ムーアの『キャズム』で有名になったいわゆる「ホールプロダクトモデル」と近い。これらはサービスの質を高めるためのマーケティングのフレームワークとして利用されているのに対して、本書は課金ポイントの観点から収益源を認識するフレームワークとして利用する。

図表4-5 主要プロダクトを拡張して認識される課金ポイント

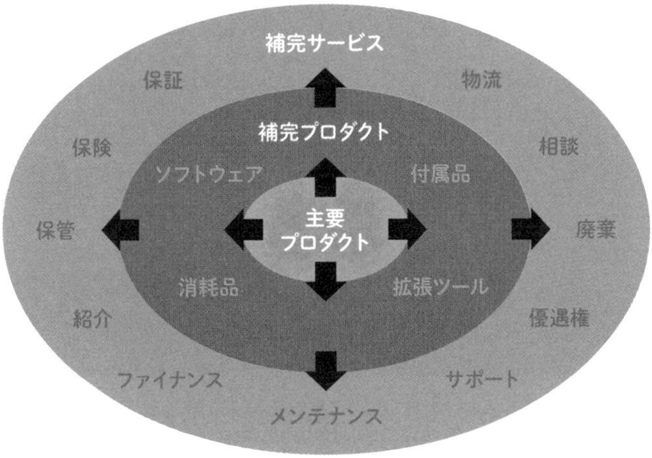

トウェアなどの「補完プロダクト」は、主要プロダクトと同時に購入することもあれば、後で購入することもある。これらは、主要プロダクトのパフォーマンスの低下を防ぐ、パフォーマンスを向上する、あるいは主要プロダクトとしての価値そのものを高めるという、補完的な役割を果たす。

補完プロダクトのさらに外側の円には、物流やサポート、購入時の保証や保険加入などの「補完サービス」がある。主要プロダクトをサービス面から支えている。

ここで取り上げているのは、ほんの一例である。重要なのは、それぞれのものづくり企業が自社を分析した際に、主要プロダクトに関連する課金ポイントを探すことだ。すでに認識できているものもあれば、見落としていたものの確実に提供できるものもあるだろう。それらを棚卸ししてさらに課金ポイントを抽出したい。

続いて、図表4-5に相対的な利益率の傾向を加えてまとめた図表4-6を見てほしい。

図表4-6 主要プロダクト周辺の課金ポイント

	主要プロダクト	補完プロダクト	補完サービス
課金ポイント（項目）	プロダクト	付属品、拡張ツール、消耗品、ソフトウェア	物流、相談、廃棄、優遇権、サポート、メンテナンス、ファイナンス、紹介、保管、保険、保証
種類	1	4	11
相対的な利益率の傾向	低	中	高

主要プロダクトから、補完プロダクト、補完サービスと拡張するにつれ、すでに取り入れている課金ポイント、これからトライできる課金ポイントが見えてくるので、新たな課金ポイントの数が格段に増えていくのがわかる。ただし、これらはあくまで潜在的な収益源であり、ここから実際に課金するかどうかは検討を要する。

検討に際しては、支払者への請求額や、提供する際の利益率が判断材料となる。ブランド化がされていないような一般的なハードウェアなどの場合、価格を高めに設定することは難しい。かといって、手頃な価格に抑えようとすると利益率は必然的に低くなる。

その場合は、補完プロダクトの利益率を高める方法をとる。付属品、消耗品などの補完プロダクトは、主要プロダクトを稼働させる、機能やデザイン性を向上させるものなので、原価に対して高い価格を付けやすい。一般的に見て、主要プロダクトよりも補完プロダクトのほうが、利益率は相対的に高くなる。

保険やメンテナンスなどの補完サービスは主要プロダクトを使う人にとっては必要になるが、自社で取り扱っていないことが多く、他社と提携することになる。その結果、手数料収入が入ることになる。入ってくる金額は相対的に小さいが、手間をあまりかけずにほとんどが粗利になるため、利益率は高くなる傾向にある。

このように、課金ポイントの傾向を一覧にすれば、価値獲得のための材料を揃えることができる。図表4-5の課金ポイントから、実際に収益源とするものを見つけ、主要プロダクトとどのように組み合わせたらよいのかを考えたい。

◆課金ポイントを棚卸ししてみる――テスラの事例

実際に、これまで述べてきた課金ポイントの概念をもとに、第2章で取り上げた電気自動車(EV)メーカーのテスラの実際の課金ポイントについて考えてみたい。

テスラのプロダクトはEVだ。なかでも、ラインナップされて最も長いのが高級セダンのモデルSだ。ここでは、モデルSを図表4-7の中心にある「主要プロダクト」に据えてみる。照らし合わせながら見てほしい。

モデルSの「補完プロダクト」は、ワイパーブレイドやブレーキパッドなど自動車を正常使用するうえで必要な「各種消耗品」がメインになる。その他、付属品として、充電に使用する「CHAdeMOアダプター」など通常利用の範囲で必要となるものがある。「高級シート」や大型の「ホイール」、「拡張オーディオ」システムなどオプションの拡張ツールも、この「補完プロダクト」に該当する。さらに、テスラはOTA(Over The Air)で車両本体がアップデートする自動車であるため、「OSアップデート」や「自動運転ソフトウェア」の追加購入も補完プロダクトに該当し、これらも課金ポイントとなる。

「補完サービス」については、テスラパートナー代理店からの「紹介」手数料、テスラ製充電システムのスーパーチャージャーでの「充電」、リゾート地や高級ホテルにある優遇駐車・充電レーンなどの「優遇」、8年の「バッテリー保証」、売却時の「買取保証」、

図表4-7 テスラモデルSの課金ポイント

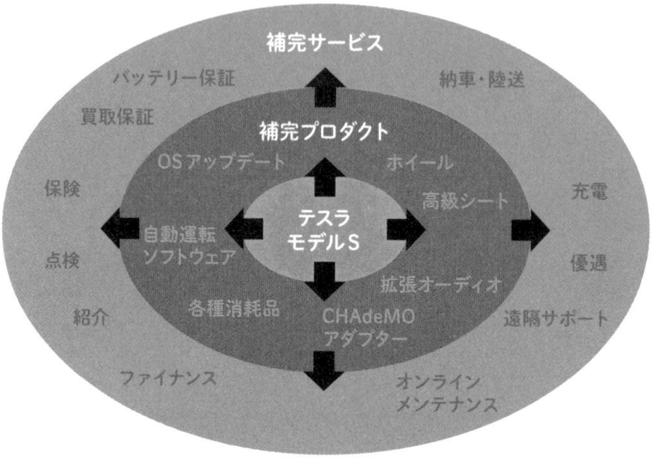

購入時の「ファイナンス」、あるいは「納車・陸送」などが挙げられる。

なお、テスラのプロダクトとしては、モデルS以外にも、SUVのモデルX、小型セダンのモデル3、小型SUVのモデルY、スポーツカーのロードスターなどをラインナップに加えてきた。これらはモデルS以外の主要な収益源ではあるが、製品多角化によって増えたラインナップであり、主要プロダクトを取り巻く課金ポイントではない。

これまで述べてきたテスラの補完プロダクトや補完サービスは、そのすべてが課金ポイントになり、将来的に収益源となるものだ。

では、テスラはどれくらいの課金ポイントを実際の収益源としているのだろうか。

図表4-8を見てほしい。テスラの課金ポイントの中でも、認識しつつも課金していない収益源、そして、すでに収益源としているものを区別した。下線を引いているものがテスラの現在の収益源、

図表4-8　多様化された課金ポイント

	主要プロダクト	補完プロダクト	補完サービス
課金ポイント（項目）	テスラモデルS	ホイール、高級シート、拡張オーディオ、CHAdeMOアダプター、各種消耗品、自動運転ソフトウェア、OSアップデート	納車・陸送、充電、優遇、遠隔サポート、オンラインメンテナンス、ファイナンス、紹介、点検、保険、買取保証、バッテリー保証
種類	1	7	11
採用された収益源	1	5	6
相対的な利益率の傾向	低	中	高

注：下線を付したものは実際の収益源を指す。

あるいは過去に課金していた収益源である。

ここでは特に、補完サービスの欄を見てほしい。提供しているサービスは課金ポイントとして認識されつつも、収益源になっていないものがある。課金ポイントであるからといって、すべての項目を収益源にするわけではなく、顧客が支払うトータルの支払金額を考慮して、全体の収益源を設計しているといえるのだ。

提供価格として主要プロダクトのモデルSが最も大きいのは当然だが、利益率は補完プロダクトや補完サービスのほうが高く、最終的にこれらがトータルの利益率を高めることに寄与している。

収益源は、課金ポイントという観点から、未課金のものも含めて、まずはすべてをつぶさに拾い上げることが重要だ。現在、課金していないものも含めて、すべてである。それらにいつか課金できる可能性があることは、十分に認識しておきたい。

現にテスラは、当初は課金していなかった課金ポイントでも、時と状況に応じて課金し、収益源にしている。以前は無課金であった充電も、今やテスラの収益源となっている。

だからこそ、自社がどれだけの課金ポイントを持っているのか、現状を知ることが重要だ。

◆さらなる課金ポイントを探すために

ここまで、現在の自社の主要プロダクトに関連する課金ポイントを増やせないかを考えてきた。ものづくり企業やもの売り企業は常にプロダクトを見ているから、プロダクトを軸に据えて収益源が多様化できないか考えることは導入をイメージしやすく、さまざまな収益源のアイデアについても議論が活発化しやすい。

現場の担当者にとっても、現有のプロダクトを起点に考えられるので、これまで着手してこなかったものを改めて見直し、課金ポイントの掘り起こしにトライする効果はあるだろう。

ただし、この方法は、いずれ限界がやってくる。プロダクトの周辺で課金ポイントを認識しようとしても、すでに自社で取り組んだものが出てきてしまうだろう。これまでさまざまな取組みをしてきた企業ほど、未知の課金ポイントに出会えることはめったにないというジレンマを味わうのだ。

そこで、課金ポイントを広く探すために、拡張概念の力を借りる必要がある。それが課金プレイヤーと課金タイミングである。図表4-9を見てほしい。

1つ目の拡張概念は、「課金プレイヤー」（図の左）という視点だ。「課金プレイヤー」とは、既存の支払者だけでなく、これから支払う可能性のある潜在的な支払者も含まれる。すなわち、現在の主要な支払者以外の誰かから、課金できないか考えるのだ。

この視点では、支払者がいったい誰なのかを問う。多くの企業において、支払者といえば、セグメンテーションされ、明確にターゲティングされた「主要顧客」を意味するが、課金プレイヤーは実は、それ以外にも潜んでいることが多い。新たな課金プレイヤーが

図表4-9 課金ポイントを多様化する拡張概念

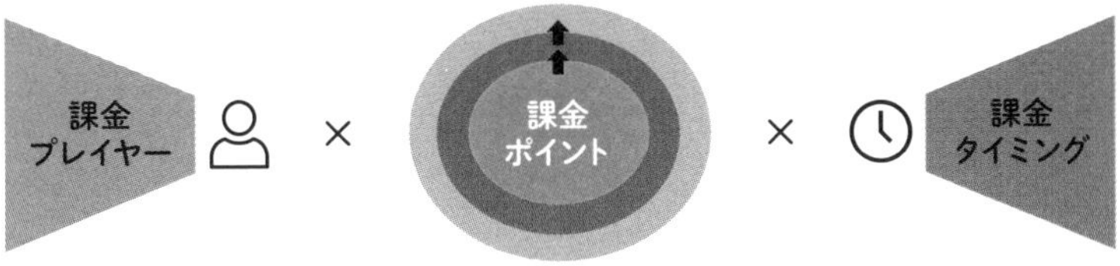

見つかることは、企業にとっては、考えたこともなかった課金ポイントを掘り起こすことにもつながる。

そして、2つ目の拡張概念は「課金タイミング」（図の右）という視点である。課金において重要な点は、支払者に対していつ課金できるのかということだ。直ちに課金できる場合もあれば、じっくりと時間をかけて、後で課金する場合もある。

ものづくりやもの売り企業の場合、無意識に前者を意識することが多いため、課金のタイミングについてはあまり考慮されてこなかった。しかし、サブスクリプションを活用する他の業界を見渡せば、多くの企業が契約時ではなく、時間をずらして課金していることに気づくだろう。しかも、時間をかけて蓄積すればその利益の累計額がとてつもなく大きな金額になり、それが企業価値を飛躍的に高めることがある。

課金タイミングという拡張概念を用いることは、企業にとってこれまで経験のないような課金ポイントを見つけることにつながるのだ。順に見ていくことにしよう。

▶03.
課金プレイヤー視点で 課金ポイントを認識する

「課金プレイヤー」は、課金ポイントの拡張的な視点の1つだ。

課金ポイントを広く認識するには、現在の顧客にいかに多く支払ってもらうかという視点から、大きくずらすのが有効である。課金をする相手、つまり、支払者そのものを変えるという視点に立ってみたい（図表4-10）。

◆課金プレイヤー視点

課金プレイヤーは、企業が課金する支払者のことを指しており、現在支払っている顧客だけでなく、潜在的に支払う可能性のある相手も含まれる。なお、支払者のことを課金プレイヤーと呼ぶのは、支払う相手が顧客に限定されず、関係するさまざまな企業や人を含めているからだ。現在は支払いを得ていないものの、将来的に支払うかもしれない人をプレイヤーとして認識しておくことで、課金ポイントが広がる。

先に述べた課金ポイントは、主要顧客に向けて、さらに課金できないか探るものだった。ものづくり企業において主要顧客とは、自社のプロダクトを欲しがり、それに対して要求したとおりの対価を支払って企業に利益をもたらしてくれる存在である。これまで企業は、主要顧客を育て、主要顧客に愛される企業づくりをしてきたはずだ。

だから、課金ポイントを探すときは、こうした主要顧客をベースに探すことになるが、それは現在の一課金プレイヤーにすぎないこ

図表4-10 課金プレイヤー視点で課金ポイントを認識する

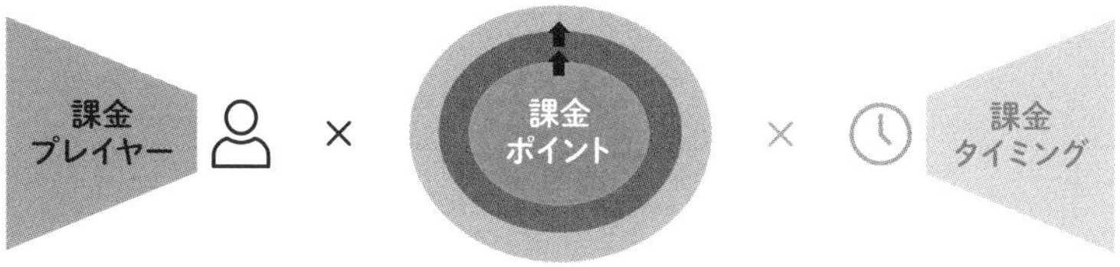

とを頭に入れておいてほしい。課金プレイヤーは他にも存在する。新たな課金プレイヤーが見つかれば、それは、さらなる課金ポイントを見つけたことになる。

新たな課金プレイヤーの見つけ方は、主に2つある。

1つは、主要顧客以外の顧客を課金プレイヤーとするやり方だ。しかも、主要顧客以外の顧客のほうが多くの支払いを見込める可能性もある。

2つ目は、顧客以外のステークホルダーに視野を拡張し、彼らを課金プレイヤーとするやり方だ。「企業に収益をもたらすのは、顧客だけ」という考え方は、伝統的なビジネスを営むものづくり企業やもの売り企業の常識だが、顧客以外にも課金プレイヤーは複数存在している。

この点について、以下でより詳しく見ていく。

◆主要顧客の外側にいる他の課金プレイヤーを認識

企業が課金プレイヤーを見つける際には、マーケティングで分析対象とした顧客以外から課金できないか考えていくことが重要だ。

通常、企業が「顧客」と認識している相手は、現在支払いに応じてくれる相手である。しかし、「顧客」は他にもいる。それを示したのが図表4-11だ。「顧客」は、代表的な課金プレイヤーとなる

図表4-11 主要顧客と課金プレイヤーを分離する

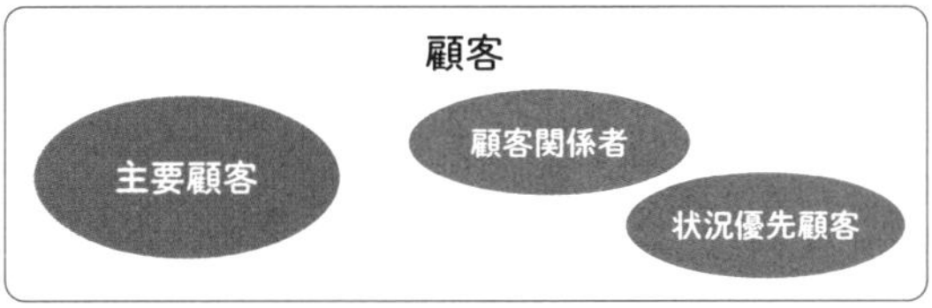

主要顧客と、それ以外の顧客関係者に分けることができる。

主要顧客とは、主要プロダクトに対して明確にターゲティングされた顧客のことでもある。しかし、主要顧客以外にも、顧客として支払いに応じるプレイヤーもいるし、主要顧客以上に支払うプレイヤーもいる。新たな課金プレイヤーを認識するためにも、まずはここに着目したい。

主要顧客以外の課金プレイヤーとは、顧客関係者、状況優先顧客などを指す。これらの課金プレイヤーのほうが、主要顧客よりも多く支払い、結果的に利益の柱となることがある。それぞれについて説明していこう。

顧客関係者

顧客関係者とは、主要顧客の周辺に存在しながらも、主要顧客と同じように行動し、消費をする人や組織を意味する（図表4-12）。B2C企業における一般消費者が主要顧客とすれば、その顧客の親族や、友人、同僚、恋人などのパートナーが、顧客関係者になる。

顧客関係者の中でも、主要顧客とともに消費し、支払う関係者が、新たな課金プレイヤーの筆頭候補だ。顧客関係者は、主要顧客以上の収益を企業にもたらしてくれることがある。実際にB2Cのサービス業では、顧客関係者に課金する非メインターゲットの価値獲得が多く行われている（第3章の図表3-1を参照）。

図表4-12 **顧客を取り巻く関係者**

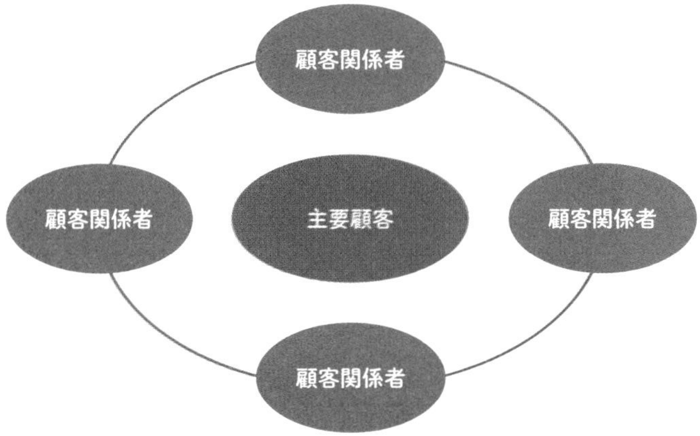

最もわかりやすいのが、子ども向けの映画だ。主要顧客は子どもだが、実際には、夏休みに合わせて公開し、大人が同伴するように設計されたプロダクトになる。多くの場合、主要顧客の子どもに顧客関係者である大人がついてくるが、実は、彼らこそ新たな課金プレイヤーとなる。しかも、課金額は主要顧客の2倍で、明らかに粗利に貢献している。映画というプロダクトの作り手（製作会社）にとっても、流通させる売り手（劇場）にとっても、重要な課金プレイヤーなのだ（第3章の⑨）。

映画鑑賞を家族行事と考える親は、コンセッション（売店）でポップコーンやグッズなどを子どもに買い与える。まさに顧客関係者が課金プレイヤーとして、大きな利益をつくっていることがわかる。アミューズメントパークも、子ども用の映画と全く同じ構造になっている。

このように、主要顧客以外の顧客関係者を探し当てれば、そこから課金ポイントを増やすチャンスが広がる。

B2Cのものづくり企業やもの売り企業は、長らく女性客と男性客に、課金プレイヤーとしてそれぞれ異なる役割を持たせてきた。特にラグジュアリー関連の企業は、女性を主要顧客とし、男性を顧客関係者としてきた。たとえば、エルメスやルイ・ヴィトンでは、多くの場合、女性客が主要顧客に該当する。

しかし、実際により多くのおカネを支払うのは、顧客関係者としての連れ添いの男性であることが多い。実際、婚姻関連品やプレゼントにおいては顧客関係者である男性が課金プレイヤーとなる。また、同伴の男性も女性に促されてペアで購入するなど、さらに追加の課金が発生する。

このように見てくると、顧客関係者という概念からは次のことがわかる。単純に課金プレイヤーが増えるだけでなく、顧客関係者が主要顧客よりも多く支払う可能性があるということだ。

価値創造においては主要顧客が主役だが、価値獲得においては顧客関係者が主役になる可能性があることがわかる。このことを図に示したものが、図表4-13である。ここにある重課金と軽課金という表現は、単純に課金額の大小を示したものであるが、主要顧客よりも顧客関係者のほうが課金額が大きいことを意味している。

主要顧客と顧客関係者を示す左図を右図に照らし合わせてみると、主要顧客の課金は比較的支払いの少ない軽課金となっている。ここでいう主要顧客は、映画やアミューズメントパークにおける子ども、ラグジュアリー企業の女性顧客を指している。主要顧客を取り巻く顧客関係者は、主要顧客でないものの、より多く支払ってくれる意味で、課金プレイヤーの主役になることがわかる。

このことは、主要顧客が多くを支払うマーケティング理論の常識とは異なる結果となるため、違和感を覚えるかもしれない。しかし、実際の商取引の現場では、ごく普通に見られる現象である。主要顧客の分析が飽和したときなどは、顧客関係者に視点を移すことで、新たな課金ポイントが見える可能性がある。

図表4-13 **顧客関係者は課金の主役になりうる**

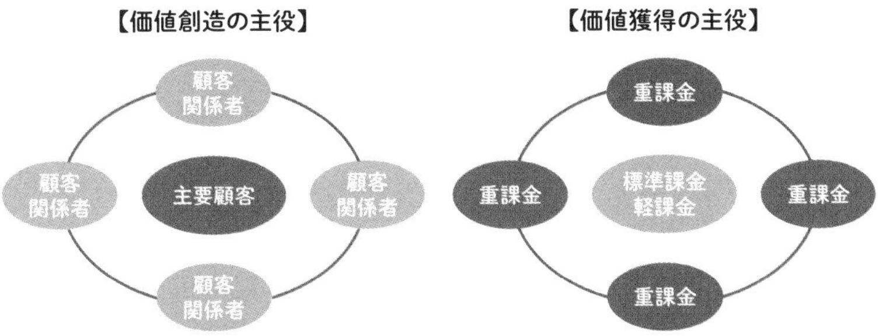

注：グレーアウトしているのは主役ではないという意味。

状況優先顧客

顧客関係者は、主要顧客の周辺にいながらも重要な課金プレイヤーとしての役割を果たしてきた。彼らは、主要顧客との時間や経験の共有という目的を重要視しているため、課金に応じる。

その目的に類似するもう1つの課金プレイヤーがある。それが状況優先顧客だ。

状況優先顧客とは、置かれた状況を最優先して、追加の課金に応じる顧客を意味する。たとえば、特別な日に特別な時間を過ごす際には、人は超過料金を払う傾向にある。アミューズメントパークの優先乗車券などは、まさにこれにあたる。同じアトラクションを利用するのに、時間を節約したい、ストレスをなくしたいという理由で、超過料金を支払う顧客が存在するのだ（図表4-14）。

大阪のユニバーサル・スタジオ・ジャパン（USJ）は、エクスプレス・パスとしてこれを課金ポイントとして設定し、実際に有償化している。他方、東京ディズニーリゾートでも同様のパスがあるが、課金ポイントでありながらも無償提供している（2021年現在）。

かねてより、USJは中国からのインバウンド客が多く、彼らは時間を節約して1日で人気のアトラクションを回るため、エクスプ

図表4-14 状況優先顧客は重課金に応じる

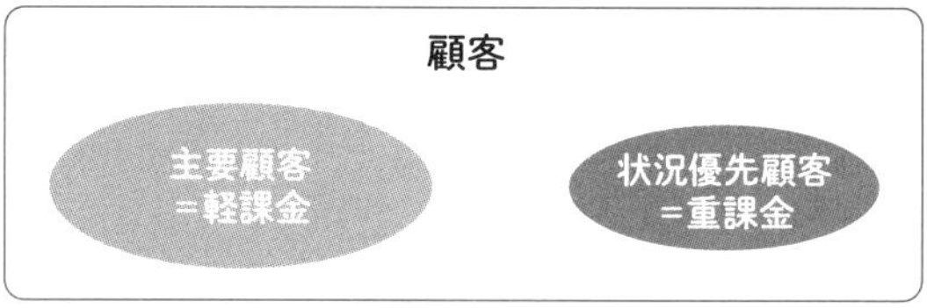

レス・パスが重宝されたのだ。USJでは、インバウンド客が状況優先顧客となる。そして、この課金プレイヤーに用意された課金ポイントが、同社の利益を強化している。

USJでは、状況優先顧客からさらに課金すべく、2019年からはダイナミックプライシングを導入した（第3章の⑪）。これは、入場者数が増減する曜日や時間帯の料金を変えるというもので、これにより土日を高めに設定する、あるいは、入場者が少ない時間帯の料金を低めに設定できる。状況優先顧客は、その時間や状況を大切にするため、重課金に応じる。

オンラインショッピングで追加料金を支払って、エクスプレス配送を選択するのも、状況優先顧客に該当する。誰しも、どうしても指定日に到着させたいものがあり、追加料金を払うことはあるだろう。急な入用や、贈答品などを送るときは、特にそうだ。こうした状況下では、状況優先顧客は重課金に応じやすい。

◆顧客以外の課金プレイヤー

ここまでは、主要顧客の周辺にいる課金プレイヤーを見る視点について述べた。ここからは、さらに俯瞰して、これまで見てきた顧客以外にも課金プレイヤーが存在することを示そう。

図表4-15を見てほしい。企業を中心に、顧客、取引企業、補完

図表4-15 さらに俯瞰した課金プレイヤー

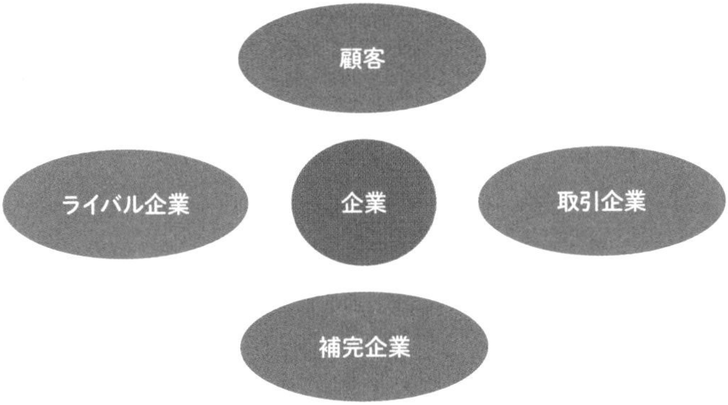

企業、ライバル企業というプレイヤーが存在している。[2] 経営学でよく見るステークホルダーを表す図だが、ここで登場するステークホルダー（プレイヤー）は、すべて潜在的な課金プレイヤーとなりうることに着目したい。その視点を持つことで、課金ポイントの視野が大きく広がる。

それぞれのステークホルダーをどのように課金プレイヤーとして見るのか、その結果どのような課金ポイントがあらわになるのかについて、順に見ていくことにしよう。

取引企業

B2C企業は、エンドユーザーにプロダクトを提供するために、取引企業（サプライヤー）からプロダクトや部品を納入し、支払う立場にある。ここで、取引企業に何らかの形で課金する方法はないだろうか。そういう視点で考えると、イメージが膨らみやすい。

---

2) 取引関係者がすべてパートナーとなりうることを示している「価値相関図」（Nalebuff and Brandenburger［1997］）を参考にしている。

たとえば小売業では、取引しているメーカーに店舗の一角を賃貸することで課金している。大型のスポーツ小売店で、ナイキやアディダスのコーナーを見たことがある人は多いと思うが、これは取引企業を課金プレイヤーとした、小売業の課金ポイントになっている。ナイキやアディダスにとっては、自社ブランドの展開のために支払うものだから、広告としての位置づけとなる。

小売業とメーカーの基本的な関係は、小売業がメーカーから商品を購入することによって成り立っている。小売業は、顧客と取引企業をつないでいるから、それをさらに、リアルのプラットフォームとして展開できないか考えれば、取引企業からの課金ポイントを増やすことができる。

STORY

その好例が、ニューヨークで設立し、世界中で話題を呼んだSTORYだ。STORYは、「マガジンのような視点で、ギャラリーのように変化し、店舗のように売る」というコンセプトのセレクトショップだ。

小売業として顧客に販売するが、その主たる収益源は販売ではない。STORYに出店するメーカーから委託手数料として課金するのだ。メーカーの在庫を陳列しているため、在庫リスクを負わずに売れた分だけ手数料を得る仕組みである。

興味深いのは、ここからだ。STORYはわずかな販売手数料が利益の柱になっていたわけではない。実は、取引企業の広告やコンサルティングを主たる収益源としているのだ。STORYの創業者であるレイチェル・シェットマンは、ブランディングのプロだ。店舗でメーカーの商品をブランディングして、スタイリッシュに陳列し、キュレーション（紹介）をする。しかも、テーマが数カ月に一度変わり、それに応じて店舗の取扱商品やディスプレイもガラリと変わるのだ。

テーマに沿ってメーカーのプロダクトを紹介するディスプレイは、瞬く間に有名になった。ぶらりと入れば、ふと気になり何かを買ってしまう。まさに雑誌をめくりながら、そこに掲載されているプロダクトを思わず買ってしまうような感覚になる、その提案力を武器に店舗展開した。

しかも、それは単に店舗マネジャーの勘と経験に頼ったものではなく、無数に配置されたカメラが顧客の動向を捉え、すべてがデータ化されて分析され、以降の提案に反映されているのだ。

こうしたマーケティングのエビデンスを用意すれば、メーカーはユーザーのプロダクトへの認知や興味について知見を得ることができる。プロダクトが売れなくても、取引企業の広告活動やプロダクトの相談に乗るため、広告費やコンサルティング料としての課金ポイントが成立し、収益を得て高い利益率を誇った。

売り場面積当たりで、ニューヨークの老舗デパートのメイシーズの12倍を稼いでいるという説もあるほど、取引企業を課金プレイヤーとするSTORYの価値獲得は注目を浴びた。[3)]

しかし、STORYが名実ともに実力を持ち始めた2018年、メイシーズに買収された。[4)] 今後、メイシーズがSTORYのノウハウやセンスを活用して、取引企業との課金関係をもとにメイシーズ本体の大改革を実現できるかが試されている。[5)]

3）　Stephens［2017］の記述および、2019年6月の筆者自身がSTORYにて行ったインタビュー調査と現地調査による。

4）　メイシーズはシェットマンを「ブランド体験オフィサー」（brand experience officer）として迎え入れた。その後、STORYはメイシーズのショップインショップ（SIS）として展開されたが、残念ながら現在、シェットマンはメイシーズを去っている。

b8ta

取引先企業を課金プレイヤーとして広告やコンサルティングを主要な収益源とするやり方は他にもある。

b8ta（ベータ）は、テック系のスタートアップが発売するプロダクトをリアルショップとして売り場を提供しているが、販売手数料すら取らず、取引先企業からの収益源のみで運営されている。いわば、プロダクトについての知見を、取引先企業にフィードバックする「小売企業のようなリサーチ業」なのだ。

b8taは、2015年にサンフランシスコに登場して以来、注目を浴びていた。同社もメイシーズの出資を受け、世界的に拡張している。すでに日本にも上陸し、小売業の改革を模索する丸井グループとの協業を行っている。

紀伊國屋書店PubLine

取引先から課金ポイントを拡張するやり方は他にもある。

B2Cの書籍販売業である紀伊國屋書店は、仕入先である出版社を課金プレイヤーとして見ることで、特徴的な収益源を持っている。B2Cの商取引のデータベースを「PubLine」としてB2B向けに開放し、それを収益源としているのだ。

PubLineは、紀伊國屋書店の売上や仕入れ、在庫数など営業している全店舗のデータをリアルタイムに開示している。1995年から始めたこの取組みは、出版業界においてはもはや業界標準となっている。実は、このデータベースは紀伊國屋書店にとっても軽視できない収益源となっている。

5）　メイシーズの買収後、STORYはうまく機能していない。それは、価値獲得がSTORYであるのに、価値創造が本体である伝統的なメイシーズ流の百貨店形態に染まりつつあるからだ。まさに、価値獲得と価値創造の不適合である。今後の動きに注目したい。

図表4-16 取引企業を課金プレイヤーとする

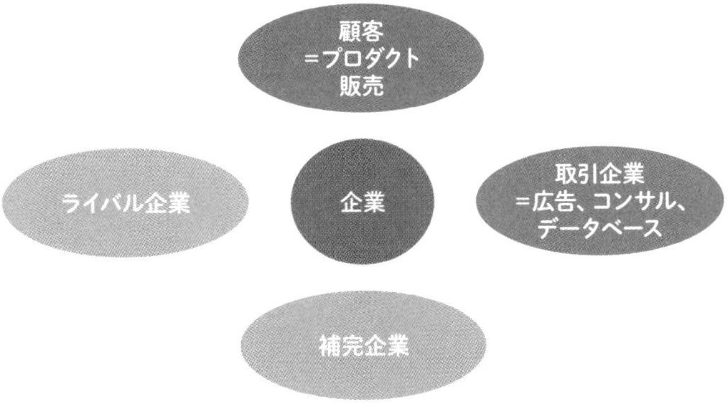

このように、取引業者を課金プレイヤーとすれば、課金ポイントは格段に増え、価値獲得を大きく変えることができる(図表4-16)。

ここでは、主にもの売り企業を中心に紹介したが、ものづくり企業においても、取引業者の視点を取り入れれば、新たな課金ポイントを見つけることができる。

補完企業

続いて、補完企業を見ていこう。

補完企業は、補完プロダクトやサービスを提供する企業である。いわば自社プロダクトを際立たせる企業だ。ハードウェアをつくっている企業なら、ソフトウェア企業が補完企業となる。コンソール本体をつくる任天堂やSIE(ソニー・インタラクティブエンタテインメント)と、ソフトメーカーとの関係を考えるとわかりやすい。

任天堂やSIEにはライセンス許諾という課金ポイントがある。ソフトメーカーがソフトウェアをつくれば、そのソフトの販売本数やダウンロード数にかかわらず、メーカーは一定の収益を得る。ハードウェアメーカーにとって、ソフトウェアメーカーは課金プレイヤーになるのだ。

ネットフリックス

最近では、この流れが家電メーカーにも押し寄せている。テレビを製造する家電メーカーの補完企業は、動画配信サービスのネットフリックスだ。テレビリモコンには、ネットフリックスのボタンが配備されているが、実はあれはメーカーにとって課金ポイントなのである。

テレビメーカーにとっては、プロダクトそのもののコストダウンはすでに限界に来ていた。ネットフリックスは、2015年に日本に本格参入する際、日本の家電メーカーに、リモコンボタンの配置に関するオファーをした。その結果、国産テレビのほとんどにネットフリックスのボタンが配置されるようになった。

筆者がメーカーに対して行った調査によると、テレビリモコンの平均的な製造コストは1台当たり約2ドルだ。ネットフリックスは、その0.8ドルを負担した。実に製造コストの40%を負担したことになる。ただし、これはリモコンの好位置に動画サービスとして独占的に配置するときのオファーである。

これによって、ネットフリックスにとっては安価に日本市場での知名度を高めることに成功した。[6)]家電メーカーにとっても、補完企業からのオファーで思わぬ課金ポイントが生まれ、コストダウンに貢献することになった。

ネットフリックスがこの方法をとって以降、アマゾンプライムやHuluなどの他の動画サービスも、補完企業として課金プレイヤーとなった。その結果、こうしたサービスのすべてのボタンを入れ込むメーカーも現れた。[7)]

---

6) 詳しくは、川上［2017］を参照。

図表4-17 補完企業を課金プレイヤーとする

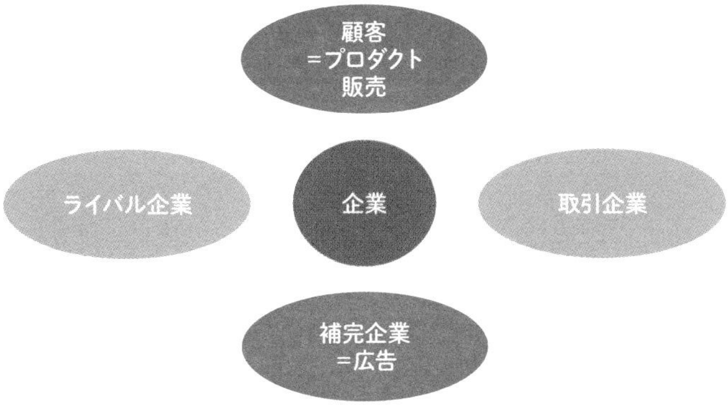

リモコンの製造コストよりも、課金プレイヤーからの収益のほうが上回り、結果的にリモコンで利益が出るようになっているメーカーもある。リモコンは、もはや広告媒体となり、課金ポイントとなって、テレビ全体のコスト削減に貢献している。

ネットフリックスのケースは、自ら課金プレイヤーとしてメーカーに協力を申し出たため、メーカー側の積極的な働きかけで実現したわけではない。しかし、メーカーは補完企業も課金プレイヤーとなることが理解できたはずだ。現に家電メーカーは、今やそれを当たり前の収益源と考えている。

今後は、メーカーサイドがイニシアティブをとって、補完企業を課金プレイヤーと考え、何らかの課金ポイントを想定する取組みも増えてくるだろう。それにより、課金ポイントを見つけるチャンスが生まれてくる（図表4-17）。

7） 特にソニーのテレビには、多くの動画サービスのボタンが備わっている。

ライバル企業

続いて、ライバル企業について見ていく。顧客獲得でしのぎを削るライバル企業も、ときには自社の課金プレイヤーになることがある。

テスラ

再びテスラの事例を見てみよう。第2章で見たように、テスラは、EVによって産出した温暖化ガス排出枠を収益源として活用している。これは明らかに、ライバル企業を課金プレイヤーとすることで認識された課金ポイントである。

実際にテスラは、この温暖化ガス排出枠を、カーボンクレジットとしてフィアットやクライスラー、アルファロメオなどを製造する、ライバル企業である多国籍自動車メーカーのFCA（現ステランティス）に販売していた。

エンドユーザー市場で競争をしている間柄であればこそ、ビジネスモデル上で補完し合う何らかの要素があるはずだ。メーカー同士で行うOEMも、まさにその好例だ。家電や自動車業界では頻繁に

図表4-18 ライバルを課金プレイヤーとする

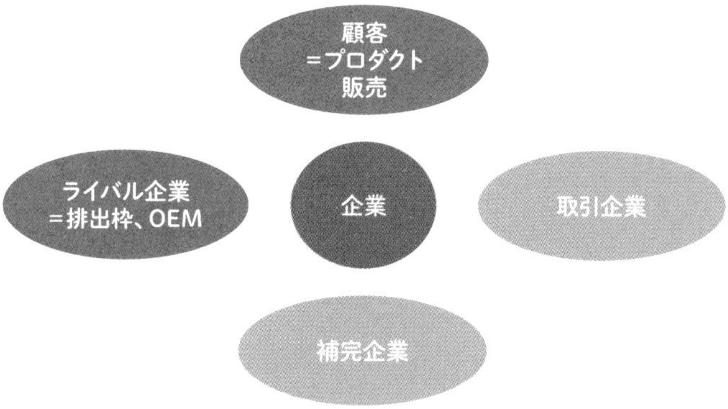

課金プレイヤーとして補完し合っている。こうした業界ではライバル企業を課金プレイヤーとすることに違和感はないだろう（図表4-18）。

ポイントは、ライバル企業そのものを課金プレイヤーと考えられるかどうかだ。ライバル企業の経営に資する視点を持てる企業は、課金ポイントを拡張して、利益に結びつけることが可能だ。

◆課金プレイヤーが認識させる課金ポイント

さて、これまで述べてきた課金プレイヤーについてまとめた図表4-19を見てほしい。

ここには、代表的な課金ポイントを示しているが、これまで紹介してきた課金プレイヤーの考え方を使えば、他にもまだ自社に眠っている課金ポイントを見つけることができるだろう。あるいは時が経って技術が進展した際には、企業と各課金プレイヤーとの関係性も変化するため、さらに多くの課金ポイントを認識できるはずだ。

図表4-19 課金プレイヤーのカテゴリーと認識される課金ポイントの例

ステークホルダー	課金プレイヤー	課金ポイント
顧客	顧客関係者	顧客以外の課金、超過課金
	状況優先顧客	特典利用（優遇権、超過料金）
顧客以外	取引企業	広告、コンサル、紹介、仲介、データ使用、知財
	補完企業	広告費、紹介、ロイヤルティ
	ライバル企業	副産物、データ使用

▸04.
課金タイミングで視野を広げる

ここまで、課金ポイント、課金プレイヤーについて見てきたが、次いで、課金のタイミングを多様化することで、どのような課金ポイントが認識されるのかを見ていくことにしよう（図表4-20）。

◆購入周辺のタイミング

ものづくり企業やもの売り企業の多くは、プロダクトを販売したら直ちに課金を実行して収益を回収する長年の商慣習があるため、直ちに課金する以外の課金方法は思いつかないことが多い。

そのことが、ものづくり企業やもの売り企業の収益を強固にした半面、単一化してきた。そこをずらす、すなわち、顧客から課金をするタイミングをずらすことで、課金ポイントを多様化することができる。これが、課金タイミングだ。

課金タイミングには、販売によって直ちに課金する以外にも、時間差で課金するというやり方がある。これにより、プロダクト以外の課金ポイントを広く俯瞰できるようになる。

図表4-20 課金タイミング視点で課金ポイントを拡張する

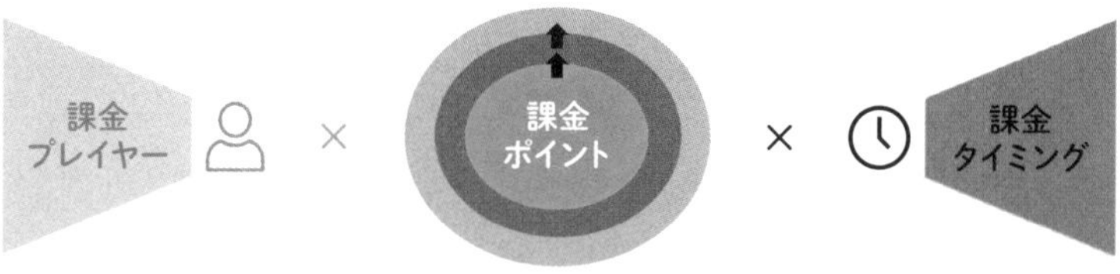

図表4-21 支払者の活動チェーン

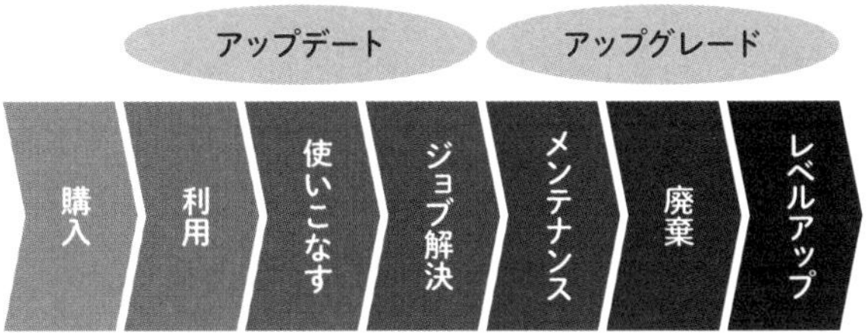

◆支払者の購入後の活動を知る

課金タイミングは、商品やサービスを購入した支払者とのその後の関係性を捉えると、クリアに見えてくる。その手助けになるのが、図表4-21の「支払者の活動チェーン」だ。

支払者の活動チェーンは、支払者が購入後、いかに現状をアップデートし、さらにアップグレードしようとしているのか、そのプロセスを詳細に可視化できる。

支払者は、プロダクトが欲しいわけではない。購入(契約)してからが本当のユーザーの旅(ジャーニー)がスタートする。[8]

プロダクトを利用し、使いこなし、ユーザーの「ジョブ(片づけるべき用事)」[9]を解決する。そこで生活の《アップデート》が達成されるが、ユーザーの活動はまだまだ終わらない。

ジョブは一度解決して終わりではない。何かしらのジョブが発生して解決しても、新たなジョブが出たり、あるいは快適に利用する

---

8) このようなダイアグラムは、一見すると、カスタマージャーニーやサービスブループリントとの違いがわかりにくい。活動チェーンは、より明確に購入後のユーザーの活動を意識している。詳細は、川上[2019]を参照されたい。

9) 正式には “Jobs to be done”、日本語では「片づけるべき用事」と翻訳されてきた。この概念はクレイトン・クリステンセンらの『イノベーションへの解』によって2002年に紹介され、一躍有名になった。

ためのまた別のジョブが出てくるからだ。ジョブは、ユーザーが使いこなしている間は、解決し続けなければならないのだ。

ジョブを解決し続けると、今度は《アップグレード》への要求が高まる。すなわち、消耗品や、オプション、あるいは機器の保守管理を行うなど、メンテナンス活動が必要になる。

こうしていずれ、そのプロダクトが一定の役目を終えるときが来る。ユーザーは摩耗や消耗により使えなくなると判断することもあれば、ジョブを解決するのにより最適なプロダクトが欲しくなることもある。それがプロダクトからの卒業、つまり廃棄である。

それを経て、ユーザーはさらに上位の生活やパフォーマンスへと進化するようになる。「メンテナンス」から「レベルアップ」までの一連の活動は、ユーザーの生活を次のレベルへと進化させるため、総称して《アップグレード》と呼ぶ。

これらは、ユーザーから見たそれぞれの活動であると同時に、企業にとっては、販売後の課金タイミングを見極め、潜在的な課金ポイントがあるのかを探るための視角になる。

ものづくり企業やもの売り企業は、極論すれば、購入時点しか見てこなかった。しかし、課金タイミングという視点を取り入れることで、購入後にもユーザーがこれだけの活動をしていることが、はっきりとわかる。そして、その活動の裏側には、課金ポイントが多く潜んでいる。

◆課金タイミングをずらすと、新たな課金ポイントが浮かび上がる

購入より後の［利用］以降の課金ポイントについて概観したものが、図表4-22である。これまで購入時にほぼすべての課金を終えていた、ものづくり企業やもの売り企業にとって、課金ポイントを多様化するうえでは、課金タイミングは［利用］以降で見ることが

図表4-22 課金タイミングの多様化による課金ポイントの多様化

<table>
<tr><th>顧客の
活動</th><th>利用</th><th>使いこなす</th><th>ジョブ解決</th><th>メンテナンス</th><th>廃棄</th><th>レベルアップ</th></tr>
<tr><td rowspan="5">課金
ポイント</td><td colspan="6">追加的なプロダクト</td></tr>
<tr><td colspan="6">アプリケーション</td></tr>
<tr><td colspan="6">コミュニティ</td></tr>
<tr><td colspan="3">アシスタンス・担当者デスク</td><td colspan="3">カウンセリング</td></tr>
<tr><td>消耗品
定額サービス
従量サービス
前受サービス</td><td>拡張ツール</td><td></td><td>フィールド
サービス
保守パック
都度保守</td><td>廃棄作業
引取</td><td>拡張サービス
別プロダクト
への移行</td></tr>
</table>

注：購入後に発生する利用以降の活動を記述している。

重要だ。

ものづくり企業やもの売り企業は、プロダクト販売によって購入時点を大きな課金ポイントとしてきた。しかし、これを見ると、購入後の［利用］以降も、課金タイミングは幾度も訪れることがわかる。

購入した後に［利用］して、［使いこなす］［メンテナンス］などを経て、いずれ［廃棄］し、新たなプロダクトの購入に至る［レベルアップ］までの各時間軸に分けてユーザーの活動をつぶさに見ることで、多くの課金ポイントが認識できる。

しかも、それぞれの顧客の活動における課金ポイントは複数ある。課金タイミングというレンズで見るだけで、バラエティ豊かな新たな課金ポイントの世界が一気に広がるのだ。

消耗品やオプションをはじめとする「追加的なプロダクト」、プロダクトに付随する「アプリケーション」は、［利用］から［レベルアップ］までの全タッチポイントに関与するものだ。どちらもデジタル時代に顧客に寄り添うには必須であり、課金ポイントになりうるものである。

「コミュニティ」も、全タッチポイントに関与する。コミュニティとは、顧客同士が交流をする場である。企業が直接的にタッチしないものの、間接的にその補助をするものだが、ジョブの解決を図りたい顧客や、その後のアップグレードについて悩みを持つ顧客にとっては重要である。そのため、顧客はファンクラブのようなコミュニティを企業に求める。承諾を得た会員組織として運営サポートすることを望むだろう。すなわち、これも大きな課金ポイントになりうる。

以降、顧客の活動ごとにさらに細かく見ていこう。

プロダクトの［利用］には、先に述べた追加的なプロダクト、アプリケーション、コミュニティ以外にも、顧客がプロダクトを使う際に、何らかのサービスを併用するときの課金タイミングが潜んでいる。これを「定額サービス」「従量サービス」「前受サービス」のいずれかで課金できる可能性がある。

ものづくり企業やもの売り企業は、購入時に利益を得てきたが、［利用］時以降に課金できれば、すでに課金が終了した課金プレイヤーから、さらに課金できるチャンスがある意味で強力な価値獲得となる。

ユーザーが継続的かつ定期的に支払ってくれるなら、これほど望ましいことはない。このようなサブスクリプションを含む、購入後に継続的に収益を発生させる仕組みは「リカーリングモデル」（recurring revenue model）と呼ばれるが、これについては第6章で詳しく述べる。

［利用］に続く活動である［使いこなす］の中で特徴的な課金ポイントは、「拡張ツール」だ。使い方が上達したユーザーに、プロダクト本来の機能をアップデートする機能を補助的に追加販売する。

プロダクトを［利用］し、［使いこなす］ことで、［ジョブ解決］したユーザーの次の活動ステージは、［メンテナンス］になる。現場に出向くフィールドサービスや、保守のサービスパッケージ、都度保守など、多くの課金ポイントが発生する。

また、ここまでの4つの活動は、共通して「アシスタンス・担当者デスク」が重要な役割を持っている。アシスタンスとは、文字どおり、ユーザーを助けるサポートセンターやカスタマーデスクを指す。

ユーザーがプロダクトを利用し、使いこなし、さらにジョブを解決するには、なすべきことが多くある。それらをできるだけアシストできなければ、ユーザーはプロダクトに対して不満を抱くだろう。悪くすれば、プロダクトの利用をやめるかもしれない。それゆえ、ユーザーの利用継続を促す意味でもかなり重要な意味を持っている。アプリケーションで自動化できればよいが、そこでは対応できない、より高度な問題が起こる場合がある。

そのときのために専用のホットラインを用意するか、あるいは人的リソースを投入する必要がある。[10]かつて、ものづくり企業ではこれら一連の活動を「サービス化」と呼んできたが、近年はデジタル時代を経てさらに高度化し、「カスタマーサクセス（顧客の成功）」と呼ぶようになった。

残る［廃棄］と［レベルアップ］は、プロダクトが一定程度の役割を終えて、次のプロダクトへと向かう段階だ。ここでは基本的に顧客の悩みを聞き、次なるステージに導くことが重要である。

そのため、カウンセリングを実施し、それが課金ポイントになる可能性がある。これらは通常、別のプロダクトの営業活動とも捉えられるが、潜在的に課金も可能だ。実際、サービス業ではセカンド

10）これらのタッチポイントを段階的に区分し、顧客に提供するのが一般的である。デジタルのみで1対多で対応するものをテックタッチ、人的サービスを投入するものをハイタッチ、そして、個別対応をするもののメールや電話で遠隔で済ませるものをロータッチと呼ぶ。詳しくは、川上［2019］を参照されたい。

オピニオンとして課金することもある。

［廃棄］では、実際の廃棄作業の支援や引取も課金ポイントとなる。ここでは、使用してきたプロダクトがユーザーのレベルに合っておらず、さらにユーザーの生活を良くしたり生産性を高めるために、卒業してもらうことが重要だ。それを経て［レベルアップ］では、拡張サービスを提供し、さらに自社が保有する別の上級プロダクトに移行してもらう。これも課金ポイントになる。

◆テスラモデルSの活動チェーンと課金ポイント

では、先の活動チェーンを、実際の企業に当てはめるとどうなるか。それを示したのが、図表4-23だ。本書でたびたび登場したテスラのモデルSの活動チェーンにおいて、購入後の［利用］から［レベルアップ］の間で、どこに課金ポイントが潜んでいるのか実例を見てみよう。

テスラの［利用］から［レベルアップ］に至るまでに共通している課金ポイントが、オプションや消耗品、そして自動車を稼働させるためのスマートフォン用のアプリケーションだ。これらは、モデルSのユーザーである限り不可欠のものであるため、課金ポイントとなりやすい。その他、［利用］から［メンテナンス］時までは、ホットラインにおける「アシスタンス」や、車両の「OSアップデート」サービスといった課金ポイントがある。

さらに、各活動期を見ると、［利用］時は、他社充電のチャージや都度充電料が、［使いこなす］段階では、自動運転や走行距離拡張が、［メンテナンス］時ではフィールドサービス、保守パック、都度保守などが課金ポイントになっており、実際にユーザーから課金している。

プロダクト販売という収益源のみに頼ってきたものづくり企業や

図表4-23 テスラモデルSの課金ポイント

顧客の活動	利用	使いこなす	ジョブ解決	メンテナンス	廃棄	レベルアップ
課金ポイント	オプション・消耗品					
	アプリケーション					
	アシスタンス・OSアップデート				カウンセリング	
	他社充電のチャージ 都度充電料	自動運転 走行距離の拡張* アップデート		フィールドサービス 保守パック 都度保守	買取保証	新車購入優遇

注：1. 下線を付したものは実際の収益源。
2. ＊かつて60kWhのモデルSで提供されていた収益源。

もの売り企業にとって、これだけの課金ポイントを持っているテスラに驚くかもしれない。もちろん、この課金が実現しているのは、テスラのデジタル化も大きくかかわっている。自動車そのもののIoTや自動車産業のDXといった要素が、顧客とのつながりとして結実し、課金ポイントを多く生むことを可能にしたからだ。

しかし、課金ポイントがあることと、実際に新たな収益源として稼働させるのは別の話だ。たとえば今、テスラは完全自動運転（FSD）技術の機能充実が目覚ましいが（第2章参照）、これを課金ポイントの1つと認識しただけで終わるのか、課金タイミングをずらしてサブスクリプション化することで完全自動運転サービスの提供を実現させるのか。両者には天と地ほどの差がある。

テスラは当然ながら後者であり、常に収益源につながることを考え、実行してきた。他にもテスラ用につくられた充電インフラであるスーパーチャージャーを他のメーカーのEVにも開放することも決まっている。

このように、新たな課金プレイヤーに着目することで新たな課金ポイントを見出すなど、常に、価値獲得の視点から収益源につながることを探って試行錯誤し続けているのだ。

ものづくり企業やもの売り企業も、プロダクト販売という1つの収益源しかないという発想から脱却し、課金ポイントにつながる可能性についてすぐさま検討すべきである。

そのヒントになるのが、これまで述べてきた活動チェーンだ。購入以降の顧客の活動の中に課金ポイントが潜んでいるのだ。図表4-21は、あくまで一例だ。活動チェーンを参考にしながら顧客の各活動に合わせる形で、自社の課金ポイントを抽出してほしい。

▸05.
自社独自の課金ポイントをリストアップする

本章では、できる限り広く課金ポイントを捉えるために、ここまでプロダクト周辺を探るだけでなく、課金プレイヤーと課金タイミングという概念によって視点を拡張してきた。そうして、広い視点からどこに課金ポイントが潜んでいるのか探ってきた。

ここで今一度、各視点を簡単におさらいしておこう。

まずは、収益源として暗に想定されがちなプロダクト以外に、その周辺にどのような課金ポイントがあるのかを確認した。そのうえで、課金プレイヤーでは、支払者として暗に想定している主要顧客から、それ以外にずらした場合に、どのような課金ポイントがあるのかを見てきた。そして課金タイミングでは、支払時期として暗に想定している購入時から購入以降にずらしたときに、どのような課金ポイントがあるのかを探った。

図表4-24は、拡張概念で得られた課金ポイントの代表例を一覧にまとめたものである。

この表中のアプローチのそれぞれの下にある数字16、11、17は、各視点で認識される課金ポイントの数だ。代表的な課金ポイントと思えるものを筆者が抽出したが、その合計は44にのぼる。課金ポ

図表4-24 認識された課金ポイント

アプローチ		カテゴリー	課金ポイント
現時点の主要プロダクトから認識16(7)		主要プロダクト	主要プロダクト、
		補完プロダクト	付属品、消耗品、拡張ツール、ソフトウェア、
		補完サービス	物流、ファイナンス、保管、保険、保証、相談、 廃棄、優遇権、サポート、メンテナンス、紹介
拡張概念	課金プレイヤー11	顧客関係者	顧客以外の課金、超過課金、
		状況優先顧客	特典利用(優遇権、超過料金)、
		取引企業	広告、コンサルティング、紹介、仲介、
		補完企業	知的財産、ロイヤルティ、
		ライバル企業	副産物、データ使用
	課金タイミング17	購入時	—
		購入後	追加的なプロダクト、 アプリケーション(ソフトウェア)・担当者デスク(相談)、 コミュニティ、 アシスタンス・担当デスク、
		〔利用〕	消耗品、定額サービス、従量サービス、前受サービス、
		〔使いこなす〕	拡張ツール、
		〔ジョブ解決〕	カウンセリング、
		〔メンテナンス〕	フィールドサービス、保守パック、都度保守、
		〔廃棄〕	廃棄作業、引取、
		〔レベルアップ〕	拡張サービス、別プロダクトへの移行

イントのリストの雛型として活用してほしい。

ここで注目してほしいのは、課金ポイントを探す最初のアプローチだ。ここで認識するべき課金ポイントは、実は7つのみでよい。グレーアウトした残りの9つの課金ポイントは、課金プレイヤーと課金タイミングで拡張したときに認識されたものとオーバーラップしている。

顧客を慮るほど、補完プロダクトと補完サービスの項目数が増えるので、それに伴い、課金ポイントを探る段階で、質の異なる顧客を擁する課金プレイヤーの課金ポイントと、購入後の顧客をフォローする課金タイミングが一部認識されることになる。それがオーバーラップの理由である。

オーバーラップ自体は、問題ではない。顧客を思えばこそ生じることなので、むしろ歓迎すべきことだ。ただし、重複感があると、リストとしては単純に使いにくいので、必要な項目を無駄なくリストアップすることが望ましい。

支払者と支払時期を区別しない課金ポイントは、課金の個所を平面的に認識できても、深みのある分析に適していない。異なる支払者の課金ポイントを認識するには課金プレイヤーの概念を、異なる支払時期がもたらす課金ポイントを認識するには、課金タイミングの概念を用いるのが最適なのだ。

▸06.
収益源の多様化から価値獲得へ

この章では、利益イノベーションにとって必要な課金ポイントを抽出する方法を明らかにしてきた。より多くの収益源があれば、価値獲得を革新する際の自由度が高まる。その観点から、多様な収益源を把握するために、「課金」という視点を用いて、潜在的な収益源、すなわち課金ポイントを認識した。さらに、課金プレイヤー、課金タイミングという拡張概念の力を借りながら課金ポイントをさまざまに多様化し、体系的に導き出してきた。

これにより、将来の収益源となる課金ポイントを数多く抽出することができる。ここまでの流れをくんで、図表4-1の全体的なフレームワークをアップデートさせたものが図表4-25である。

次章では、これらの収益源を実際に組み合わせながら、新たな価値獲得を生み出すステップへと移ろう。

図表4-25 収益源の多様化から新たな価値獲得へ

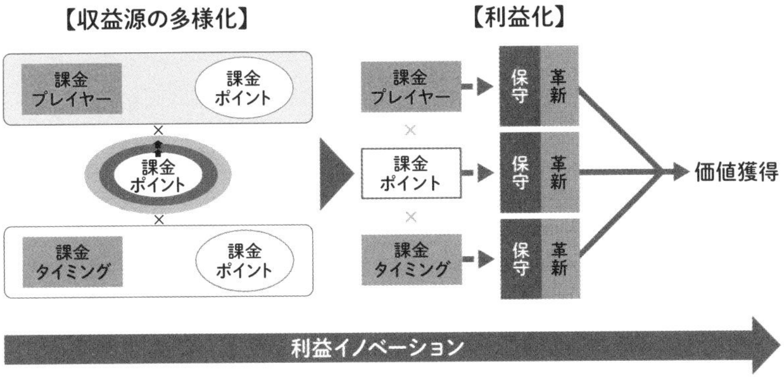

第5章

新たな価値獲得へと変える利益化のロジック

POINT

- 収益源から価値獲得をつくり出す利益化とは？
- 価値獲得を転身させる「利益スイッチ」とは？
- 利益の論理は、たった8つの「利益ロジック」に集約される

KEYWORD

- 利益化
- 儲けず儲ける
- 儲けは後からついてくる
- 利益スイッチ
- 利益ロジック

収益源を課金ポイントとして広く捉えたら、それらを利益の観点から組み合わせて価値獲得をつくり上げる。これが、利益イノベーションの最終段階だ。

前章では、主要プロダクトに関連する課金ポイントを探し、さらに、課金プレイヤー、課金タイミングという2つの拡張概念の力を加え、より多くの課金ポイントを探すことで、新たな収益源を認識できることがわかった。本章では、これまで述べてきた多様な課金ポイントから新たな価値獲得を生む「利益化」について説明する。

01. 価値獲得を生み出す

利益イノベーションとは、現在の価値獲得とは異なる新たな価値獲得へと転換することである。そこでまず必要になるのが、できるだけ多くの潜在的な収益源を認識しておくことだ。そのため、前章では【収益源の多様化】について説明し、収益源をできるだけ広い視野で認識するために、課金ポイントという概念を用いた。それにより、認識しつつも課金していない収益源や、顕在化していない収益源も含めて、広く抽出した。

次は、それら課金ポイントを、利益につなげ新たな価値獲得へとまとめ上げていく【利益化】のフェーズに移る。

図表5-1の「これまでの価値獲得の生み方」を見ればわかるとおり、これまでのものづくり企業やもの売り企業は、主要プロダクトを収益源として、そこからもたらされる利益から採算を評価し、そ

図表5-1　価値獲得の生み方の違い

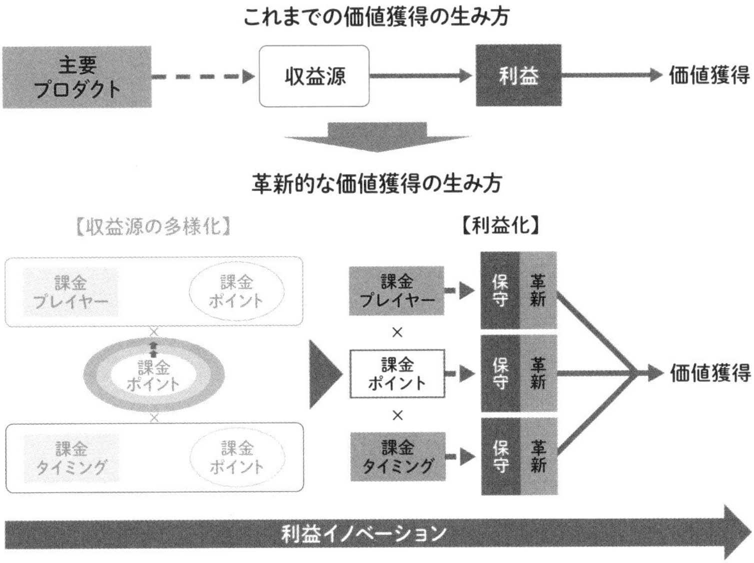

れでよしとすれば自社の価値獲得としてきた。

これはすなわち、価値創造を精緻に組み立て、そこで提案された主要プロダクトとコスト構造によって利益を生む考えであり、価値獲得によって利益をつくる活動を積極的に行ってきたわけではないことを意味している。価値獲得といいながらも、実情は、利益をつくるよりは採算を評価する役割程度のものだったろう。

それではいくら価値創造のイノベーションをしても、利益の取り方が劇的に変わるわけではない。プロダクトがヒットすれば収益規模が大きくなり、それに伴い事業利益額も大きくなるので、増収増益は実現できるだろうが、利益の生み方は何も変わっておらず、それゆえROIC（投下資本利益率）[1]や売上高利益率で業績を見ても、大きな変化はない。

本書で示しているのは、「これまでの価値獲得の生み方」ではなく、「革新的な価値獲得の生み方」だ。利益の生み方そのものを変える利益イノベーションの重要性を述べてきたのだ。利益イノベーションは、これまでとは全く異なる事業利益のつくり方であり、利益の生み出し方を変革させていくものである。

▸02.
常識を超える利益のための価値獲得

利益化とは、新しい価値獲得をつくり上げていくプロセスである。それは、ものづくり企業やもの売り企業が、これまでとは全く異なる利益の捉え方で利益を生み出すための考え方だ。その点を明らかにしよう。

◆収益化では終われない

ここまで「利益化」(profiting) という言葉を聞いて、すでに耳馴染みのある「収益化」と同一であると思ったかもしれない。しかし、それとは全く違うのだ。

一般的に、ある収益源を見据えて、実際に収益を生み出す行為を「収益化」(マネタイズ、monetizing) と呼ぶ。

ものづくり企業であれば、イノベーションの収益化という脈絡で使用されることが多い。それは、革新的なプロダクトをつくり出して、そこから少しでも多くの収益を生み出すことを意味する。

---

1) Return on Invested Capitalの略。事業に投下した資本がどれだけリターンを生んだのかを見るために、ファイナンスだけでなく広く一般に利用される尺度。リターンとしての利益指標は、税引後ベースの事業利益を採用する。さまざまな方法があるが、標準的には、営業利益に支払利息を加えて税相当額を控除して計算する。それを投下資本(有利子負債に株主資本を加えたもの)で除して算出する。

一方、デジタル時代における収益化は、それまで無償で提供したプロダクトやサービスを有償化する意味合いで使われることが多い。特に、時価総額を高めるために少しでも多くの利益を得ようとするスタートアップ企業は、好んでこの意味合いで使用している。

つまり収益化は、収益源から何らかの「収益」(revenue)を認識する活動だ。創業間もない企業であれば、ゼロから収益をつくることになるし、現業ですでに一定の収益を稼いでいる企業であれば、そこに新たな収益源を付け加えることになる。

このように収益化は、収益そのものを評価するための概念だが、価値獲得を議論するうえでは、十分とはいえない。

収益化は読んで字のとおり、収益源の「収益」、つまり、「売上」を認識することが目的だ。

ともすれば、収益化さえ考えれば利益の議論ができていると考えるかもしれないが、それは正しくない。確かに、スタートアップ企業の場合はデジタルを活用し、また、ユーザーと直接取引を行うことが多い。こうした企業では収益に占める利益が大きく、収益化と利益は親和性が高い。よって、収益化は利益を生み出すことと、ほぼ同じ意味として捉えられているが、ものづくり企業やもの売り企業は、多数の取引業者や補完業者との関係性によって成り立っているため、企業が収益を生んでも全く利益にならないこともあるのだ。

それどころか、自社に生産や加工のノウハウが足りないプロダクトに関しては手間がかかったり、あるいは外注することも多く、収益を生んだとしても、コストが高すぎる場合には、損失を計上することも少なくない。

このように、実物を扱う限り原材料や仕入れのコストがかかり、また、それらは通常、先にキャッシュアウトをするため、収益目線に終始していたら判断を見誤る可能性が大きい。

図表5-2 ものづくり企業・もの売り企業は収益化ではなく利益化を

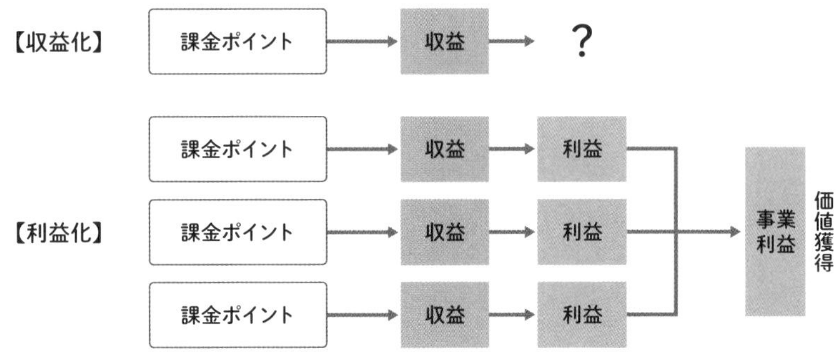

図表5-2にあるとおり、ものづくり企業は、【収益化】ではなく、徹底的に【利益化】を考えるべきだ。その課金ポイントが収益目線ではなく、利益になるのかを考え、最終的に事業利益がどのように実現されるのか、そこまでしっかりと見取らなければ、価値獲得を議論したことにはならないのだ。

特に、利益そのものの生み方を変える利益イノベーションにおいては、【利益化】が重要となる。自社の価値獲得を再構築するためにも、課金ポイントからいかに事業利益を生み出すのか、そのプロセスを、これまでとは全く異なるやり方で追求する必要がある。

◆「利益化」で利益の固定観念を打ち砕く

企業が多くの事業利益を得ようと思えば、第4章の図表4-22で認識された課金ポイントから、単純に魅力的なものを選択し、付け加えていくだろう。とりわけ高利益率の「優秀な」課金ポイントばかりを集め、「オールスター」として組み合わせようとする(図表5-3)。

しかし、そのような数字だけを見た無作為で脈絡のない課金ポイ

図表5-3　儲かる課金ポイントは単純に組み合わせるだけでよいのか？

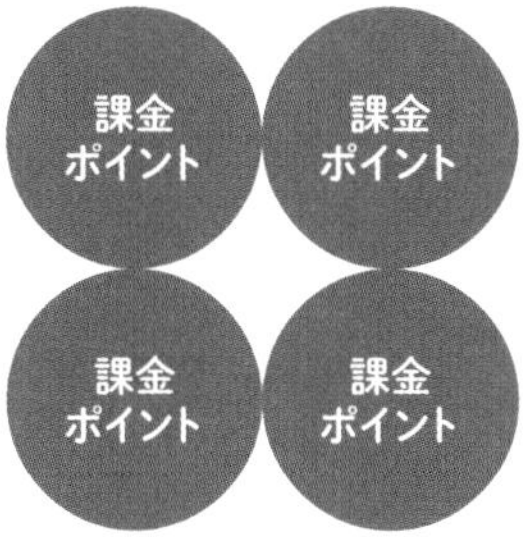

ントの組合せは、オールスターどころか「烏合の衆」であり、実際に1つの秩序を持って利益を生み出す価値獲得とはいいがたい。価値獲得が秩序を持つということは、課金ポイントを戦略的に組み合わせ、事業単位として事業利益を生むことだからだ。

たとえば、いくら利益率が高いからといって、消耗品を課金ポイントに加えたとしても、肝心の主要プロダクトとの関連性が薄ければ、単に売れない課金ポイントを並べただけになる。重要なのは、主要プロダクトが売れることで、消耗品も注目を浴びて利益を生む仕組みだ。それこそが、単なる課金ポイントの集まりと、秩序を持って仕組み化された価値獲得との違いだ。

その意味でも、単純に課金ポイントを増やして利益を高めることは、利益イノベーションとはいえない。利益イノベーションにおいて利益化が担う役割は、単に利益率の高い課金ポイントを探し、現在の価値獲得に付け加えることではない。これまで以上の事業利益を長期的に生み出すための仕組みとして、ゼロベースで価値獲得を変革する。これが真の利益イノベーションなのだ。

そのためには、自社の価値獲得を収益源のレベルにさかのぼり、別の課金ポイントとの組合せを考慮して、仕組みとして新たな価値獲得を生み出していかなければならない。

たとえば、［プロダクト販売］という価値獲得は、主要プロダクトという課金ポイントから生み出されたものだ。これに、消耗品を組み合わせて、最終的に企業ができるだけ多くの事業利益を得ることのできる仕組みを考える。

すると、主要プロダクトでは、現在の低い利益率か、あるいは赤字覚悟で提供しながらも競争力のある価格で多く販売し、組み合わせる消耗品に高い利益率を設定し、そこで最終的に事業利益を回収する［レーザーブレイド］という価値獲得を初めて設計できる。

これは、［プロダクト販売］という価値獲得を変えることなく、ただ利益率が同程度の消耗品の利益を付け足したものとは根本的に異なるのだ。

利益イノベーションを念頭に置いた利益化は、特にものづくり企業やもの売り企業にとって、これまでの常識的なプロダクト販売の壁を打ち砕く意味で重要なフェーズである。

それは、第3章で紹介した代表的な30の価値獲得のパターンを真似ることではなく、自社で新しい価値獲得を生み出すことにつながる。リストアップされた課金ポイントをもとに、すでにある課金ポイントを組み合わせて、自社に最適な31番目や32番目の価値獲得をオリジナルとしてつくり出すのだ。

03.
ものづくり企業を窮地に追い込んだ価値獲得

ところで、3章で紹介した30の獲得のうち、ものづくり企業やもの売り企業の優位性を一気に窮地に追いやった「張本人」がいる。それが、［フリーミアム］と、［マッチメイキング］、そして、［定額制サブスクリプション］だ。これらはデジタル時代に特に目を引く価値獲得であるが、その派手さの裏には、課金ポイントを駆使するためのヒントが隠されている。

ここでは、課金ポイントの観点から3つの価値獲得の本質を捉えることで、これまでとは異なる全く新しい価値獲得をどのように達成するのかを知る手がかりを得たい。これら3つについて、課金という点に特に注意して読み進めてほしい。

◆儲けず儲ける(課金ポイントの活用)

第3章でも紹介したように、フリーミアムは、多くのユーザーに無料のプロダクトを提供しながらも、最終的には有料のプロダクトを購入してもらうことで、企業が事業利益を得る価値獲得だ。

このやり方は至って簡単な構造でできている。目を付けるべき課金ポイントは、2種類ある。1つは主要プロダクトとしてのアプリケーションであり、もう1つがアプリケーションを効率的かつ効果的に活用するためのアップグレードやアイテム、拡張ツールをはじめとする補完プロダクトである。

どちらも収益源ではあるが、フリーミアムは、多くの人に使ってもらうため、アプリケーションでは課金をしない。その代わり、アップグレードやアイテムで課金をするのだ。

この関係性を図示したものが、図表5-4である。

フリーミアムでは、アプリケーション本体Aでは課金せず無料で提供し、アップグレードに相当するBやCやDを有償にして収益をつくり、企業としては最終的に事業利益を生む。つまり、本体では「儲けず」、最終的な事業利益を「儲ける」のだ。まさに「儲けず儲ける」という一見禅問答のような価値獲得である。

それを実現するのが、課金ポイントと認識しつつも、課金しないポイントと課金するポイントのメリハリだ。注目してほしいのは、投資と研究開発の結晶である自社にとっては看板の主要プロダクト

図表5-4 フリーミアムにおける課金ポイントのメリハリ

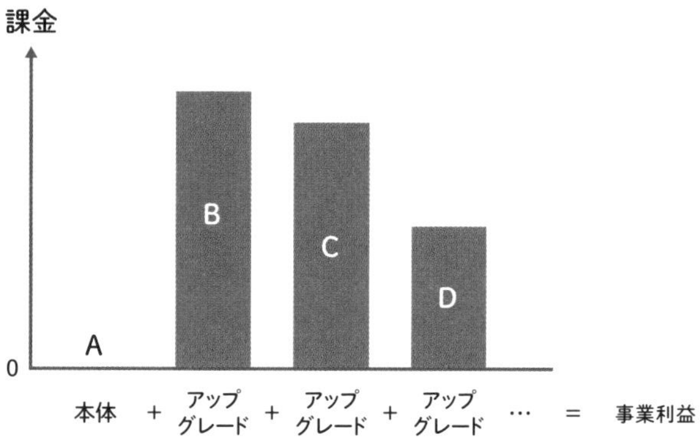

を、惜しげもなく無料、つまり無課金にしていることだ。

　これを、課金ポイントの視点で整理したものが、図表5-5だ。［アプリケーション本体］という主要プロダクトでは課金せず、アイテムをはじめとする［補完プロダクト］で課金して収益源としているのがわかる。フリーミアムは補完が必要と感じるまで使い込んだユーザーからのみ課金をして、利益を獲得する。

　このやり方は、主にスマートフォンのゲームで大成功した。アプリをダウンロードした段階では課金せずに無料で遊べるが、ゲームを有利に進めたい人は有料アイテムで課金をするという価値獲得が大流行した。

　日本ではグリーやDeNAと、それに続くガンホーがこの価値獲得によってポジションを高めた。その影響で、それまで本体を購入し、さらにソフトウェアを購入して遊ぶコンソール型の家庭用や携帯用のゲーム市場が、スマートフォンの無料ゲームに大きく掻き乱された。それは、常に売上高営業利益率20%台をキープしていた任天堂を、3期連続の営業赤字[2)]にまで追い込むほどのインパクトであった。

図表5-5 フリーミアムの課金ポイント

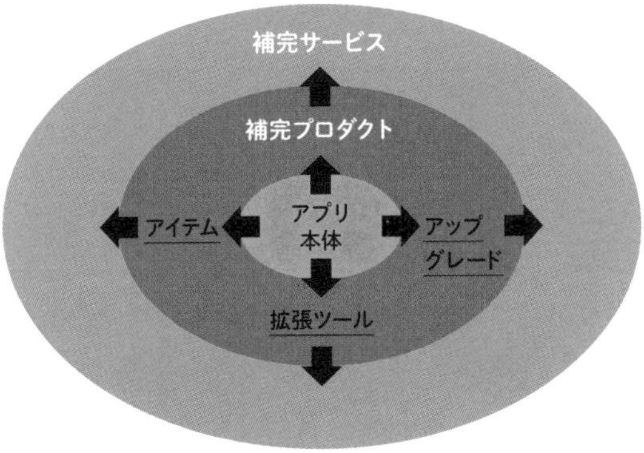

注：下線を付したものを収益源としている。

それほどまでに「無料」には威力がある。主要プロダクトの導入時には一切の課金をせず、ユーザーが使用を重ねるうちに、用意した課金ポイントで大きく利益回収することを念頭に置いているのだ。

◆強者から儲ける（課金プレイヤーの活用）

マッチメイキングも、デジタル時代に目を引く代表的な価値獲得の1つであり、デジタル時代を通して拡大した価値獲得だ。プラットフォームが広まったことにより、マッチメイキングも多くの企業で採用された。

マッチメイキングは、別の目的を持つユーザーを仲介することで、事業利益を得る価値獲得だ。課金ポイントのメリハリが活用さ

2） 任天堂の上場以来初めての営業赤字。Wii Uの販売不振なども影響し、2012年3月期決算から2014年3月期決算まで続いた。

図表5-6 プラットフォームの課金のメリハリ

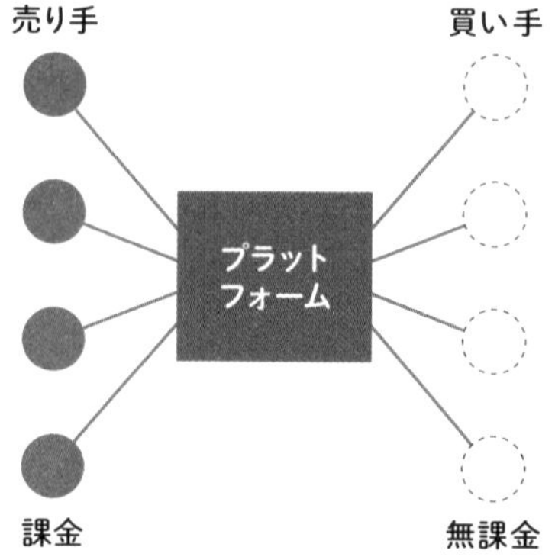

れているが、ここでは課金ポイント以上に課金プレイヤーに視点をずらせば、大きな発見がある。

通常、リアルなマーケットでは、買い手の参加料（入場料、手数料）、売り手の参加料（出品料、出店料）という課金ポイントも想定できる。両方から課金しても何らおかしくない。不動産売買では、古くから成約時に売り手からも買い手からも手数料を課金する、「両手」と呼ばれる価値獲得を採用してきた。

しかし、プラットフォームは得てして、片方のユーザーから得られる課金ポイントでは課金するが、もう片方のユーザーからは課金しないという方法をとる。一言でいえば「弱者から儲けず、強者から儲ける」というやり方をとるのだ。

図表5-6を見てほしい。図の左側には「売りたい」という目的を持つ売り手ユーザー、右側に「買いたい」という目的を持つ買い手ユーザーが存在する。プラットフォームを盛り上げるには、買い手ユーザーと売り手ユーザーが一定数必要である。買い手ユーザーを多く集めるため、彼らからは課金せず、売買が成立した段階で、売り手ユーザーからその一部を課金するやり方をとる。

図表5-7 **儲けない課金プレイヤーを明確に設定**

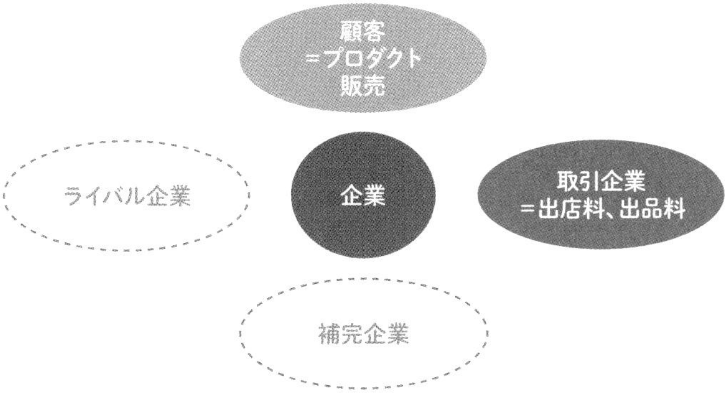

注：グレーアウトした顧客は儲けない課金プレイヤー。
点線のライバル企業と補完企業は、課金プレイヤーとしては想定されていない。

メルカリはその代表例だ。買い手が直接課金されることはない。売り手も販売時に売買成約の手数料が課金されるのみで、出品するだけでは課金されない。

アマゾンのマーケットプレイスは、売り手が業者であるため、出品料あるいは出店料を課金する。また売買成約時にも手数料を課金する価値獲得だ。しかし、買い手からは一切の追加課金をしない。

すでに第4章で示した考え方に当てはめると、ステークホルダーのうち、課金するプレイヤーと課金しないプレイヤーにメリハリを付けているのだ（図表5-7）。

マッチメイキングという価値獲得の拡大は、まさに課金プレイヤーのメリハリを付け、「特定の人からは儲けない」という方針を貫いている。エンドユーザーからは課金しないことが世の中に受け入れられ、大流行した。

◆儲けは後からついてくる（課金タイミングの活用）

定額制サブスクリプションは、多くのデジタル企業が採用し、成果を出している価値獲得だ。特にソフトウェアや、動画や音楽のストリーミングの定額使い放題という提案が受けて、爆発的に拡大した。定額制サブスクリプションの大きな特徴は、購入と比較してわずかな金額を、継続的に細く長く課金して、コストを回収し利益を得ることだ。

これを図示したものが、図表5-8である。たとえばこれを月額の定額制サブスクリプションに当てはめ、4期間をかけてコストを回収するとしよう。コストを回収した後の5期目からはすべて利益として獲得できる。

プロダクト販売が、販売時にすべてのコストと利益まで回収していたことと比べれば、それがいかに我慢の必要な価値獲得であるかはわかるだろう。他方で、ユーザーが継続してくれる限り、支払い

図表5-8　**時間をかけて利益を回収する**

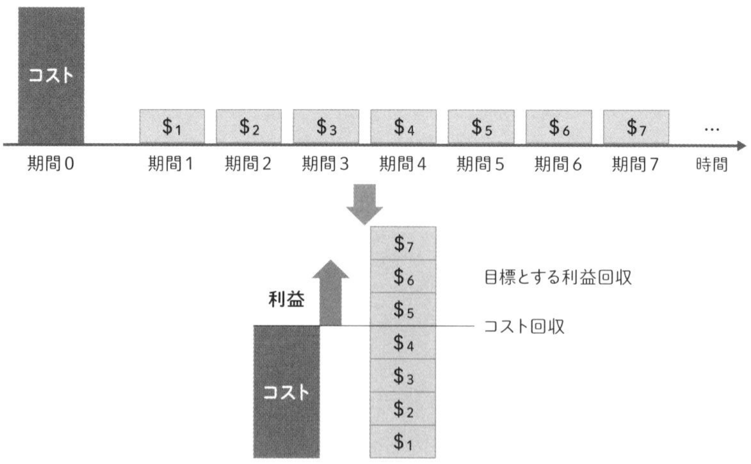

は「青天井」になるため、プロダクト販売のときとは比べ物にならない利益を得られるのだ。

定額制サブスクリプションは、いうなれば「儲けは後からついてくる」を実践する価値獲得である。しかも、後からついてきた利益は、プロダクト販売による「売り切り」とは異なり、制限がない。第２章で紹介したネットフリックスは、まさにこの価値獲得で、事業利益を飛躍的に拡大している。

ここまで見てくればわかるように、ものづくり企業の標準的な価値獲得であるプロダクト販売との大きな違いは、契約時にコストと利益を回収しきらない点にある。販売後の課金ポイントを活かし、利用してもらうことにより継続的に課金して利益を得ている。

定額制サブスクリプションの課金ポイントを支払者の活動チェーンに落とし込めば、プロダクト販売との違いは明らかだ。図表5-9を見てほしい。プロダクト販売が、購入時の主要プロダクトの販売で課金を終えるのに対して、定額制サブスクリプションは、利

図表5-9 定額制サブスクリプションの課金ポイント

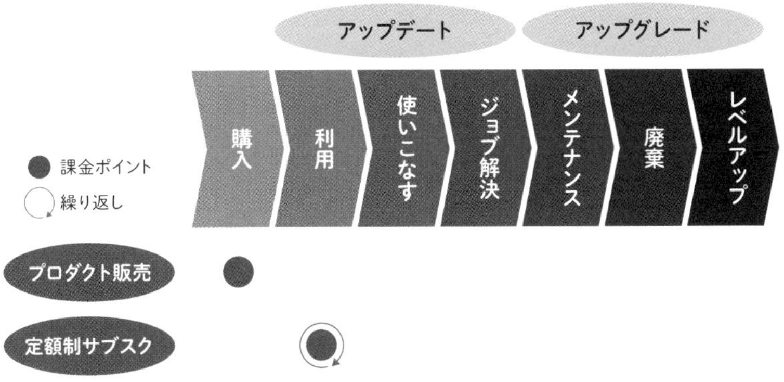

用対価としての課金ポイントで繰り返し課金している。

定額制サブスクリプションという価値獲得は、ユーザーにとって、一気に支払いをする必要がないお得感と、いつでもやめられる気軽さがある。つまり、ゆっくりと時間をかけて利益を回収するという価値獲得であると同時に、ユーザーが継続するほど儲かる価値獲得なのである。

◆デジタル時代の価値獲得の革新性

デジタル時代に隆盛を極めた3つの価値獲得は、それぞれ課金ポイントの使い方に特徴がある。単に利益率が高いプロダクトや補完プロダクトなどを集約して利益をつくっているわけではない。プロダクト販売を常識としてきた思考からすると考えられない利益のつくり方をしているのだ。

やり方はかなり極端で、そこがユーザーに受けている。

フリーミアムでは、主要プロダクトから課金せず、課金をユーザーに任せるやり方をとることで、ユーザーから多大な支持を得て、最終的に事業利益を生み出している。企業にとっては本体で利益回収ができないリスクがある反面、ユーザーにとっては導入がしやすいために、多くのユーザーを引きつけ、結果的に事業利益を得るという革新的な価値獲得であった。

マッチメイキングでは、一方の課金プレイヤーからは全く課金せず、最終的に事業利益を生み出している。課金しようと思えば課金ポイントはあるのに、あえて課金していない。本来課金するべき主要顧客の課金ポイントでは課金せず、課金プレイヤーをずらしているため、課金しないエンドユーザーを多く引き込むことを期待して、価値獲得を設計している。

定額制サブスクリプションは、主要プロダクトという最も重要な

図表5-10 デジタル時代の価値獲得の革新性

	課金プレイヤー	課金ポイント	課金タイミング
保守的	主要顧客から課金	主要プロダクトで課金	直ちに課金する
革新的	主要顧客から課金しない	主要プロダクトで課金しない	時間をかけて課金する
価値獲得	マッチメイキング	フリーミアム	定額制サブスクリプション

課金ポイントで課金をせず、販売後（契約後）の利用という課金ポイントで課金をする。課金が販売後にずれることは、企業にとってはリスキーであるものの、ユーザーにとっては利用がしやすくなり、多くのユーザーを引き寄せることに成功すれば、利益が大きく拡大する。

このように見てくると、デジタル時代に注目を浴びる価値獲得は、プロダクト販売のそれとは全く違っていることがわかる。

図表5-10のように、主要プロダクトで課金しないことで課金ポイントをずらし、主要顧客から課金しないことで課金プレイヤーをずらし、時間をかけて課金することで課金タイミングをずらしているのだ。主要な課金ポイントでありながら課金をしない、主要な課金プレイヤーでありながら課金をしない、すぐにでも課金できるタイミングで課金しないという選択肢をとることで、多くのユーザーを引きつけているのだ。

フリーミアムやマッチメイキング、それに定額制サブスクリプションといったデジタル時代を代表する価値獲得は、ユーザーにとってきわめて魅力的に映る。これらは、第1章で定義した顧客価値を極大化できる課金方法といえる。顧客の支払意欲（WTP）が低くても、顧客の支払い負担がゼロ、あるいは圧倒的低価格のため、顧客価値を生むのだ。

これら3つの価値獲得を課金プレイヤー、課金ポイント、課金タイミングの観点から見ると、利益を回収できるか否かは顧客に委ねられている。まさに「革新的」といえるが、それは同時に、利益回収の不確実性が高いことを意味する。

そのため、主要顧客から、主要プロダクトで、直ちに課金してきた、まさにものづくり企業やもの売り企業は、価値獲得に関して保守的な意思決定をする可能性が高く、導入が難しい。

▸04.
課金視点から利益視点へ

ここまでは、デジタル時代に隆盛を極めた価値獲得を、課金するかしないか、誰から課金するか、いつ課金するかといった課金の視点から見てきた。ここからは、課金プレイヤー、課金ポイント、課金タイミングという同じ要素を使って、どのようにして事業利益を生むのかを見ていこう。

◆課金を利益視点で捉え直す

革新的な価値獲得を課金の視点から見てきたが、これを利益の視点で見ると、図表5-11になる。

利益の視点で見ると、「保守的」とは、企業が着実に利益を確定することを意図したものだ。課金プレイヤーでは主要顧客から、課金ポイントでは主要プロダクトで、課金タイミングでは直ちに利益を回収し、取りこぼしがないことを意識している。それは、ものづくり企業やもの売り企業が採用してきたプロダクト販売そのものである。

一方、「革新的」とは、次のようなことを意味する。

この表の中央にある課金ポイントを見てほしい。代表例の1つとして紹介したフリーミアムの価値獲得では、「儲けず儲ける」とな

図表5-11 利益の視点から見た革新性

	課金プレイヤー	課金ポイント	課金タイミング
保守的	主要顧客から	主要プロダクトで	直ちに利益回収
革新的	さらに儲ける支払者から	さらに儲ける課金ポイントで	時間をかけて利益回収
価値獲得	マッチメイキング	フリーミアム	定額制サブスクリプション

り、主要プロダクトなのに課金していない（表の中央）。

これを利益の観点から見ると、主要プロダクト以外に「さらに儲ける課金ポイント」を加えて、現在の課金ポイント（無課金）と交ぜながら事業利益を獲得する仕組みをつくり上げることを意味する。単に課金をする、しないという観点から視野を広げて、事業利益をいかにつくり上げるのかを考えれば、このような価値獲得の姿が浮かび上がる。

課金プレイヤーはどうか。代表例の1つとして紹介したマッチメイキングの価値獲得では、主要プレイヤーから課金しない。これを利益の観点から見ると、「さらに儲ける支払者」を加えて、最終的に事業利益を生んでいることがわかる。

課金タイミングに関しては、定額制サブスクリプションでは、直ちに課金するのではなく、時間をかけて課金することを選択しており、それを利益の観点から見ると、時間をかけて継続的に利益を回収することを意味する。直ちに利益は確定できないが、支払者が取引を継続すれば、予想をはるかに超える支払いをしてくれる可能性があり、多くの事業利益を計上することができる。

このように見てくると、「革新的」に該当する企業は、プレイヤーの支払金額と支払期間に制限を設けていないので、利益回収に不確実性が伴うものの、得られる利益額が青天井となる。

一方、「保守的」に該当する企業は、早期に利益を確定するものの、価格と数量を決定するため、企業に入ってくる利益もまた限定的だ。だからこそ、「革新的」な観点を取り入れて新たな価値獲得へとつなげたい。それが「保守的」なものづくり企業やもの売り企業が取り組むべきことだ。

そのためにも、「保守的」から「革新的」な利益のつくり方に舵を切る意思決定が、経営トップには求められている。

◆価値獲得のデザイン方法——利益スイッチ

課金プレイヤー、課金ポイント、課金タイミングそれぞれの利益のつくり方を見てきたが、ここからは、これらを組み合わせた価値獲得のあり方を見ていくことにしよう。

プロダクト販売は、図表5-11を見ればわかるとおり、「主要顧客から、主要プロダクトで、直ちに利益回収する」意味で、これまでものづくり企業やもの売り企業が採用してきた保守的な価値獲得方法である。

利益イノベーションでこれをいかに変革するのか。価値獲得を革新的にするには、それを構成する課金ポイント、そして、その拡張概念である課金プレイヤー、課金タイミングを分析することが有益である。なぜ、組み合わせることが有効なのか。それを示したものが図表5-12だ。

先の図表5-11で出てきた「保守的」を0⃞(ゼロ)、「革新的」を❶(イチ)とする。0⃞と❶をスイッチに見立てると、保守的な利益のつくり方は、「主要顧客から、主要プロダクトで、直ちに利益回収する」ゆえ、すべてオフの状態(0⃞)だ。

これに対し、「革新的」な利益のつくり方は、スイッチがオフの状態から、課金プレイヤー、課金ポイント、課金タイミングのいずれか、あるいは複数をオンになった状態(❶)と仮定すると、体系的な組合せが見えてくる。

図表5-12 革新的な価値獲得へのアプローチ

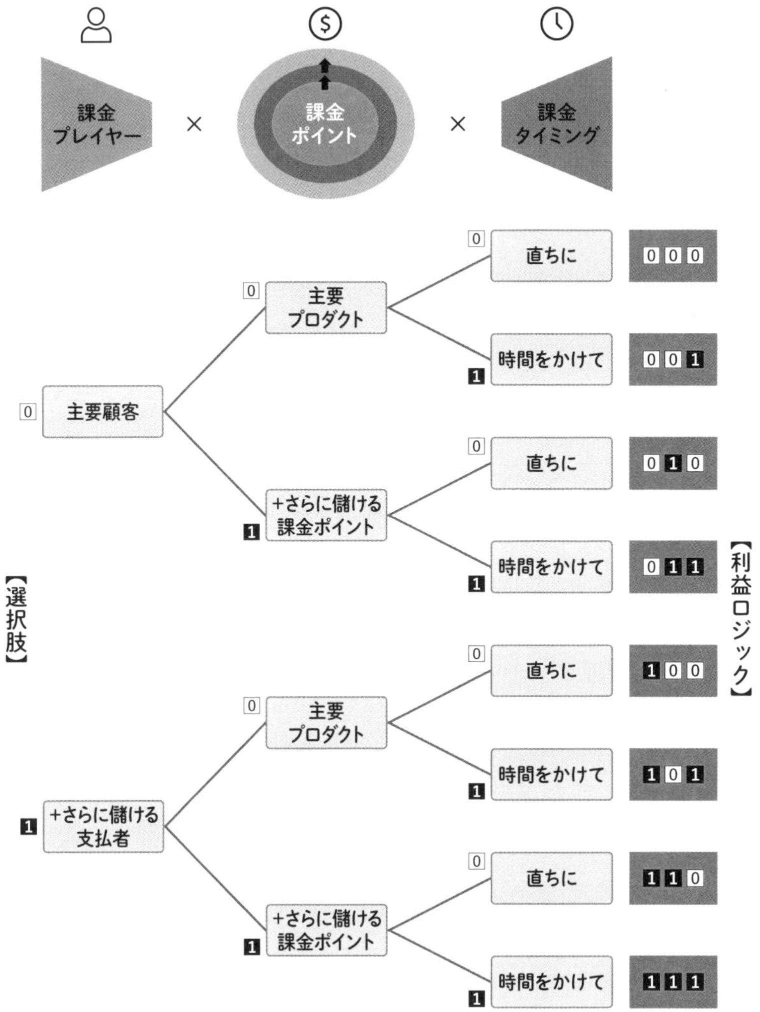

⓪から❶へのスイッチを入れる、このことを【利益スイッチ】と呼び、課金ポイント、課金プレイヤー、課金タイミングの3つのスイッチのいずれか、あるいは複数を⓪から❶へとスイッチを入れていく。これが、利益イノベーションにおける新たな価値獲得への取組みの起点となる本質的な論理体系だ。

ものづくり企業やもの売り企業は、現在はスイッチが入っていない⓪⓪⓪になり、「主要顧客から、主要プロダクトで、直ちに利益回収する」の状態となる。これはすなわち、これまでどおり危険を冒さずに利益を得ようとするものづくり企業やもの売り企業の選択肢だ。課金プレイヤー、課金ポイント、課金タイミングの3つとも保守的で標準的、かつ、同業他社も長らくやってきた「プロダクト販売」という安全な価値獲得となる。

しかし、このうち1つでも❶へとスイッチを入れることで、革新的な利益思考につながる可能性がある。課金プレイヤーのスイッチだけ、課金ポイントのスイッチだけ、課金タイミングのスイッチだけをオンにする、あるいは、どれか2つのスイッチ、または3つのスイッチをオンにする方法があるが、どの利益スイッチをオンにするのか、その考え方が新たな価値獲得へと変革するための大きな一歩となる。

ものづくり企業やもの売り企業にとって、すべてがオフの⓪⓪⓪から、1つでも革新的なスイッチをオンにすれば、これまでの自社の価値獲得や、業界慣行とは異なる価値獲得が実現する。革新的なスイッチを入れることで、全く異なる考えで利益を生み出す方法を検討できる。

⓪から❶へのスイッチは、成功例が少なく、利益を得られるとは限らない不確実さが増すため、それを敢行する企業はファーストペンギンとしてチャレンジをする立場になるだろう。

しかし、第1章でも述べたように、現在はこれだけ価値創造に閉塞感があり、000の価値獲得では利益を生むことがきわめて難しい状況だ。価値獲得の変革に乗り出す意義は十分にある。価値創造では利益が出ない今こそ、利益スイッチを活用したい。

◆利益スイッチが生み出す利益ロジック

では、この利益スイッチをもとに、いよいよ価値獲得のつくり方の体系を示そう。

再び図表5-12を見てほしい。利益スイッチは課金プレイヤー、課金ポイント、課金タイミングからなっている。左側にある【選択肢】とは、それぞれが取りうる選択肢を示している。保守的な状態の0（ゼロ）と革新的な状態の1（イチ）を組み合わせると、最終的に利益化の体系的なロジックが現れる。それが右側にある【利益ロジック】だ。

これによると、理論的には8つの利益ロジックが存在することがわかる。

それぞれのロジックには、000から111までの3桁のコードを付けている。百の位は課金プレイヤー、十の位は課金ポイント、そして一の位は課金タイミングの順に対応している。

これまでのものづくり企業やもの売り企業は、000（主要顧客から、主要プロダクトで、直ちに利益回収する）の保守的な価値獲得を行ってきた。このうちどこかの桁のスイッチを1にすれば、たとえば、001（主要顧客から、主要プロダクトで、時間をかけて利益回収）、100（さらに儲ける支払者から、主要プロダクトで、直ちに利益回収）になり、1のスイッチが利益イノベーションの起点になる。

どの部分が1になったのか、000を含めて全部で8種類の利益ロジックを理解すれば、自社が認識した多様な課金ポイントをもとに、課金プレイヤーと課金タイミングを使っても、すべての価値

図表5-13 利益ロジックから価値獲得を説明する

価値獲得	概要	利益ロジック
①プロダクト販売	すべてのプロダクトの原価に一定の利幅を付ける	000
②サービス業の物販	サービス業が物販を組み合わせて利益を高める	010
③プロダクトミックス	利益率の異なるプロダクトを組み合わせて事業の利益を生む	010
④非メインプロダクト	主要プロダクトと併売するプロダクトの利益率を高める	010
⑤マルチコンポーネント	中身が同じプロダクトだが状況により利益率を変える	010
⑥事前付帯（保険・ファイナンス）	主要プロダクトだけでは不足する利益を販売時のサービスで補う	010
⑦事後付帯（メンテナンス）	主要プロダクトだけでは不足する利益を販売後のサービスで補う	011
⑧サービス化（コンサル化）	プロダクトを活用する際の補助サービスで利益を生む	011
⑨非メインターゲット	メインターゲットからは低く、それ以外からは高い利益を得る	100
⑩オークション	支払者が入札することで、対象プロダクトの利益を多く回収する	100
⑪ダイナミックプライシング	支払者の状況に応じて、同じプロダクトの請求額を変える	100
⑫定額制サブスクリプション	期間ごとに定額の利用料を回収し、時間をかけて利益を積む	001
⑬前金制サブスクリプション	前払いで利用料を払ってもらい、先に利益を確定させる	001
⑭従量制サブスクリプション	利用量に応じて利用料を回収し、時間をかけて利益を積む	001
⑮リピーター	1ユーザーが何回も買うことを前提に利益を生む	001
⑯ロングテール	製品ラインナップの豊富さで集客し、売れ筋商品で利益を得る	011
⑰リース	一定期間の利用を契約で縛り、時間をかけて利益を回収する	001
⑱レーザーブレイド	本体は利益率を低く付属は高くして、時間をかけて利益を生む	011
⑲メンバーシップ（会費）	会費回収と本業の利益を合わせて利益を生む	011
⑳フリーミアム	本体は無料で付属は利益率を高くし、時間をかけて利益を回収	011
㉑バイプロダクト（副産物）	事業活動で生まれた副産物の対価を顧客以外の支払者に提供	110
㉒コンテンツ（IP）	コンテンツやIPの転用を利益の重要な柱にする	111
㉓フィービジネス	顧客以外にライバルや取引先からも手数料で利益を生む	111
㉔プライオリティ	優先的に利用できる権利を利益の重要な柱にする	100
㉕三者間市場	広告主からの広告料を利益の重要な柱にする	110
㉖マッチメイキング	提供者と利用者を結びつける対価を利益の重要な柱にする	110
㉗アンバサダー	紹介者には料金を大幅減免して、集客と顧客育成で利益をつくる	101
㉘スノッブプレミアム	同じプロダクトに高く支払う人を設定して利益を回収	100
㉙フランチャイズ	成功した事業手法の利用許諾の対価を利益の重要な柱にする	111
㉚データアクセス	蓄積したデータにアクセスする権利を利益の重要な柱にする	111

図表5-14 新たな価値獲得を利益ロジックでつくる

利益ロジック	概要	価値獲得
000	主要顧客から、主要プロダクトで、直ちに利益回収する	①プロダクト販売
001	主要顧客から、主要プロダクトで、時間をかけて利益回収する	⑫定額制サブスクリプション ⑬前金制サブスクリプション ⑭従量制サブスクリプション ⑮リピーター ⑰リース
010	主要顧客から、さらに儲ける課金ポイントを加えて、直ちに利益回収する	②サービス業の物販 ③プロダクトミックス ④非メインプロダクト ⑤マルチコンポーネント ⑥事前付帯(保険・ファイナンス)
011	主要顧客から、さらに儲ける課金ポイントを加えて、時間をかけて利益回収する	⑦事後付帯(メンテナンス) ⑧サービス化(コンサル化) ⑯ロングテール ⑱レーザーブレイド ⑲メンバーシップ(会費) ⑳フリーミアム
100	さらに儲ける支払者を加えて、主要プロダクトで、直ちに利益回収する	⑨非メインターゲット ⑩オークション ⑪ダイナミックプライシング ㉔プライオリティ ㉘スノッブプレミアム
101	さらに儲ける支払者を加えて、主要プロダクトで、時間をかけて利益回収する	㉗アンバサダー
110	さらに儲ける支払者を加えて、さらに儲ける課金ポイントを加えて、直ちに利益回収する	㉑バイプロダクト(副産物) ㉕三者間市場 ㉖マッチメイキング
111	さらに儲ける支払者を加えて、さらに儲ける課金ポイントを加えて、時間をかけて利益回収する	㉒コンテンツ(IP) ㉓フィービジネス ㉙フランチャイズ ㉚データアクセス

獲得がこのどれかに属することがわかる。

つまり、自社の価値獲得が単純であったとしても、いかに複雑であったとしても、この利益ロジックのどれかで説明できる。さらにいえば、世にあるすべての価値獲得も、この利益ロジックのいずれかに必ず該当し、説明がつく。

それを示したものが図表5-13である。かつて天才的な誰かが生み出したこれら30の価値獲得も、右側の「利益ロジック」を見れば、体系化された8つのロジックにすべてが落とし込めることがわかる。

たとえば、メインターゲットからは低くそれ以外からは高い利益を得る「⑨非メインターゲット」は、課金プレイヤーを変えることで000から100になり、それはすなわち「さらに儲ける支払者から、主要プロダクトで、直ちに利益回収」する利益ロジックに転換されたことがわかる。

さらに図表5-14では、30の価値獲得を8つの利益ロジックに当てはめてみた。この表を見れば、30の価値獲得が、利益ロジックに漏れや重複がなく収まっていることが見てとれるだろう。

たとえば、「③プロダクトミックス」は010に該当し、「主要顧客から、さらに儲ける課金ポイントを加えて、直ちに利益回収する」という利益ロジックでできている。

また、本章で革新的であるとして紹介した「⑳フリーミアム」は011となり、「主要顧客から、さらに儲ける課金ポイントを加えて、時間をかけて利益回収する」という利益ロジックに、「㉖マッチメイキング」は110となり、「さらに儲ける支払者を加えて、さらに儲ける課金ポイントを加えて、直ちに利益回収する」に、そして、「⑫定額制サブスクリプション」は001となり、「主要顧客から、主要プロダクトで、時間をかけて利益回収する」という利益ロジックになる。

現在認識できる30の価値獲得以外にも、今後もさまざまな価値獲得が登場すると思われるが、どんなに斬新な価値獲得が生まれても、ここで紹介した8つの利益ロジックのどれかに必ず収まる。

▸05.
利益スイッチで価値獲得を変える

ここまで見てきたように、価値獲得のための利益化には8つの利益ロジックがある。

では、利益化のロジックをもとに、長きにわたりプロダクト販売による価値獲得をしてきた000企業は、001から111へと、どのように利益スイッチをオンにして変革すればよいのか。変革する際の問題は何か。これらの点について述べよう。

◆001へ
——「時間をかけて」は「時間がかかる」

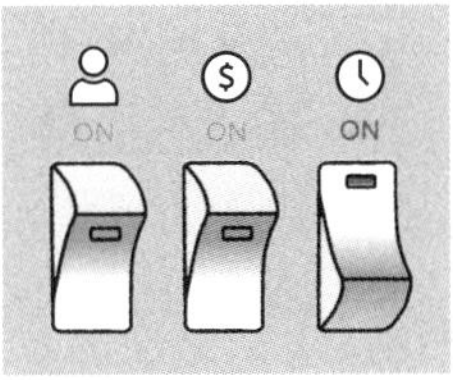

末尾のみを革新的にした001は、その他は保守的でありながらも、課金タイミングのみを革新的にした利益ロジックである。

0から1に変更するのは1カ所のみだが、課金タイミングを変えるのは、そう単純なことではない。なぜなら、課金タイミングを変えるということは、利益回収に対するスタンスを変えることであり、ユーザーとの付き合い方を変えることと同義だからだ。

000ではプロダクト販売によって利益が完結していたが、001では販売後の課金タイミングで利益を回収するため、顧客との付き合いが重要になる。

たとえば、ソフトウェアを販売し利益を得ていた000の企業が、課金タイミングのみ変更して、001に利益ロジックを変えるとする。しかし、主要プロダクトを販売した後に、「売ったら終わり」とばかりにこの顧客から離れることはできない。そんなことをしてしまえば、翌月以降の利用対価は得られない。

とりわけ、「⑫定額制サブスクリプション」や「⑭従量制サブスクリプション」という価値獲得を採用すれば、販売時点で関係性を断ち切るわけにはいかない。利益が回収できるかどうかは、顧客のさじ加減1つなのだ。もし解約にでもなれば、コストを回収することすらできず、利益回収などは望むべくもない。

課金タイミングだけ変えるというこのやり方は、他の利益ロジックに比べて、いとも簡単にできる利益イノベーションに見える。そのため、多くのものづくり企業やもの売り企業が最もとっつきやすい価値獲得として「藁をもすがる」気持ちで飛びついたが、その変革に成功した事例は多くない。

「時間をかけて」利益を回収する価値獲得は、「直ちに」利益を回収してきた企業にとって想像以上に難易度が高いのだ。何もせずとも継続的に利益がもたらされる夢のような価値獲得では断じてない。これまで「直ちに」回収できていた利益を、あえて「時間をかけて」回収するゆえ、顧客との関係を長期的につくる姿勢が問われる。そのような関係性を持っている企業か、あるいは関係を構築しようとする意思がない限り、この利益ロジックは成立しない。

◆010へ
――「損して得取る」ストーリーをつくれるか

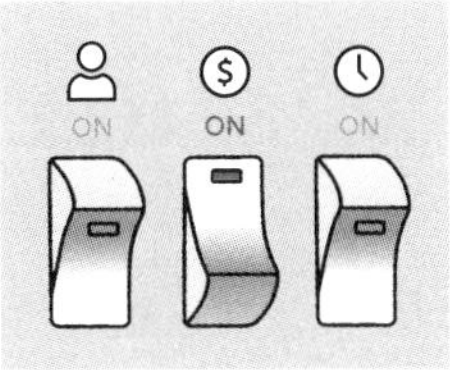

010は、主要プロダクトで一定の利益を得るだけではなく、「さらに儲ける課金ポイント」を組み合わせることで利益を生み出す価値獲得だ。

このように聞けば、主要プロダクト販売による000に、さらに利益率の高い課金ポイントを単純に加えればよいと考えるかもしれない。

しかし、そうではない。この価値獲得を選択した時点で、自社は事業利益の構造を変えなければならない。000に新たな課金ポイントが加わり、スポット的に利益を引き上げてくれる程度の認識で利益が得られるほど甘いものではないからだ。事業利益を高めるためには、さらに儲ける課金ポイントを必ず購入してもらう仕組みを新たに構築しなければならないのだ。

「さらに儲ける課金ポイント」を相当な確率で購入してもらおうとすると、それを主要プロダクトとともに同時に購入するほどの必然性が不可欠だ。もちろん、顧客に強制できないので、顧客の意思でそれらを組み合わせて購入してもらうほどの説得力のあるストーリーや理由が必要になる。

その価値獲得に合わせて、販売方法や提供方法もすべてをゼロベースで設計するため、粘着力のある課金ポイント同士の関係性を構築できるかどうかが、010の最重要課題である。

そのような仕組みができた後、より戦略的に考えるならば、主要プロダクトを値下げして、あえて儲けない課金ポイントにするというやり方をとることもできる。主要プロダクトと「さらに儲ける課金ポイント」の利益率の高低差を活用して、主要プロダクトを集客装置にする。そうすることで、事業利益の金額を大きくするやり方がとれる。「③プロダクトミックス」「④非メインプロダクト」や「⑤マルチコンポーネント」は、意図的にこのようなやり方で利益化する価値獲得である。

どちらの形をとるにせよ、利益率の格差を利用して儲ける010に挑戦する際には、顧客が自発的に同時に購入するような魅力をまずは構築する必要がある。

◆011へ
——先にキャッシュアウトすることを織り込めるか

011は、「主要顧客から、さらに儲ける課金ポイントで、時間をかけて利益回収する」という利益ロジックだ。「さらに儲ける課金ポイント」をあえて組み合わせ、しかもその儲ける課金ポイントを時間差で提供しながら、時間をかけて利益回収する方法である。

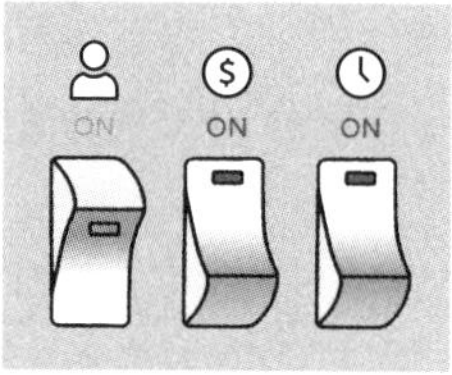

ものづくり企業が011に転身するには、まず、010の利益ロジックを実践し、主要プロダクトと同時購入したいと思わせるほど粘着性のある課金ポイントを考えるのがよい。その後で、顧客の利用状況や成長に応じて必要になる主要プロダクト以外の課金タイミングを変えていく順序を踏むのが望ましい。

ここで肝心なのが、顧客のことを徹底的に分析し、彼らの利用シーンやジョブを捉えることだ。利用段階やジョブ解決に寄り添う体制を持っておけば、時間をかけて利益回収しても、顧客は定着し課金ポイントは使用され、期待するだけの事業利益を達成できる。

また、011においても010同様に、主要プロダクトと「さらに儲ける課金ポイント」との格差を広げることで、規模を拡大することが可能になる。このとき、よりメリハリの利いたやり方は、主要プロダクトの利益率をただ下げるだけにとどまらず、粗利をゼロにするか、極端な場合には収益（課金額）をゼロにするやり方もある。「⑱レーザーブレイド」や「⑳フリーミアム」がまさにそうだ。

このような主要プロダクトの利益率を極端に下げるやり方は、それを実現しやすい条件を備えているデジタル企業に分がある。デジタル企業は、限界コストが低いか、ほぼかからないものが多いため、主要プロダクトの利益を犠牲にする011でも比較的簡単に運用可能なのだ。

他方で、ものづくり企業では、販売より先にキャッシュアウトして実物を製造するため、収益ゼロは赤字を意味する。しかも原価が高いプロダクトは、赤字額も大きくなる。その状態が危険であると判断するなら、粗利ゼロ水準を検討し、原価を最低限回収してはいかがだろうか。それでも、主要プロダクトでは利益は全く生まれないので、他の課金ポイントを必ず購入してもらうように運用しなければならない。利用に応じて必要になる儲ける課金ポイントを提供しながら、顧客と長く付き合う方法を考えなければならない。

011の成否は、「儲けない収益源がどれほどユーザーの関心を引くことができるのか」にある。000の企業は、一足飛びにこれに取りかからず、010と001の2つの利益ロジックのどちらかに歩を進めるのがよい。新たな価値獲得を生み出した企業が、次のステップとして挑戦するのが、やり方として最もシンプルである。

◆❶⓪⓪へ
——奉仕する相手と利益回収する相手を割り切れるか

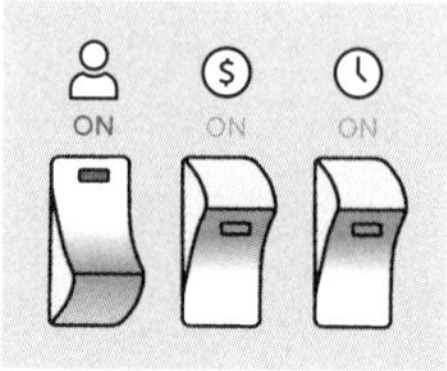

❶⓪⓪は、「さらに儲ける支払者から、主要プロダクトで、直ちに利益回収」する利益ロジックだ。課金プレイヤーのみ利益スイッチを❶に入れる。主要顧客に、さらに儲ける課金プレイヤーを付け加え、その組合せで事業利益を得る価値獲得だ。

❶⓪⓪は、同一の主要プロダクトのまま課金プレイヤーを変えるため、さらに多くの金額を支払うプレイヤーを想定できるかが問われる。現在の主要プロダクトをベースに、課金プレイヤーによって支払額の異なる状況を考えるのがわかりやすい。

最も考えやすいのは、顧客の中でも特殊事情を持つ、顧客関係者や状況優先顧客だ（第4章参照）。おカネを払ってくれる課金プレイヤーが主要顧客以外にもいないのか、これまでの自社のケースを観察してみると、意外にも存在することに気づくだろう。

❶⓪⓪で基盤が固まった後、さらに取引の規模を拡大して事業利益の金額を高めるためには、その発展形として、主要顧客の主要プロダクトへの支払いを格安にする方法がある。主要顧客を、儲けを期待しない課金プレイヤーとすることで世の中の注目を引き、そこに同伴するさらに儲けをくれる重課金の課金プレイヤーと組み合わせて事業利益を得るのだ。まさに「⑨非メインターゲット」や、「⑪ダイナミックプライシング」といった価値獲得のようなやり方である。

いずれのやり方をとるにせよ、事業利益を高めるには、主要顧客とそれ以外の課金プレイヤーの関係性を念頭に置いた利益設計の仕組みが必要である。

◆101へ
——儲けない支払者に長期的に味方になってもらう

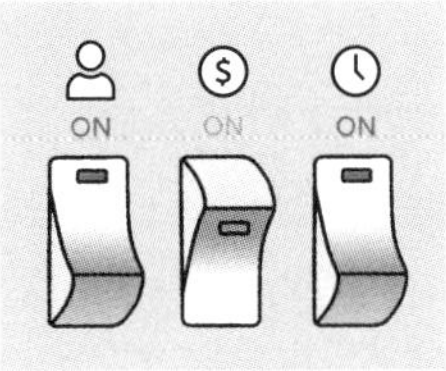

101は、「さらに儲ける支払者から、主要プロダクトで、時間をかけて利益回収」する利益ロジックだ。課金プレイヤーだけでなく課金タイミングの利益スイッチを入れたものだ。

101では、まず、同じ主要プロダクトを提供しながらも、現在の主要顧客以上に儲けるプレイヤーを呼び込めないかを考える。その後で、時間をかけて利益回収できないかを考える。利用時からジョブ解決に至るまでの間に、時間をかけて利益回収できる個所はあるはずだが、その際、支払者との関係性をいかに継続させるかがカギとなる。

101は、001の「時間をかけて利益回収する」に加え、課金プレイヤーも1にした利益ロジックという見方もできる。課金プレイヤーが0か1かの違いだが、101ならではといえるのが、継続する顧客が、彼らの体験談や特別感を共有することを通じて、さらに儲けをくれる顧客を引き込んでくれることだ。主要顧客以外の状況優先顧客のように、より多く支払ってくれる課金プレイヤーの支払いを織り込んで事業利益を設計し、価値獲得をつくり上げる。

101の価値獲得が軌道に乗った後、より多くの顧客を引き込み、さらに取引規模を拡大して事業利益の額を高めるには、あえて主要顧客の利益を下げる方法がある。これにより、主要顧客以外と、それ以外の課金プレイヤーの利益率の格差を拡大させて、課金のメリハリを付けながら事業利益を生むことができる。

実際に自社の顧客の中に、モニターやエバンジェリスト（伝道師）のような顧客はいないだろうか。彼らを主要顧客として設定し、そこではあえて儲けない。主要プロダクトを積極的に活用してもらうことで評判を得て、他のプレイヤーを引き込んでもらう役割を担ってもらうことが重要だ。そうして、さらに儲けをくれる課金プレイヤーを引き込む。これら一連の流れが、時間をかけて利益を生む仕掛けになる。

◆110へ ——全く異なる課金プレイヤーの凸凹を俯瞰できるか

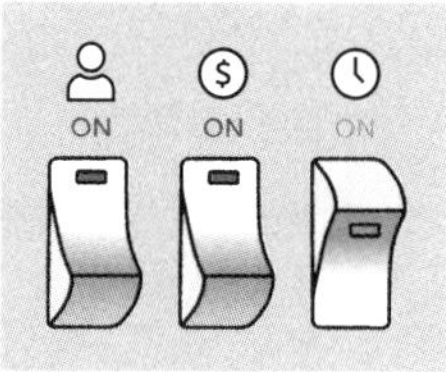

110は、「さらに儲ける支払者から、さらに儲ける課金ポイントで、直ちに利益回収」する、すなわち、課金プレイヤーと課金ポイントを多様化する利益ロジックだ。これまで説明してきた利益ロジックは、課金プレイヤーか、課金ポイントのどちらか一方に「さらに儲ける」を加えていたが、110ではどちらにも儲けを加えるのだ。

これによって、価値獲得は実はよりシンプルになる。というのも、110は、主要顧客には主要プロダクトを提供し、「さらに儲ける支払者」に「さらに儲ける課金ポイント」を提供することになるからだ。

「さらに儲ける支払者」の「さらに儲ける課金ポイント」は、主要顧客の主要プロダクトがあってこそ実現する。代表的なのが、「㉕三者間市場」だ。多くのユーザー（主要顧客）が場（主要プロダクト）を使用してこそ、その場を活用したがる広告主（さらに儲ける支払者）が広告（さらに儲ける課金ポイント）に支払ってくれるのだ。主要プロダクトを無料で提供することで、これを派手に展開できる。主要顧客が多く集まる市場をつくり出し、儲ける課金プレイヤーを引き込むことができるのだ。

これを古くから実践しているのが、リクルートのリボンモデルや、不動産業だ。主要顧客である就職活動中の学生や、不動産の借り主からは手数料を取らず、「さらに儲ける支払者」である求人企業や不動産オーナーに課金することで、事業利益を生んできた。

このやり方は、デジタル化の拡大により、さらに活用されるようになった。大規模な成長を遂げたプラットフォーム企業は、110を多用する。片方からは利益を期待せず、マッチングが成立したら、もう片方から手数料を取る。儲けないプレイヤーには儲けないサービスを提供するが、それが多くの消費者を呼び込む秘訣になる。消費者の支持を受けて一大インフラとなれば、大きな飛躍が望めるのだ。

110は、ものづくり企業やもの売り企業でも構築できる。たとえば、売上データを持つB2Cのもの売り企業であれば、それを必要とする取引企業に提供することができるので、意外とスムーズに実現できる。主要顧客以外のプレイヤーから、主要プロダクト以外の課金ポイントで対価を得て、事業利益を拡大している企業は多く存在するだろう。

ただし、実現するには、整えておくべき条件がある。それは、主要顧客と直接につながっておくことだ。販売を小売や卸売に任せているようなものづくり企業は、ユーザーのデータが得られないため、まずは、エンドユーザーとつながりを持つことが不可欠だ。ただの直販による値下げではなく、D2C（Direct to Consumer）によって直接顧客とやり取りをしながらデータを蓄積する体制を持ち、それを何らかの形で必要とする「さらに儲ける支払者」を探索することが必要だ。

◆111へ
——それがなければ困るほどの粘着性を生み出せるか

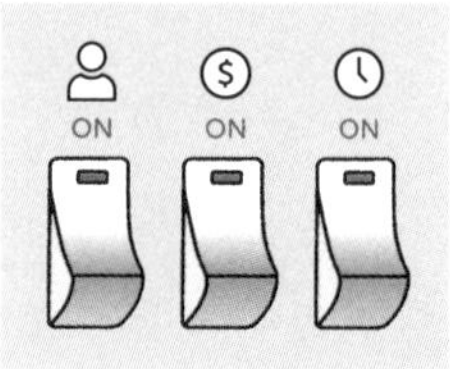

111は、課金プレイヤー、課金ポイント、課金タイミングのすべてにスイッチが入った、「さらに儲ける支払者から、さらに儲ける課金ポイントで、時間をかけて利益回収」する利益ロジックだ。110と異なるのは、取引成立によって利益を回収しようとせず、時間をかけて利益を回収することだ。つまり、継続取引を前提として110を展開するのだ。

利益回収は時間をかけて行うが、契約時以外に課金できるポイントが多様にあるから、さまざまな課金が可能になる。そのため、うまく成立すれば、利益を青天井にすることができる。

ここで問われるのが、主要顧客に対する主要プロダクトの秀逸さだ。主要プロダクトに惹かれて利用者が多くなれば、「さらに儲ける支払者」が「さらに儲ける課金ポイント」を継続的に購入してくれる。

実際に、時間をかけて儲けることを意図したプラットフォームを展開するグーグルは、課金プレイヤーごとに異なる課金ポイントを持ち、それらをさまざまな形で発展させて現在がある。主要顧客のみならず、さらに儲ける支払者の両方のジョブを探り、認知し、蓄積し、そしてソリューションを提案し続けることで、継続的な取引が可能になるのだ。

それゆえ、111を導入する場合は、それぞれの支払者が交差する「場」を行き来する情報を常に蓄積し、更新することが望ましい。ものづくり企業やもの売り企業においては、一足飛びに実現するのが難しい利益ロジックであるが、逆にここまで想定してみることで、000から飛躍させる革新的なアイデアが生まれる可能性がある。

▶06.
価値獲得の革新への着手

この章では、収益源の多様化によって認識された課金ポイントをベースに、革新的な価値獲得を生むための利益化の方法として、まずは利益スイッチを紹介し、そこで得られた利益ロジックについて述べてきた。

課金プレイヤー、課金ポイント、課金タイミングの革新的な組合せで、利益イノベーションが結実する。その結果、自社のめざすべき価値獲得がはっきりと見えたら、即実行に向けて着手する段階に入る。

このとき、ものづくり企業やもの売り企業が、真っ先に手を出そうとするのが、001だ。その代表的な価値獲得がサブスクリプションである。

しかし、サブスクリプションは期待していたほどの成果をもたらさなかった、とため息をつく企業が多い。なぜうまくできなかったのか、どうするべきなのか。次章では、サブスクリプションとそれに関連するリカーリングモデルについて、価値獲得の観点から詳述する。

第6章

日本企業が飛びついた「サブスク」の本質

POINT

- その「サブスク」は、本当にサブスクリプションの要件を満たしているか？
- サブスクリプションを包括する概念、リカーリングモデルとは？
- 価値獲得だけを転身しても利益につながらない理由

KEYWORD

- サブスクリプション
- フリーミアム
- リカーリングモデル
- デジタル時代の価値獲得
- グレーゾーン
- 保証

前章では利益イノベーションにおける8つの利益ロジックを明らかにしてきた。このうち、ものづくり企業やもの売り企業が、最も着手しやすいのが001だ。その代表的な価値獲得がサブスクリプションだ。

価値創造が汲々とする状況で、利益を生み出せずに苦しむものづくり企業やもの売り企業が、飛躍的に利益を高めるチャンスとばかりに2018年にサブスクリプションに飛びついた。定期的に利益が入ってくると思しきサブスクリプションは、そうした企業にとって救世主のように見えた。

しかし、ものづくり企業やもの売り企業が、サブスクリプションへ移行することは、それほど生やさしいことではない。[1] 前章で述べたように、利益スイッチで見れば、000から001へ課金タイミングを変えるだけなので、利益イノベーションが簡単に実現できるように思えるが、全くそうではないのだ。創業以来より長年慣れ親しんだプロダクト販売を、それとは異なる価値獲得へと、根底から考え直すことになるのだ。

そこで、ものづくり企業やもの売り企業がこぞって進出するサブスクリプションについて、これまでなぜうまく導入や転身ができなかったのか、価値獲得の観点から明らかにする。また、サブスクリプションを活用してうまく利益を上げていく企業とは何が異なっているのかについても説明する。そして、サブスクリプションの他

＊　本章は、川上［2021a］、川上［2021b］をもとに加筆・修正したものである。

1）　川上［2018］、川上［2019］、川上［2020］などでは、このことを繰り返し述べている。詳しくは、これらを参照されたい。

に、どのような価値獲得が支持されるのかを、リカーリングモデルの観点から述べる。

▸01.
多くのものづくり企業やもの売り企業が見誤る「サブスクリプション」

2015年、Apple Musicやネットフリックスが日本でサービスを開始した。音楽や映像を安価な月額料金で、しかも使い放題で提供することで、若者の支持を得て、瞬く間にブームとなった。

これらのサービスが適用していた価値獲得が「サブスクリプション」(subscription)だ。

サブスクリプションは「継続課金」や「定額課金」と報じられることも多く、世の中にもそう認識されているが、本来的な意味合いはそうではない。企業が自動的に収益を継続させるための仕組みではないのだ。

サブスクリプションは、そもそも予約購入や継続購入を意味する動詞「サブスクライブ」(subscribe)の名詞形なので、その主語はユーザーである。取引が継続するかどうかは、ユーザーの意思に委ねられている。

サブスクリプションは、以前から雑誌や新聞などの定期購読という形で存在していた。新聞の定期購読の歴史は古い。1609年にストラスブール、1620年にはウィーンで定期新聞が発行され、週に一度は配達されていた。[2)]

また、通勤電車の定期券や牛乳配達などの定期購入も、古くから存在していた。これらも英語では「サブスクリプション」であり、

---

2) 梶谷[1991]を参照。

いわゆる「旧型」だ。旧型の多くは、「前金制サブスクリプション」という価値獲得をとる。顧客が継続購入することをあらかじめ決定すれば割引を受けられるため、顧客は事前に料金を支払う。これにより、都度購入の手間なども省くことができる。

他方、ここ数年のうちに飛躍的に成長を遂げているのは「新型」だ。旧型とは「定期的にユーザーが使い続ける」点で同じだが、新型はデジタルを掛け合わせて成果を収めているところ、そして、何より「使い放題」である点で異なっている。

新型は、月間か年間で一定額を支払って、サービスを使いたいだけ使うことのできる支払形態がユーザーに受け入れられた。つまり新型は、サブスクリプションの中でも「定額制サブスクリプション」という価値獲得に該当する。

最近のサブスクリプションのブームは、定額制の持つ使い放題というスタイルが受けたことによる。それが、デジタルの領域を超えて、旧来からあるものづくり企業やもの売り企業、サービス業にまで波及している。

しかし、ものづくり企業やもの売り企業が提供する定額制サブスクリプションの多くは、実は新型サブスクリプションの要件を満たしていない。以下では、その点を明らかにしながら、企業がどのようにこの価値獲得に向き合うべきかを論じたい。

▸02.
定額制サブスクリプションの特徴

定額制サブスクリプションは、これまでの価値獲得といったい何が違っているのだろうか。そのことを解くカギが、上位概念である「リカーリングモデル」だ。リカーリングモデルの中で、定額制サブスクリプションがいかに特殊な存在であるのかを解き明かそう。

◆定額制サブスクリプションはリカーリングの一種

音楽や動画配信などデジタル分野で拡大した定額制サブスクリプションは、解約がしやすく、月額使い放題という特徴がある。それはユーザーに「気軽さ」と「お得感」を感じさせ、ヒットの要因となった。

他方で、定額制サブスクリプションは、企業にとっては、継続的に収益を得られるというメリットがある。このように企業に継続的に利益をもたらす価値獲得は、総称して「リカーリングモデル」(recurring revenue model)と呼ばれている。リカーリングモデルとは、「販売後も収益が継続的に発生する価値獲得」の総称である。

定額制サブスクリプションは、リカーリングモデルの一種である。他に、「リピーター」「レーザーブレイド」「リース」も、旧来からあるリカーリングモデルだ。リカーリングモデルの視点から俯瞰することで、より明確にサブスクリプションの特徴を浮き彫りにできる。

リカーリングモデルを論じる際には、ユーザー、企業双方にとってのメリットとデメリットを明らかにすると、その本質がよく見える。

リピーター、レーザーブレイド、リースの3つは、リカーリングモデルという言葉が登場する以前から、収益の継続性を実現するために活用されてきた。これらが今もなお支持され続け、企業経営にとって重要な課題であると認識されているのは、ユーザーにとって費用対効果が高く、企業にとっても都合が良い、双方にとってメリットのあるモデルだからだ。

そこで、まずはこれら3つをもとにリカーリングモデルの特徴を見たうえで、サブスクリプションについて説明していきたい。

図表6-1 利用継続の拘束力の大小

◆リカーリングマップ

リカーリングモデルは、2つの視点で見るとその詳細が明らかになる。それが、「利用継続の拘束力」と企業の「利益回収の時間」だ。

「利用継続の拘束力」とは、継続に関してユーザーが感じる契約などの法的なハードルや、解約の際の心理的なハードルを意味する（図表6-1）。リピーター、レーザーブレイド、リースの順に拘束力は大きくなる。拘束力が小さければ簡単にやめられるため、ユーザーは「気軽」と感じる。

反対に、大きければ自分の都合でやめることができないため「負担」に感じる。ユーザーにとって拘束力は小さいほうが望ましい。企業にとっては、拘束力が大きいほうが収益が継続する状態が確定する意味で都合がよい。

リピーターは、継続の拘束力が最も小さい。企業に対して何ら義務を負わず、ユーザーの自由意志でプロダクトを購入し続けているだけだ。ベースにあるのは売り切りなので、ユーザーが突然別のプロダクトに心変わりして購入をやめても、とがめられることはない。

リースは、継続の拘束力が最も大きい。完全に法的に拘束された契約だからだ。期間中にやめることは基本的に不可能で、なおかつ対象となる資産を変更することもできない。

レーザーブレイドは、これらの中間に位置する。消耗品や付属品

図表6-2 **利益回収の時間の長短**

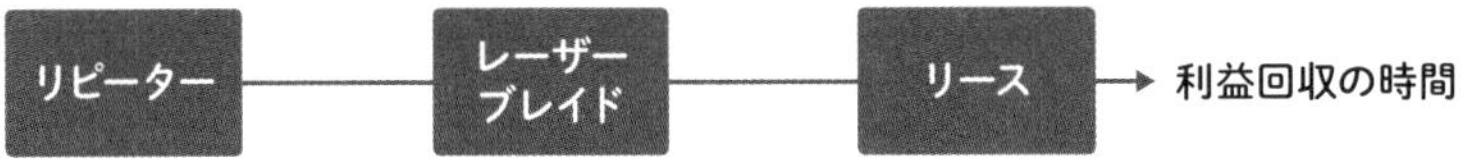

の購入タイミングこそユーザー次第だが、本体を購入しているため、専用品で拘束される。つまり、完全な自由意志のリピーターよりは、精神的な拘束力が発生する。契約では縛られないが、本体を購入しているから、その埋没コストを回収しようという心理が働くのだ。

続いて、「利益回収の時間」を確認しておこう（図表6-2）。「利益回収の時間」は、そのままユーザーの支払い負担に関する感覚に直結する。

企業が長期にわたる利益回収を選択すると、ユーザーにとっては1回当たりの支払い負担が軽減されるので、「お得感」が醸成される。反対に、企業が早期に利益回収しようとすると、ユーザーにとっては1回当たりの支払い負担が重くなる。

企業にとっては、利益を回収する時間は短いほどよく、ユーザーにとっては、できるだけ時間をかけて回収してもらうのが望ましい。

リピーターは、利益回収の時間が最も短い。リピートを前提として継続的に利益を生むことを期待した利益設計になっているが、販売ごとに利益を回収できるようになっているからだ。

対極にあるのが、利益回収の時間が最も長いリースだ。ある資産をユーザーの代わりに所有したまま、貸し出す。企業側がイニシャルコストをすべて負担し、長期間かけて回収するので、その期間は短くて3年程度、長いときには数十年ということもある。

レーザーブレイドは、利益回収に時間がかかるが、リースほど長

図表6-3 リカーリングマップ

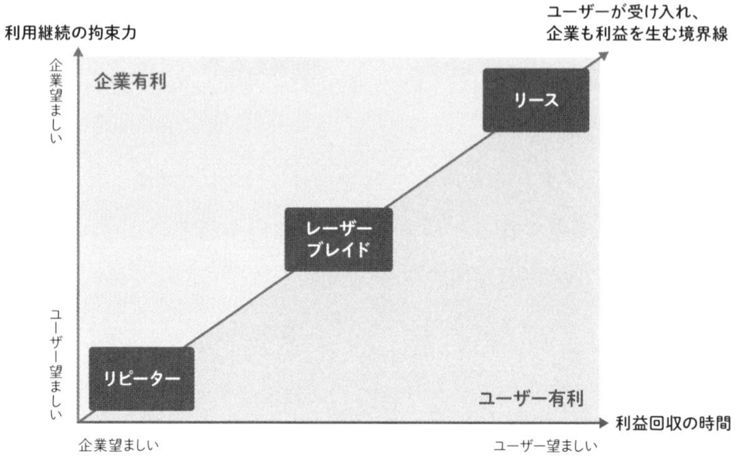

期間にわたるわけではない。リピーターとリースの中間に位置づけられる。利幅のきわめて薄い、ときには赤字の本体を販売して、利幅の厚い付属品でじっくりと回収する。

以上をふまえて、これまで述べてきたリピーター、レーザーブレイド、リースの「継続の拘束力の大小」と「利益回収の時間の長短」をひと目で確認できるのが図表6-3のリカーリングマップだ。

3つのリカーリングモデルが、2軸の斜め上に向かって整列しているのがわかる。これら3つのモデルは、長らくの間リカーリングモデルとして定着してきた価値獲得であり、企業にとってもユーザーにとっても都合の良いものであった。

そのため、利益回収の時間の長短と、継続の拘束力の大小でバランスがとれていたリカーリングモデルといえる。つまり、各モデルを結ぶ線は、バランスのとれたリカーリングモデルの境界線であるといえる。

この境界線は、ユーザーが興味を持ち、なおかつ企業が利益を生

図表6-4 定額制サブスクリプションもフリーミアムもユーザー有利

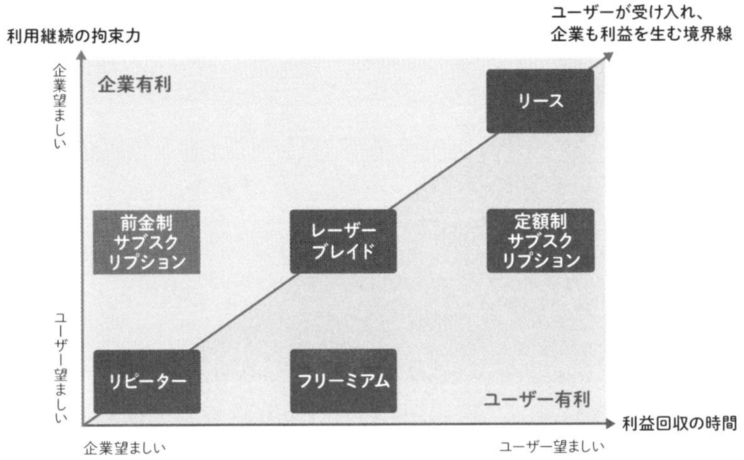

むことができるものでもある。それゆえ、この線より上の領域は企業にメリットのある企業有利になり、下の領域はユーザーにメリットがあるユーザー有利になる。

◆定額制サブスクリプションの特徴

このリカーリングマップにプロットすれば、定額制サブスクリプションが注目を浴びる理由がわかる（図表6-4）。定額制サブスクリプションは、旧来のリカーリングに比べても、ユーザー有利なポジションにあるのだ。

マップ上のポジションが近いリースとレーザーブレイドを比較すれば、定額制サブスクリプションがいかに魅力的であるのかがよく理解できる。

リースは、利益回収の時間が長期にわたる点は定額制サブスクリプションと同じだが、拘束力が大きく異なる。そもそも長期の支払いは回収不能リスクを高める。リースはそれを法律や契約で3年や5年、あるいはそれ以上にわたって拘束する。一方、定額制サブスクリプションは1カ月や長くてもせいぜい1年の拘束があるものの、それが経過すれば解約は簡単にできる。定額制サブスクリプションのほうが「気軽」なので、ユーザー有利といえる。

レーザーブレイドとも比較しておこう。企業から見れば、レーザーブレイドは本体こそ薄利だが、消耗品など付属品の粗利を高く設定しているので、ユーザーの利用頻度が高いほど早期に利益を回収できる。まさにカミソリ本体と替刃の関係だ。他方、特に定額制サブスクリプションは、一定料金をゆっくりと回収する点でユーザーに「お得感」があり、定額制サブスクリプションのほうがユーザー有利といえる。

ユーザー有利は、ユーザーから見て、企業が利益を度外視した状況に見える。ユーザーに有利で好都合な状況は、話題になりやすい。昨今のサブスクリプションブームは明らかに、ユーザーの側から話題になったものである。

特に、音楽聴き放題や映画の見放題という、お得で気軽な課金体系として、とりわけ高校生を中心とする若年層が爆発的に支持したものだ。ユーザーは企業の価値獲得にかなり敏感なのだ。

ユーザー有利な価値獲得は、突然降って湧いてブームをさらったように感じるが、実は、これと同じようなムーブメントは、その10年前にすでに姿を現し、一般的になっていた。それが世の中を席巻したフリーミアムだ。スマートフォンのゲームアプリに代表されるように、有料アイテムで利益を獲得するために本体をゼロ円にする。ユーザーは、ずっと無料で遊ぶこともできるし、有料アイテムを購入して有利に進めることもできる。支払いの有無は完全にユーザーに委ねられている。

それがどれだけユーザー有利な状況かも図表6-4からわかる。

▸03.

ブームで拡大した「サブスクライク」の実態

2018年頃より、日本のものづくり企業ともの売り企業がこぞって参入した「サブスク」の多くは、「定額制」を訴えながらも、実際にはデジタルによって飛躍を遂げた定額制サブスクリプションとは似て非なるものである。このことをリカーリングマップ上で示したものが、図表6-5である。

◆ものづくり企業のサブスクリプション

まずは、ものづくり企業のサブスクリプションから見ていこう。

ものづくり企業は、ユーザー有利に位置する「定額制サブスクリプション」を導入したが、残念ながら「サブスクライク」なものに

図表6-5　ものづくり企業ともの売り企業のサブスクが陥りがちな罠

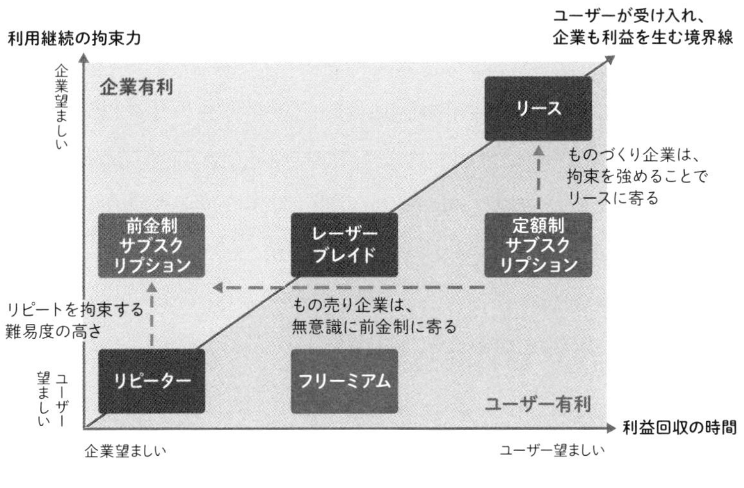

終始しているところも多い。

ソフトウェアで一大ブームを巻き起こした定額制サブスクリプションの流行に乗って、自動車や家電業界などは、販売により利益を得ていた耐久消費財をサブスクに切り替えて提供し始めた。新品の自動車や家電を月額料金で使えるという、いわゆる「モノ系サブスクリプション」と呼ばれるものだ。

日本を代表するものづくり企業が、これらを定額制サブスクリプションとして世に送り出したはよいが、その実態は、実はリースと変わらない。

なぜなら、実際のサービス内容を見てみると、自動車では3〜7年、テレビで5年を拘束するなど利用期間を縛っているからだ。拘束力を強めれば、当然ながら、図表6-5のように「定額制サブスクリプション」ではなく、「リース」に寄ってしまう。この時点で定額制サブスクリプションとは名ばかりになってしまうのだ。

企業側には、言い分がある。多額の原価がかかっているのに、ユーザーの気分によって途中でやめられるサブスクリプションは回収不能のリスクが高く危険であるというものだ。これまでプロダクト販売によって売り切りで価値創造を完結させてきたものづくり企業やもの売り企業にとっては、「サブスクブーム」にあやかりたいものの、どう展開できるかと悩んでいた。

結果として企業は、利用継続の拘束力を高めた、実態はリースの「サブスクライク」なものを提供し始めたが、ユーザーは気軽さが損なわれたことを敏感に感じ取り、高い前評判にもかかわらず、大ヒットには至らなかった。

このようなサブスクブームの創成期にチャレンジをした、2つのものづくり企業の事例を見てみよう。

トヨタKINTO

トヨタの完全子会社である株式会社KINTOは、2019年に「新車のサブスクリプション」として「KINTO」を提供開始した。

KINTOは、新車に定額料金で乗れるという触れ込みで登場した。登場時、話題になったのがお得さや気軽さを打ち出した「KINTO ONE」だ。購入すれば260万円程度のプリウスを、ボーナス払いなしで月額約5万円、諸費用込みで新車が利用できるというものだ。諸費用には保険や自動車税、メンテナンス料などが含まれている。

しかし、このプランでは基本的に3年間必ず使用しなければならず、継続を拘束されてしまう。中途解約の場合には多額の違約金を支払うことになり、契約すればトータル180万円の支払いは確定する。しかも、満期後に車は手元に残らず、KINTOに返却しなければならない。

ユーザー側から見て、ローンと同じ金額を支払い、中途解約もできないKINTOには、定額制サブスクリプションの「気軽さ」や「お得感」は全く感じられない。企業の都合からすれば、自動車には高額のコストがかかるので、中途解約などを頻繁に受け入れることはできない。そのため、どうしても残価設定ローンか、リースのような構成になってしまうのだ。結果、定額制サブスクリプションといいながら、リースとの決定的な違いが見出せない。

KINTOもサービス開始前には、定額制サブスクリプションのあり方を模索したことだろう。しかし、実際にコスト回収を考えれば、退会自由な解約方式などありえない。よりリスクの小さい価値獲得を考えれば、月額利用料を上げて利益回収を急ぐか、利用継続の拘束力を強めるという方策がとられる。お得感のなくなる月額利用料の上昇は絶対に避けたいので、利用継続の拘束力を高めるという結論に至ったのだろう。結果として、定額制サブスクリプションを導入するつもりが、ほぼリースになってしまった。

KINTO側の打ち出し方を見ても、サブスクリプションとリースの両方の表現が使われることがあり、ユーザーへの提案に苦悩が見える。しかも、若年層にはすでに残価設定ローンが一般的になっており、それとの違いも見出せない。ユーザーにとって支払い方のバリエーションが増えたのはよいことかもしれないが、選択肢が多くなることで、かえって複雑になった印象が拭えない。

ダイソンテクノロジープラス

ダイソンの高機能なプロダクトを月額1000円から利用できる。このような触れ込みで、日本独自の取組みとして2017年の12月に開始したのが「ダイソンテクノロジープラス」だ。モノ系サブスクリプションとしては、かなり早期に投入されたサービスであり、先駆者的な位置づけといえる。

ベーシックなプロダクトを利用するサービスは、契約期間が3年で月額1000円、ハイスペックなプロダクトであれば、契約期間が2年で月額2500円で提供されていた。中途解約は3000円で受け付ける。

ダイソンのプロダクトは、一般の掃除機と比較して高価格なので、購入にためらいが生じる。そうしたプロダクトをサブスクリプションで提供することでお得感を醸成し、かつ、比較的中途解約のしやすいやり方で好評を得ていた。

しかし、2021年6月で突如終了してしまった。理由は明らかにされていないが、サブスクリプションによる価値獲得が成立しなかったのではないだろうか。拘束期間が気になるユーザーが一定程度存在することは容易に想像できるし、月額1000円に対して、解約手数料がその3倍というのが気になる人もいるだろう。

月額2500円のアドバンスユーザーには、解約手数料が月額の1

カ月強ほどなので、比較的拘束力が薄まったように感じたかもしれない。しかし、逆にそれゆえに、ダイソン側が利益を獲得できる状況をつくり、将来的な利益も大きくできるイメージを持てなかったことが予想される。

そもそも、サブスクリプション用に開発されたIoT機器の掃除機でもないため、パーソナライズサービスなどの今後の発展が期待できない。データのやり取りができないことは、進化するサブスクリプション専用機の開発にもつながらなかった。

また、これらプロダクトは、どこでも購入できる通常販売のプロダクトであり、それをプロダクト販売と並行してサブスクリプションで提供していた。それによって、ユーザーの得が大きくなり、プロダクト販売に影響が出たことも考えられる。

サブスクリプション会員が増えても、プロダクトの売上が低下することになるので、ダイソンにとっての価値獲得にメリットがなかったことが考えられる。もし、販売とは別プロダクトで、なおかつIoT化されていれば、売り切りのプロダクトとは別の新たな展開となることが期待できたであろう。

結果的に撤退したが、ダイソンの日本法人が独自に行った取組みは、ものづくり企業の実験としては挑戦的だったといえる。

KINTOしかり、ダイソンしかり、自動車や家電のような耐久消費財の本体を定額制サブスクリプションとして成立するのは、きわめて困難な取組みだ。それを継続するにしても、単なるリースや残価設定ローンにはない顧客価値を付加する取組みが不可欠だ。メンテナンスなどの費用的負担を軽減するだけでなく、定額制サブスクリプションを積極的に選択する理由が、改めて問われている。

◆もの売り企業のサブスクリプション

次に、急激な拡大が見られた小売業やサービス業をはじめとするもの売り企業のサブスクリプションについて触れよう。小売サービス業における「定額制サブスクリプション」は、繰り返しの利用を前提に一度に多くの金額をユーザーに請求し、その分、1個（1回）当たりの価格は割安になることをうたう。

しかし、これは先に支払わせる意味で、図表6-5の左側にある、企業に有利に働く「前金制サブスクリプション」と何ら変わらない。ユーザー有利から一転、企業有利になってしまうのだ。

近年のサブスクブームは、デジタルによって実現した「月額料金で使い放題」という定額制サブスクリプションによって引き起こされたものだ。それにあやかって、小売業やサービス業も「月額」というキーワードでユーザーを引きつけ、新たなビジネス展開を図ろうと定額制サブスクリプションに模してみたが、結局のところ、ブームを先取りするつもりが、過去に多く存在していた旧型の前金制サブスクリプションを踏襲しただけになっているのだ。

サービス業で活況を見せた前金制サブスクリプション

サブスクリプションという言葉が流行した途端、雨後の筍のように、さまざまなサービスがサブスクリプション化した。特に外食産業で、前金制サブスクリプションを導入する傾向が目立った。すなわち、月額料金をまとめて支払えば、コーヒーが飲み放題になる、ラーメンが食べ放題になるといった「サブスクライク」なサービスが登場したのだ。

これらは、使用回数が多くなるほど割安になるオファーだが、既存のサービスのままで価値獲得だけを月額定額制に変更して提供している。

これでは単なる前金制にすぎず、そのほとんどは、うまくいく可能性はきわめて低い。「それなら、さらに月額料金を安くすればよいのか？」というのは愚の骨頂だ。プライシングの問題ではないからだ。

ユーザーが魅力を感じないのは、サブスクリプションと名乗りつつも、実は企業有利なポジションにあるという根本的な問題が潜んでいるからだ。以下で説明しよう。

定額制サブスクリプションとの違い

企業目線で見た場合、前金制サブスクリプションは、1回当たりの対価よりも高い価格で、かつ、前払いでまとめて受け取れるため、利益回収の時間はゼロになる。[3)]

しかし、このことは、ユーザーに相当程度負担をかけていることを意味する。図表6-6を見てほしい。

この図を見れば、同じサブスクリプションでありながら、定額制サブスクリプションと、前金制サブスクリプションの何が異なっているのかが明白である。

定額制サブスクリプションでは、左図にあるように、売り切りでは高くて買えないものを、月額料金で安く気軽に契約できる。ユーザーはそこにメリットを感じる。

たとえば、売り切りでは30万円していたソフトウェアがサブスクリプションでは月額5000円で利用できる、売り切りでは400万円の自動車がサブスクリプションでは月額5万円から利用できる、といったことが該当する。1本数千円の映画のブルーレイディスクを買うより、月額見放題で1000円程度の動画配信サービスを利用

---

3) 前金の場合は、先に現金流入があるので、キャッシュフローの観点から見れば、厳密には回収時間はマイナスであるが、ここでは、プロダクトの利益を回収する「利益回収の時間」を問題にしているため、ゼロとしている。

図表6-6　前金制サブスクリプションの特殊性

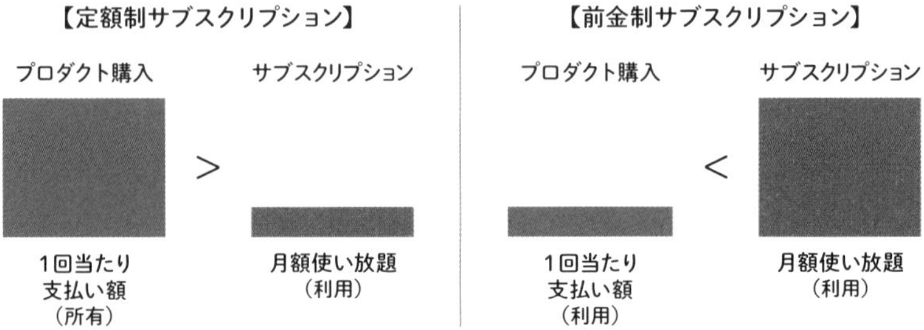

するのが望ましいのも、同じ理屈だ。

他方で、前金制サブスクリプションの特徴は右側の図にあるようなロジックになっている。すでにサービスとして提供され、1回当たりの売り切りの金額が設定されているものを、月額使い放題のパターンも用意しながら、料金の支払いを要求する。一度に、しかも前払いで要求するのだ。

これでは、使えば使うほど1回当たりの料金が安くなるとオファーしても、前払いが発生するため、ユーザーが旨味を感じることがないことは明白だ。しかもこのオファーは、安さに敏感なユーザーを引きつけようとしているはずだが、安さだけではなくキャッシュ（現金）も重視するため、将来のために、いま多額の金額を支払おうとは、よほどの理由がない限り思わない。

以上のことからもわかるように、利益回収の時間という観点から見ると、前金制サブスクリプションは定額制サブスクリプションとは正反対の価値獲得であり、ユーザーにはメリットが全くといってよいほどない。

リピーターとの違い

前金制サブスクリプションは、リピーターと比べてもユーザーにとって不利だ。1回当たり売り切りで提供しているものを期間利用で少しでも割安にするオファーは、ヘビーユーザーにとってはメリットがある。しかし、リピーターと比較しても、前金制サブスクリプションには、ユーザーにとって不利な条件が課される。

それは、同じ企業、同じ店、あるいはその系列などでサービスを利用し続けなければならず、利用継続の拘束力を課されていることだ。リピーターは、都度サービスを購入しているので、何の拘束力もない。自発的にリピートしているだけだ。

リカーリングマップを見ても、リピーターよりも前金制サブスクリプションがユーザーにとって魅力的でないことは一目瞭然だ。リピーターは、ロイヤリティの高いユーザーが自発的に継続しているだけで拘束力は全くないが、前金制サブスクリプションには、強い拘束力が加わっている。

ここでは、もの売り企業が積極的に活用してきたサブスクリプションを見てきた。これらは、定額制サブスクリプションをうたいつつも、その実態は前金制サブスクリプションばかりなのだ。1回1000円の飲み放題の居酒屋で、1カ月4000円で飲み放題のサブスクリプションをプッシュされても、ユーザーはそれが割安なことは理解できても、毎回その店を使うとは限らない中で、前払いする気は起きないはずだ。

企業にとってキャッシュの早期回収は魅力的だが、前金制サブスクリプションが成立するのは、鉄道の定期券や、購読習慣のある新聞や雑誌の定期購読、年間に行く回数があらかじめ決まっているようなテーマパークの年間パスなど、利用が習慣化しているものである。ここに参入するには、強力なロイヤルティやインフラレベルの地位を築く必要がある。なぜなら、前金制サブスクリプションは、完全に企業有利の領域にいるからだ。新たに始めるには、成立させるのが困難な価値獲得であることを認識しておく必要がある。

◆定額制サブスクリプションがうまくいかない理由

ここで改めて、ものづくり企業やもの売り企業で定額制サブスクリプションがうまくいかない理由を説明したい。

ものづくり企業は、これまで売り切りで提供してきたプロダクトを、単に定額制サブスクリプションで提供するという方法をとることが多く、これがうまくいかない大きな要因の1つだ。これだけローンやリースの金融商品が発達した現代では、単なる「定額制」だけを売りにしても響かない。ユーザーはサブスクリプションの優位性が理解できないだろう。

また、メンテナンスにかかる料金などを込みにして、それを売りにする企業も見かけるが、ユーザーは故障のことを考えて新たなプロダクトを導入することは稀である。特に、日本企業のプロダクトは精密な工程で製造され、そもそも故障のなさが売りである。この状況で、メンテナンス料込みのサブスクリプションをアピールしても、ユーザーの想像力を掻き立てることはできない。

さらに、ものづくり企業だけではなく、もの売り企業にも共通するうまくいかない理由がある。

その1つが、通常のプロダクトが売れなくなるカニバリゼーション（共食い）が起こることだ。リカーリングモデルでは、利用継続の拘束力は短く、利益回収の時間が長いほどユーザー有利といえるが、だからといって、ユーザーから評価を得たいからとサブスクリプションで大盤振る舞いしてしまえば、ユーザーが使えば使うほど、企業の損失が膨らむ結果になり、本来主役であるプロダクト販売に支障をきたしてしまう。[4)]

もう1つが、1つの価値創造に対して、1つの価値獲得という原則が崩壊することだ。サブスクリプションを導入してもうまくいかない企業は、一事業活動の中でプロダクト販売を行いつつ、そのプロダクトのまま価値獲得だけを変えて提供するサブスクリプションが多い。

つまり、同じ事業の中で課金タイミングの全く異なる価値獲得が併存することになる。それでは、現場は混乱する。販売して直ちに利益を回収するプロダクト販売と、1回当たりが割安な利用額で時間をかけて利益を回収するサブスクリプションとでは、営業体制や販売体制、そして販売後体制などの方針が全く異なるのだ。

サブスクリプションを価値獲得として独立させるならば、新たな価値創造の下で実施するのが望ましい。同じプロダクトを使う場合には、せめて別の事業として子会社化か、少なくとも独立の事業部門やチームとして、今あるプロダクトとは恒久的に分離する必要がある。

ただし、同じ価値創造でプロダクト販売とサブスクリプションが併存してもよい、唯一の例外がある。それは期間限定や会員数限定のサブスクリプションだ。販促活動の一環で提供するものなので、期間終了後、予定会員数に到達したら消滅させる。[5)] サービス業では、この方法で消費者の注目を浴びてきた企業もあるが、各業界にサブスクリプションが行き渡った現在では、その効果はあまり期待できない。

もし、プロダクト販売とサブスクリプションを共存させるのであれば、独立のまま並行させるのではなく、それらを1つのオリジナ

---

4) AOKIがスーツの定額制サブスクリプションを実施し好評を得たが、まさにこのような状況に陥った。通常購入客がお得なサブスクリプションに流れ込んでしまい、プロダクト販売に影響が出る懸念が生まれた。結果、導入後半年で撤退している。

5) 焼肉の牛角や、居酒屋チェーンではこの方法が積極的にとられ、メディアで取り上げられた。

ルの価値獲得としてつくり上げなければならない。販売とサブスクリプションにそれぞれ役割を持たせながらも、サブスクリプションで青天井の利益をつくるやり方だ。その場合は、ハード（プロダクト）とソフト（サブスクリプション）を組み合わせて新たな価値獲得とするのが理想的だ。この点については、後述したい。

◆サブスクリプションの成立要件

ここまで、ものづくり企業やもの売り企業のサブスクリプションがうまくいかない理由について述べてきたが、ならば、サブスクリプションやその上位概念であるリカーリングモデルが成功するには、どのような条件が必要なのだろうか。順に見ていこう。

プロセスとしてのD2C

サブスクリプションを成立させるうえで重要なことは、ものづくり企業がD2Cに進出するということだ。D2Cとは、“Direct to Consumer”の略語であり、ものづくり企業が消費者と直接コミュニケーションをとるということだ。これまで、流通業を介してつくったものを提供してきたが、今やインターネットやプラットフォームを通じて、ユーザーと直接つながることは容易だ。

デジタルによる定額制サブスクリプションの成功の裏には、まさにD2Cがある。ソニーもアップルも任天堂も、そしてテスラも、サブスクリプションサービスを提供するときは、自社とユーザーが直接つながって取引しているのだ。

実物としてのプロダクトは小売店から購入するとしても、その後のサービスはD2Cで実現されなければ、サブスクリプションの旨味を得ることはできない。サブスクリプションにおいて、もしここで第三者を介入すれば、流通コストがかかって儲けが薄くなるばかりでなく、直接的なユーザーのデータを得られない。特に後者が致命的な問題だ。

デジタルによる定額制サブスクリプションは、ユーザーに直接サービスを提供することで、ユーザーの好みや使用履歴をデータとして蓄積して、それをさらに活用してユーザーの好みのサービスに仕立てることで初めて成り立つ。企業がプロダクトやサービスを、顧客の好みへと最適化し続ける「パーソナライズ」はD2Cならではだ。パーソナライズがあって初めて、サブスクリプションは継続してもらえる。[6)]

特にデジタル時代のリカーリングモデルにおいては、D2Cが重要な役割を持つ。サブスクリプション導入時には、D2C体制の構築は必須だ。

独自のメンバーシップ

サブスクリプションを成立させるには、前提として、ユーザーに対してメンバーシップという考えをベースにしているかどうかが問われる。定額制サブスクリプションとは、いわば「会費」ともいえるのだ。

会費を払ってもらうには、会員特典が必要だ。何の特典もなく、サブスクリプションを無闇に提供するものづくり企業やもの売り企業はあまりにも多い。しかも、その提案が「お得感」だけでは、相当安さで興味を引きつけない限り、ユーザーは振り向いてくれないだろう。

特にものづくり企業のサブスクライクなサービスは、プロダクト販売による売り切りの価値獲得がベースなので、お得感はないに等

---

6)　カスタマーサクセス（顧客の成功）がサブスクリプション継続のカギとなるが、パーソナライズはその重要な役割を担っている。詳しくは、川上［2019］を参照してほしい。

しい。しかも、そこに拘束力を強めるような仕掛けが見られると、ユーザーの支持は全く得られなくなる。

では、いったいどうやってサブスクリプションを成立させればよいのか。答えは、単なる「お得感」頼みから脱却した価値を提案することだ。会員であるサブスクリプションのメンバー（サブスクライバー）には、プロダクト販売で購入する顧客とは全く異なる価値を提案したい。

たとえば、ネットフリックスは他の動画サービスとは異なり、早くからオリジナル作品の充実に力を注いできた。ネットフリックスだけでしか見られない動画に、メンバーは優越感を覚える。欧米でつくられた『ハウス・オブ・カード』や『ブラック・ミラー』などの作品にとどまらず、韓国以外ではネットフリックスの独占配信となる『愛の不時着』や『梨泰院クラス』が、世界中のメンバーの支持を得た。これらのシリーズを見ることが動機になりネットフリックスに加入し、同時にやめない理由となっている。

このようにメンバーが優越感を覚える取組みを、ものづくり企業やもの売り企業のサブスクリプションにも織り込むことができれば、お得感がなくてもサブスクリプションに加入する理由は生まれる。

たとえば、自動車のサブスクリプションでは、全国のディーラー拠点を営業時間外に限ってメンバー専用のパーキングとして開放したり、ディーラーをカフェ代わりに利用できるなど現有資産を活用したやり方が考えられる。当然ながら、自動車会社とディーラーは別会社なので実現のハードルは高いが、それくらいの思い切った会員特典が必要なのだ。

より現実的な線では、月額利用ならではのメンバーへの価値提案が有効だ。サブスクリプションのメンバーに限って、ソフトウェアがSaaS（Software as a Service）のように常にアップデートするように車両性能を向上させるという特典だ。

実際に、トヨタのKINTOがこのような挑戦的な取組みを行うと発表した。これは、KINTOメンバーのみが契約できる「GRヤリス“モリゾウセレクション”」という独自車種によって、ソフトウェアバージョンアップを可能にするというものだ。[7)]

ただし、テスラのようにネットにつながった車両が、直接データ更新するOTA（Over The Air）のではなく、近隣のディーラーに持ち込み端末をつないでソフトウェアを書き換えるアナログ的な手法である。まだまだ解決するべき課題は多いが、サブスクリプションならではのメンバーを飽きさせない取組みが始まったことは大きな進歩といえる。

サブスクリプションでは、会費を払うメンバーに優越感を与える会員特典が不可欠だ。常にプロダクト販売とは異なるサービスを演出し、独自性を打ち出すことが求められる。

リカーリングモデルやサブスクリプションは価値獲得のテーマではあるが、実際に導入するにはユーザーとのつながり抜きには語れない。価値獲得のみでは、気軽さやお得感のみを演出できないことが多いからだ。このことは、どのような価値獲得にも該当し、さらにはビジネスモデル全般にいえることなのだ。ビジネスモデルの重大なトピックなので、次節で改めて検討しよう。

7）『日本経済新聞』2020年6月8日朝刊。

▸04.
サブスクブームがもたらしたリカーリングモデルへの影響

サブスクリプションが世の中に与えた影響は大きい。特に、サブスクリプションの流行以後、ユーザーの認識はガラリと変わってしまった。すべての価値獲得は、お得で気軽なユーザー有利であるのが当然になってしまった。これを認識せずに企業がリカーリングモデルへの変革を企てても、うまくいくはずがないのだ。以下ではこの点を明らかにしよう。

◆課金タイミングを変えるということ

ものづくり企業やもの売り企業で、サブスクリプションがなかなかうまくいかないのは、価値獲得としてのサブスクリプションの本質的な理解が欠けているからだ。

まず、サブスクリプションに代表されるリカーリングモデルは、すべて課金タイミングを変えて実現されたもの、すなわち、「直ちに課金」していたものを「時間をかけて課金」することに変更したものであることをしっかりと認識しなければならない。

そのうえで、課金タイミングを変えるというリカーリングモデルには、どのような本質的特徴が潜んでいるのかを明らかにしよう。

リカーリングモデルとは、正式名称は「リカーリングレベニューモデル」である。つまり、「収益が継続的に生まれる仕組み」を意味している。ここで、注意してほしいことがある。継続するのはいったい何か、ということだ。

継続するのは「収益」だ。「利益」ではない。ここを混同しては

図表6-7 **プロダクト販売とリカーリングモデル**

価値獲得	概要	利益ロジック
プロダクト販売	すべてのプロダクトに原価に一定の利幅を付ける	000
定額制サブスクリプション	期間ごとに定額の利用料を回収し、時間をかけて利益を積む	001
前金制サブスクリプション	前払いで利用料を払ってもらい、先に利益を確定させる	001
従量制サブスクリプション	利用量に応じて利用料を回収し、時間をかけて利益を積む	001
リピーター	1ユーザーが何回も買うことを前提に利益を生む	001
リース	一定期間の利用を契約で縛り、時間をかけて利益を回収する	001
レーザーブレイド	本体は利益率を低く付属は高くして、時間をかけて利益を生む	011
フリーミアム	本体は無料で付属は利益率を高くし、時間をかけて利益を回収	011

いけない。収益は自動的に生まれるのではない。収益を継続的に生む仕掛けや取組みをしていなければ、継続的な収益は実現しないのだ。また、いくら収益が継続したからといって、どの段階で利益になるのかを予測して織り込んでおかなければ、事業として価値獲得が成立しなくなるのだ。

時間をかけて利益を回収するという、課金タイミングを変えるリカーリングモデルでは、支払者が継続をしない限りは、利益は生まれない。課金タイミングが0、つまり「直ちに」利益を回収してきたものづくり企業にとって、リカーリングモデルは決して楽な選択ではない。たくさん売ったところで、月当たりの収益は数十分の一になってしまう。しかも、利益を回収できる日は、まだまだ先のことである。

価値獲得をサブスクリプションに変えるということは、利益を取るメカニズムが大きく変わるということをよくよく認識しなければならない。

図表6-7は、本章で登場する価値獲得を説明したものである。

「時間をかけて」利益を回収する価値獲得は、利益ロジックの末尾が❶になっていることがわかる。

「直ちに」利益を回収するプロダクト販売とは根本的に利益ロジックが異なるという、リカーリングモデルの基本的理解のうえで、サブスクリプションがもたらしたリカーリングへの影響を見ていくことにしよう。

◆サブスクリプションはユーザー有利であり続けられるか？

図表6-3ですでに示したリカーリングマップには、最注目の定額制サブスクリプションをはじめ、多くの価値獲得がプロットしてある。

定額制サブスクリプションは、旧来からあるリピーター、レーザーブレイド、リースのリカーリングと比べても、ユーザーにメリットがある価値獲得として注目を浴びた。フリーミアムは、定額制サブスクリプションと同じユーザー有利な価値獲得だが、両者ともデジタル化の波に乗って注目を浴びた。すでにユーザーに馴染みが深かった旧来型のリカーリングよりも、よりユーザーにメリットが大きく、それゆえにユーザーに熱烈に支持されたのだ。

しかし、これらユーザーに有利な価値獲得ですら、すでに、ユーザーにとって当たり前になった。ここが今後の価値獲得を考えるうえで大きな問題提起になっているのだ。定額制サブスクリプションがデジタルで流行を見せたのが2015年である。フリーミアムは、それより6年前の2009年に注目を浴びた。

登場から長らく経ち、これらの価値獲得は、すでに目新しいものとはいえない。サブスクリプションは、認知度が上がり、結果、2019年に日本で流行語大賞にノミネートされるまでになった。一時はどんなビジネスでもサブスクリプションを導入しさえすれば、メディアの注目を浴び、それをテコに集客につなげることができた。

しかし、今や特別なものではなくなり、導入したからといって、注目を浴びることはなくなった。すでに、昔からあるような、旧来のリカーリングモデルに近い存在になろうとしているのだ。筆者がリカーリングマップによってサブスクリプションの特徴を示したのは、2019年のことだ。それからもずいぶん経過した。

ユーザーに有利だと思われていた価値獲得が、実は、すでにユーザーにとって当たり前のものになった。それを示した図表6-8を見てほしい。

定額制サブスクリプションとフリーミアムは、原点から斜め上に伸びる境界線で仕切れば、ユーザー有利なポジションにあるが、ユーザーはすでに何年もそうしたサービスを目にして実際に利用してきた。

物心がついたときからデジタルプロダクトに触れている若年層にとっては、何ら新鮮味がないだろう。ゲームは無料で当然、音楽は聴き放題、映画やドラマも見放題で当然、といった感覚だ。定額制サブスクリプションとフリーミアムは、すでにミレニアル世代やZ世代にとっては、当たり前の価値獲得なのだ。

彼らにとっては、リースやレーザーブレイドですら、自分たちにとって有利であるとは全く感じられない。自分たちの置かれた環境下では、定額制サブスクリプションとフリーミアムこそが当たり前の存在であり、それより上側にあるリースやレーザーブレイドには「気軽さ」も「お得感」も感じないのだ。

これをふまえ、改めて定額制サブスクリプションとフリーミアムの位置関係を眺めてほしい。すると、それらを結ぶ線（図中の破線矢印）が浮かび上がる。この線こそが、デジタル時代のユーザー有利を定義づける新たな境界線といえるのだ。

図表6-8 デジタル時代のリカーリングマップ

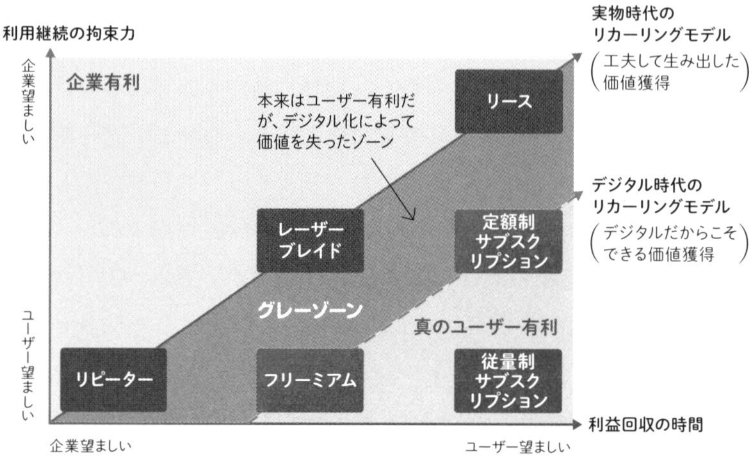

デジタル時代の境界線を引いてみると、真のユーザー有利にあたる価値獲得は、従量制サブスクリプションしかないことがわかる。従量制サブスクリプションは、導入時に初期費用の支払いが不要で、利用分に応じて支払う。利用するかどうかもユーザーの自由なので、利用継続の拘束力はないに等しい。また、ユーザーが全く利用しないときには、支払いはほとんど発生しないため、企業にとってはいつ利益を回収できるか不確実な方法でもある。これもまたデジタルによって運用が容易にできるようになった価値獲得だ。

ここまでユーザーにとってメリットがある価値獲得でなければ、ユーザー有利ではいられなくなったのだ。

◆実物時代とデジタル時代の価値獲得のポジション

デジタル時代の新たな境界線は、ちょうどリースとレーザーブレイドのような位置取りになっていることが見てとれる。以前はリースやレーザーブレイドをバランスのとれた価値獲得としていたが、今のデジタル世代は、定額制サブスクリプションとフリーミアムをバランスのとれた価値獲得と見ているのだ。

リースと定額制サブスクリプションは「定額」という観点で似た価値獲得だ。「定額で月当たりの支払いを得て時間をかけて利益を回収する」点が共通しているからだ。レーザーブレイドとフリーミアムも似た価値獲得だ。「本体では利益を得ず、利用によって時間をかけて利益を得る」点が共通しているからだ。デジタル世代は、定額を支払って利用するものは定額制サブスクリプション、利用に伴って料金を支払うものをフリーミアムと認識しているのだ。

実物を扱う時代につくられた、ユーザーと企業がともに得をする境界線は、デジタルによってフリーミアムや定額制サブスクリプションの境界線にスライドした。以前、ユーザー有利だったこの境界線は、今やユーザーと企業がともに得をする、いわばスタンダードな境界線へと変わった。

この境界線上か、あるいは思い切ってその下側の価値獲得でなければ、ユーザーが反応することはない。それは、旧来型のものづくり企業やもの売り企業が、その状況で利益を生むのはきわめて難しいことを意味する。

◆グレーゾーンに落ちる

ところで、図表6-8の実物時代のリカーリングモデルの境界線とデジタル時代の新たなリカーリングモデルの境界線の間にある「グレーゾーン」と書かれた領域を見てほしい。グレーゾーンとは、本来はユーザー有利であるはずなのに、デジタル時代に当たり前になってしまい、ユーザーが反応しなくなったゾーンだ。

言い換えれば、グレーゾーンはユーザーの「無関心領域」だ。自社が導入したサブスクリプションや、あるいは撤退したサブスクリプションを考えてみてほしい。その多くはグレーゾーンに落ちていないだろうか。

グレーゾーンは重大な問題を提起している。リカーリングモデルには、ユーザーが全く反応しない企業有利なゾーンと、ユーザーが喜ぶユーザー有利なゾーン以外に、厄介なゾーンがあるということだ。ユーザー有利のつもりでグレーゾーンの領域で何らかの価値獲得を設定しても、すでにサブスクリプションやフリーミアムのブームによって、ユーザーが関心を持たないという罠が掛けられているのだ。それにより、真のユーザー有利のゾーンが狭くなっている。

自動車のサブスクリプション、家電のサブスクリプション、その他ものづくり企業が挑戦するサブスクリプションの多くは、実はほとんどがグレーゾーンに落ちてしまう。少しでも拘束力を強めようとすれば、リースまで至らずとも、たちまちグレーゾーンに落ちるのだ。あるいは、解約手数料を取るなどしても、グレーゾーンに落ちる。利益回収のスピードをあげることになるので、どうしてもマップの左側によってしまうからだ。

自社の導入している定額制サブスクリプションは、知らず知らずのうちに拘束を強めてリースに寄ってしまっていないだろうか。あるいは、サブスクリプションの開始時に高額の入会金やデポジットを取ったり、違約金を取るシステムになっていないだろうか。また、利益回収を急ぐあまり、月額料金が高額になっていないだろうか。それらはすべて定額制サブスクリプションをグレーゾーンへと寄せる行為なのだ。

これまでプロダクト販売で価値獲得を行ってきたものづくり企業は、定額制サブスクリプションを素直に導入しにくく、仮にユーザー有利につくり込んで導入したとしても、どうしても企業有利に進めようとして、結果、すぐさまグレーゾーンに落ちてしまう。デジタル企業の多くが定額制サブスクリプションを使いこなした結果、ものづくり企業にとっては、やりづらい状況となっている。

05.
ものづくり企業がサブスクリプションを活用するには

ものづくり企業やもの売り企業が、サブスクリプションで成果をあげるにはクリアすべき問題はあるが、やる価値はある。そこで、どのようにしてリカーリングモデルという価値獲得を駆使できるようになるのか、その具体的な方法を示そう。

◆デジタル時代の新たなリカーリングモデルへ

1つ目は、プロダクト販売と定期サービスを掛け合わせた新たな価値獲得を設計し、自分たちでつくり出すことだ。それはすなわち、旧来の境界線と新しい境界線を掛け合わせるということだ（図表6-8参照）。

単に確立された価値獲得を並行させるのではなく、それぞれを課金ポイントのレベルにまでいったんさかのぼり、そこから新たに別の価値獲得として設計するのだ。

実際、このようなモデルは存在する。基本形として、プロダクトはレーザーブレイドを想定して販売する。つまり、本体の販売では利益を期待せず、付属品や消耗品で利益を得る。レーザーブレイドと異なるのは、付属品や消耗品ではなくソフトウェアを定額制サブスクリプションとして提供するところだ。

これは「SaaSプラス・ア・ボックス」（SaaS plus a box）[8]と呼ばれるビジネスモデルで展開される価値獲得と同じだ。ハードウェアとしてのプロダクトを販売した後に、SaaS（Software as a Service）[9]でソフトウェアを提供する。

ハードウェアは限界コストが多くかかるのでプロダクト販売モデルで、SaaSは限界コストがかからないため、定額制サブスクリプションで提供する。後から付け加えるのではなく、最初からこれらを掛け合わせて価値獲得として設計する。

ハードウェアを魅力的な価格設定にするには、原価は最低限回収する課金ポイントとし、粗利率の高いデータやサービスをサブスクリプションにして定期的に利益を積み上げる仕組みとする。あえて名前を付けるとしたら、この価値獲得は「定額制レーザーブレイド」となる。

日本のものづくり企業によるサブスクリプションは、とかく耐久消費財の本体そのものをサブスクリプションで提供しようとする。自動車や家電などを定額で支払ってもらい、利益を得ようとするが、それではリースや残価設定ローンと違いがない。

これまで販売してきたプロダクトを分割払いで提供するのではなく、そのプロダクトを使って利用価値が高まるようなサービスをサブスクリプションで提供するやり方が、まさに「定額制レーザーブレイド」として展開されているのだ。

ペロトン

定額制レーザーブレイドをうまく活用しているのが、「フィットネス業界のアップル」と呼ばれるペロトン・インタラクティブだ。ペロトンはこの価値獲得をもとに、SaaSプラス・ア・ボックスを成功させ、飛躍的な発展を遂げた。

8） 価値創造やビジネスモデルの名称として使われることがある。

9） SaaSとは、ソフトウェアをサービスとして常に最新の状態でクラウドで提供する形態を意味する。

新型コロナによる世界的ロックダウンによって、人々は室内でのエクササイズを余儀なくされた。それを受けてペロトンが注目を浴び、2020年1月から12月までの間に有料会員数は56万人から109万人へと倍増、時価総額は6倍に増大した。

ペロトンが提供するのは、いわゆる室内用エアロバイクとトレッドミルだ。それぞれの本体にはハンドル部分にタブレット端末のようなタッチパネルが付いており、常時インターネットにつながっている。

定期的かつ頻繁にアップデートされるオリジナル動画を見るだけではなく、インストラクターがスタジオから配信するライブ映像で、リアルタイムにエクササイズができる。離れた場所にいて同じクラスに参加する、オンライン中のユーザーとも励まし合うこともできるよう、コミュニケーションのシステムが設計されている。さらに、すべてのユーザーがトレーニングマシンを通じてつながることで、友人をつくったりコミュニティにも参加できる。

ユーザーは、ペロトンのバイクやトレッドミルを2000ドル程度で購入した後、月額39ドルの定額制サブスクリプションに加入する。マシンを使わないユーザーにも、月額12.99ドルで動画のみを提供している。ペロトンは、プロダクト販売と定額制サブスクリプションをうまく組み合わせた価値獲得を確立した。

ソニーグループ

定額制レーザーブレイドを活用した価値獲得は、各分野でもすでに成果をあげている。ソニーグループの華麗なる転身は、日本で最も成功したリカーリング事例であるが、その立役者となっているのが、やはりSaaSプラス・ア・ボックスのビジネスモデルだ。

たとえば、ソニーのプレイステーションでは、本体を購入後に多くのユーザーがサブスクリプションサービスに加入することになる。それが、月額850円から提供されるプレイステーションプラスだ。プレイステーションプラスは、オンラインで世界中のプレイヤーとつながるための拡張機能であり、eスポーツを楽しむプレイヤーは加入が必須だ。

ソニーグループは、この価値獲得を他のプロダクトでも積極的に取り入れている。2019年1月に発売されたaiboでも、約20万円の本体に対して、月額約3000円のサブスクリプションで、アップデートサービスを提供している。

こうしてソニーグループは、ものづくり企業をベースとしながら、定額制レーザーブレイドを駆使してリカーリングモデルを我が物にした。その結果、2019年決算より史上最高益を更新し続け、コロナ禍の2021年決算では、さらに業績を伸ばし、純利益は1兆円を超えている。

他のバリエーション

SaaSプラス・ア・ボックスというビジネスモデルにおける価値獲得では、「レーザーブレイド×定額制サブスクリプション」以外にも、実はさまざまな掛け合わせが存在する。たとえば、「レーザーブレイド×従量制サブスクリプション」とするやり方がある。

ソニーのプレイステーションでも、定額制のプレイステーションプラス以外に、都度払いでダウンロード型のゲームを提供している。つまり、従量制サブスクリプションも採用しているのだ。今やこのやり方はすべての家庭用ゲーム機で常識となった価値獲得だ。

また、第2章で紹介したアップルの「デバイス×サービス提供」も、SaaSプラス・ア・ボックスである。iPhoneやiPadを販売して定額制レーザーブレイドで利益を得る。これらプロダクトから得られる以上の利益率を達成するため、Apple MusicやApple TV+などのデジタルのサービス提供でSaaSを展開し、定額制サブスクリプションで価値獲得しているのだ。

これまではプロダクト販売で高い利益を得ようとしてきたアップルも、今やSaaSのサブスクリプションを加えた利益を織り込んで、価値獲得を設計している。Apple Oneを投入してサブスクリプションを強化しようとしている点に、その戦略シナリオが見てとれる。

デジタル時代のものづくり企業のリカーリング

デジタル時代に、ものづくり企業がサブスクリプションに成功するための1つのポイントがある。サブスクリプションといいながらリース形式をとるのではなく、限界コストが少ないものをサブスクリプションで提供するということだ。

まずは粗利の高い付属品や消耗品を定期的に提供することを試みてもよいが、物流費などがかさみ、いずれ立ち行かなくなる。そこで、実物ではなく、購入後に発生するアップデートやデジタルサービスなどをサブスクリプションで提供することが有効だ。

このやり方を検討する際には、プロダクトとサービスの明確な棲み分けが必要だ。そのことは図表6-9によって説明できる。

たとえば、ペロトンやプレイステーションは「レーザーブレイド×定額制サブスクリプション」を組み合わせた「定額制レーザーブレイド」を価値獲得としていた。これはプロダクトを提供する際には、旧来のリカーリングモデルの境界線にあるレーザーブレイドで設計し、デジタル化したサービスは新たなリカーリングモデルの境界線上にある定額制サブスクリプションを採用する組合せだ。実物は実物の、デジタルはデジタルのそれぞれの境界線上にある価値獲得を組み合わせる。

また、従量制サブスクリプションは真のユーザー有利なポジションにあるので、「レーザーブレイド×従量制サブスクリプション」の組合せも有効であることも確認できる。これによって、家庭用

図表6-9　プロダクトとサービスで別の境界線を使う

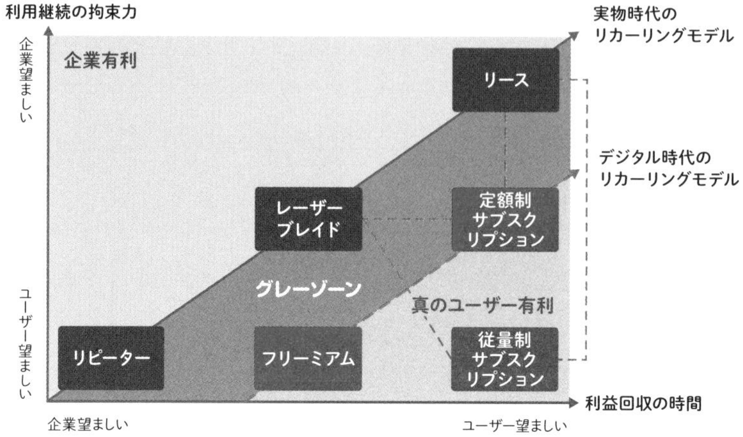

ゲーム機の価値獲得の意義が改めて認識できる。

さらに、別の価値獲得も想定できる。たとえば、プロダクトとしてリースを採用しながら、定額制サブスクリプションや従量制サブスクリプションを組み合わせた価値獲得だ。実はこのやり方は、通信会社のスマートフォンの販売方式や、IoT化されたオフィス用のコピー機などで見られる。

スマートフォンは、「リース×定額制のサブスクリプション」だ。本体はリースや残価設定ローンとして数年間で完済する契約にしておきながら、その料金は携帯電話の基本利用料や定額サービス料金と合わせて月々で請求することで、時間をかけて利益を回収する。オフィスのコピー機は、「リース×従量制のサブスクリプション」となる。本体料金のリース分と利用枚数による従量分を合わせて、時間をかけて利益を回収する価値獲得だ。

これらは、ものづくり企業やもの売り企業が、デジタル時代にいかにサブスクリプションを成功させていくのかについての最適解の

1つといえる。今後、ものづくり企業がめざすべき1つの姿が、アナログとデジタルの2つの境界線を上手に使うことで見つけられるだろう。

06.
デジタル時代のリカーリングモデル

サブスクリプションもフリーミアムも、デジタル化を背景に急速に進展した価値獲得だ。すでにフリーミアムやサブスクリプションの登場から時間が経った今、将来的なリカーリングモデルには何が求められるのか。その方向性を探ろう。

◆デジタル時代のリカーリングモデルは「保証」が前提になる

まずは、図表6-8の旧来の境界線であるリピーター、レーザーブレイド、リースを見てほしい。拘束力も利益回収の時間もゼロ地点、つまり、リピーターがリカーリングモデルの「原点」になる。リカーリングモデルの本質は、いかにユーザーに嫌な思いをさせずに、継続的に支払ってもらえるかを考えることにあるのだ。

デジタル時代の境界線は、旧来の境界線から拘束力を弱めたものになる。リースに対して定額制サブスクリプション、レーザーブレイドに対してフリーミアムがそれぞれ、利益回収の時間に対応していることがわかる。デジタル時代には、同程度の支払負担なのに、リースより定額制サブスクリプションが、レーザーブレイドよりフリーミアムのほうが、拘束力が小さいことがわかる。

では、リピーターに対しては何が対応するのだろうか。図表6-10を見てほしい。デジタルの境界線を下に向かって伸ばすと、リピーターから拘束力をさらに弱めた価値獲得が姿を現す。これこ

図表6-10 新たな境界線から価値獲得の特徴を類推

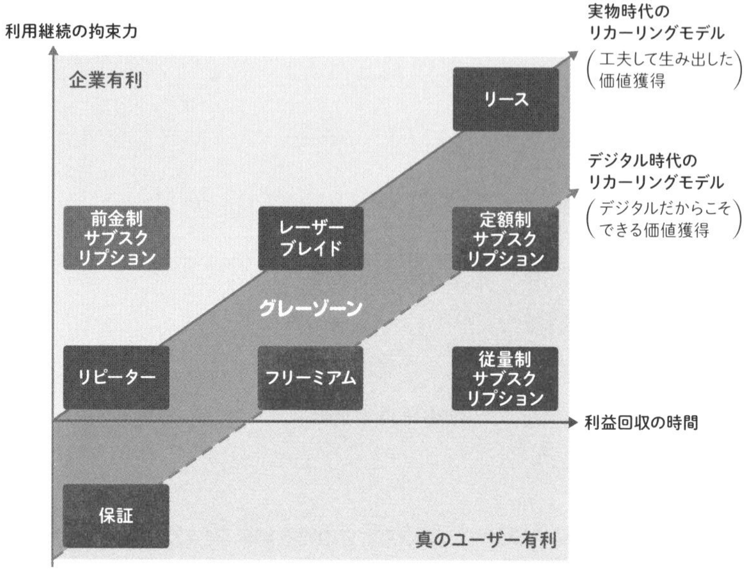

そが、デジタル時代のリピーターともいうべき、本質的な価値獲得である「保証」だ。

◆「保証」という価値獲得

先ほど、実物時代のリカーリングモデルの境界線は、その本質ともいえるのが、利用継続の拘束力、利益回収の時間ともにゼロにあるリピーターであり、いかにユーザーに嫌な思いをさせずに、継続的に支払ってもらえるかを考えることにあると述べた。

デジタル時代の考え方も同じで、リピーターに相当するのが、「保証」となる。実は、フリーミアムも定額制サブスクリプションも、根幹にある「保証」の下に成り立っている。すべての価値獲得において「保証」の機能が備わっているのだ。

デジタル時代の境界線上の中では最も利用継続の拘束力のある定額制サブスクリプションでも、わずかな金額で継続利用できる内容に満足しなければすぐさま解約できる。中身を見てから利用継続の判断ができる意味で、ユーザーに保証をしているのだ。

フリーミアムの「保証」は、内容保証の意味合いが強い。そもそも使用自体が無料で、継続やアップグレードをしたければ料金を支払う。内容が不満ならば続けなくてもよい。これもまた中身を見てから代金を支払うことができる意味で、内容を保証しているのだ。

では、デジタル時代の境界線上の中で最も利用継続の拘束力のない、マップ上の「保証」を見てほしい。「保証」は、利用継続の拘束力はゼロ地点以下、なんとマイナスである。

マイナスの拘束力とは、ユーザーの求めに応じて企業が拘束される状況を指す。ファイナンスでいうところのオプション（選択権）の買い手と売り手の関係になるということだ。オプションの売り手は、収益を得て選択権を買い手に受け渡すが、もし買い手が選択権を行使した際には、売り手は買い手の言うことを聞かなければならない。これらを総称して「保証」とする。

ここで、保証を価値獲得に織り込んだものを想定してみよう。

たとえば、「保険」はどうか。保険の売り手は、保険料を得るが、買い手が権利を行使すれば、言うことを聞く義務を負うことになる。それをさらに推し進めると、「品質保証」となる。

品質保証とは、ユーザーが購入したプロダクトに対して、それに満足しなかったときには一定期間の間に返金や返品といった何らかの保証を行う行為だ。プロダクトに何らかの保証メニューを付加して、対価を請求する価値獲得だ。事前付帯型の保証プログラムがまさにこれだ。それをプロダクトに織り込んで、販売する。

品質保証は、リピーターよりもユーザーとの関係が強固でなければ成立しない。販売時には支払いをしてもらうが、ユーザーが無事に利用をして自身のジョブを解決するまでは、全く気が抜けないのだ。その間は、ユーザーと良好な関係を保つ必要がある。それを人的資源を配置して担当させればハイコストになるが、デジタル時代にはIoTやSaaSによってデジタルが管理するというやり方で、従来よりローコストで実現できる。

デジタル時代は、圧倒的にユーザーが強い。定額制サブスクリプションやフリーミアムが一般的になった今、実際にプロダクトを利用して評価した後に、ユーザーはそのプロダクトに支払い続けるのかを決める。

デジタル時代の支払いは、まさに「お代は見てのお帰り」なのだ。すると、利益回収の時間をゼロにする一括支払いにも「品質保証」が求められることになる。これがデジタル時代の価値獲得において、前提となっているポイントだ。[10)]

つまり、1回で売り切りのリピーターですら、今後は保証が必要になることを意味する。想像と違ったら返金できる、使って不要だと感じたら返品できる、これらをある一定の期限を設けて実施することがスタンダードになるだろう。

もちろん、無料で保証を付与せよということではない。プロダクト価格に一定の保証料を乗せて、プライシングしてよい。要は、保証を収益源にして、それをプロダクトに乗せて販売する価値獲得になるということだ。

◆ものづくり企業やもの売り企業が保証を実現するには

今述べた「保証」を機能させるには、デジタル時代にはユーザー

---

10) Berger［2020］も、購買心理のハードルを下げるための方策としてこの点に触れている。

の動きが、ほぼすべて捕捉できていることが大前提になる。保証プログラムにも嘘があってはいけない。ユーザーが通常利用の範囲内で、故障が起きたのか、使用状況はどうであったのか、などを捕捉できていない限り、保証制度は企業にとって危なくて使えない。

それをサポートするうえで、デジタルが役に立つのだ。ユーザーの利用状況や、使い方などをモニターすることができれば、保証はうまく機能するだろう。しかもキャンペーンではなく、企業姿勢として価値獲得にまで昇華しなければならない。

アップルのプロダクトを思い浮かべてほしい。直営のアップルストアでの購入には、まさに価値獲得に保証が付けられている。14日間の返品を可能にしている。アマゾンでも30日間の返品が可能だ。意外にこのことをうたう企業は少ない。サービス業では近年返金保証が増えている。

このような保証をもとに、オンラインストアはユーザーのリピート購入を促している。ユーザーのIDの管理や、デジタルによる購買履歴、それにプロダクトの不具合の記録などがデータとして備わって初めて正常に機能する。まさに、現代はそれが実現できる状況なのだ。

保証を価値獲得として成立させるには、実は価値創造との関係性が欠かせない。プロダクトのUIやUXが優れていなければ、ユーザーのイライラは募る。耐久性がなければ、ユーザーはすぐにそのプロダクトから離れたくなる。また、ユーザーと対峙する営業スタッフの応対も重要だ。さらに、利用過程での故障などに対応するサポート部隊の応対はもっと重要だ。

こうしたことから、ユーザーへの保証は研究開発、生産、営業、カスタマーサポートあるいはカスタマーサクセス、といった企業の主要活動すべてに徹底して初めて成立する。それらのどれか1つにでも問題があれば、保証は成立しないのだ。

「保証」という価値獲得は、こうしたビジネスの本質的な課題を企業に突きつけているのだ。そして、それは価値獲得だけでは解決できないレベルのテーマであることに気づくだろう。デジタル時代に生きるものづくり企業やもの売り企業は、ビジネスモデルとして「保証」に向き合う必要がある。それができる企業だけが生き残る時代になったのだ。

07.
価値獲得からビジネスモデルへ

ものづくり企業やもの売り企業が、これまでの「売ったら終わり」という考え方がいかに通用しないか、購入後のユーザーとのつながりが重要であるかが浮き彫りになった。

課金タイミングを❶に変えることは、企業の価値獲得だけではなく、事業全体を根底から改革しなければならないほどのインパクトをもたらす。特にプロダクトの良し悪しのみに頼ってきた、ものづくり企業やもの売り企業にとっては、大きな価値観の転換点となる。

価値獲得だけを転換して、プロダクト販売からサブスクリプションへと変革を遂げても、それだけでは十分とはいえない。価値獲得は価値創造と組み合わせることによって、初めて成果を生む。同様に、利益スイッチによって価値獲得を変えることは、価値創造に変革を迫ることを意味する。価値獲得は単独で機能するのではなく、価値創造やひいてはビジネスモデル全体に影響するテーマなのだ。

最終章となる次章では、価値獲得を包含するビジネスモデルの変革について説明する。

第7章

ビジネスモデル・イノベーションへ

POINT

- 利益イノベーションの留意点
- 価値獲得のイノベーションは価値創造イノベーションを誘発する
- 価値獲得を駆使するには？

KEYWORD

- 利益ロジックの転換
- 新たな価値創造のために
- 価値創造の最適化
- 8つの利益ロジック
- ビジネスモデル・イノベーション

本書では、現在の価値獲得から新たな価値獲得を革新するまでの利益イノベーションについて明らかにしてきた。しかし、価値獲得は単独では劇的な成果を出すことはない。価値創造と組み合わされて初めて、ビジネスモデル・イノベーションとして結実する。

▸01.
新たな価値獲得から価値創造へ

かつて世界をリードしてきた日本のものづくり企業が、価値創造からさらに飛躍的な利益を生み出すには、利益の取り方そのものの考え方を変えるべきだ。このような問題意識の下、本書では、利益イノベーションを通じて新たな価値獲得を生み出す体系を示してきた。

利益イノベーションの実現には、新たな観点から利益の生み方を捉え直す必要がある。そこで、課金という概念から収益自体を捉え直し、収益源を多様化するという考え方、さらに生まれた収益源から最終的に価値獲得を生み出すための利益化という考え方を示してきた（図表7-1）。

誤解を恐れずに言うなら、プロダクト販売一辺倒で事業利益を得ようとする、ものづくり企業やもの売り企業の価値獲得は、単調で画一的だ。いくら優秀なエンジニアや営業部隊を集め、デジタル技術を取り入れて価値創造を革新的にしようと努力したところで、価値獲得がその努力を受け止めて、それに十分見合った事業利益をアウトプットできていないのだ。

図表7-1 **利益イノベーションのアウトプットとしての価値獲得**

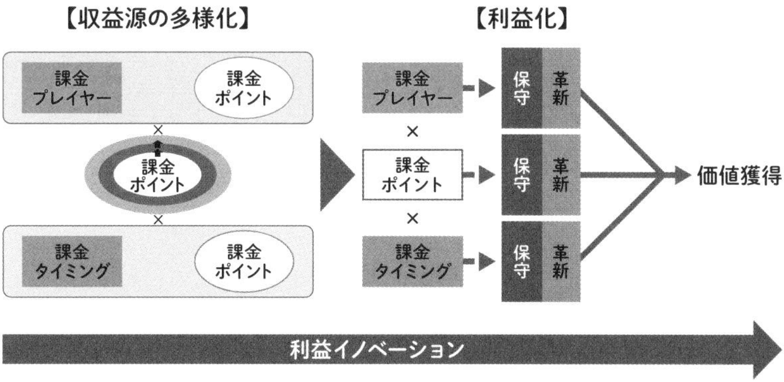

あるいは、価値獲得がクラシックすぎて、デジタル時代の価値創造に対応しておらず、価値創造の可能性を制限している。その結果、本来自社が得るべき事業利益が、他の企業や、悪くすれば諸外国の企業にこぼれ落ちているとも考えられる。

しかし、逆に考えれば、全く違う世界が見えてくる。革新的な価値獲得に転換できるだけの柔軟性を持てば、現在の価値創造からさらに多くの事業利益を生み出せるのだ。どれくらい大きく儲けるかをイメージして、それに最適な価値獲得へと変革すれば、アイデアの制限を取り払い、頭一つ抜けた価値創造を誘発することもできるはずだ。

以上の価値獲得と価値創造の関係を示したものが図表7-2である。価値創造を受け止める価値獲得、そして、価値獲得が価値創造を後押しするという、双方向の関係性が見てとれるだろう。価値獲得は価値創造の視野を狭めもするが、広めもするのだ。

締めくくりとなる本章では、ここまで示した利益イノベーションが持つビジネスモデルにおける意義と、それによって価値創造への向き合い方をどう変えるべきなのかについて説明しよう。

図表7-2 価値獲得は価値創造の可能性を引き出す

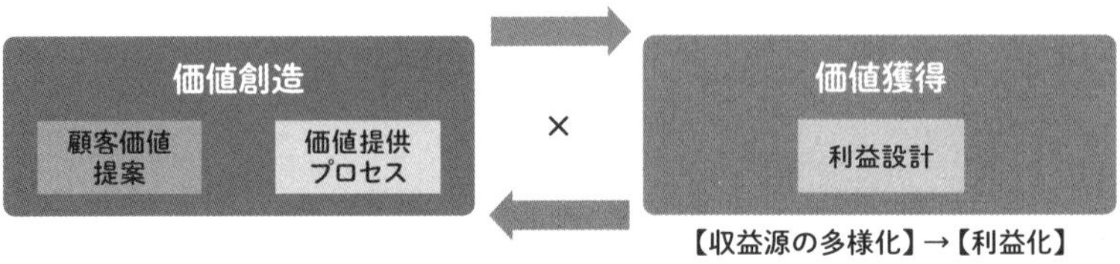

▸02.
利益の見方が変わる

ビジネスモデルとは、「顧客を喜ばせながら、企業が事業利益を生む仕組み」である。それは、これまで説明してきた価値獲得と価値創造が一体となって稼働する体系であり、どちらかが欠けても成立しない。

企業がビジネスモデルを考えるとき、「事業利益を生む」価値獲得は、実務上は最も重要な視点である。他方で、ビジネスモデルを理論的に語る場合には、実際のところ、価値獲得は最も希薄になりがちだ。

特にものづくり企業やもの売り企業では、顧客価値提案と価値提供プロセスからなる価値創造をうまく設計さえすれば、利益は勝手に生まれると言わんばかりである。しかし、その考えこそが企業の収益性を低め、ものづくり企業やもの売り企業のビジネスモデルの進化を妨げてきた。

◆価値創造の利益

価値創造とは、顧客のジョブを解決するためにプロダクトやソリューションを提案する「顧客価値提案」と、それを効果的かつ効率的に生産し、手元に届ける「価値提供プロセス」で成り立っている。顧客に価値を提案し、実際に提供することで、企業は収益を得て事業利益を獲得してきた。それが価値創造における事業利益のつくり方だ。

顧客価値提案では、なんといっても、まずは収益（売上）が問題となる。ターゲットとする主要顧客は、いったいいくらならその主要プロダクトを購入してくれるのだろうか。それをもとに、主要顧客のマーケット規模や、彼らが考える支払意欲（WTP）との関係で、売上規模が最大化できるプライシングを行うのが重要だ。すると、価格（P: Price）と販売数量（Q: Quantity）の掛け算で示される、お馴染みの売上の計算が見えてくる。

次いで、価値提供プロセスではコストが明らかになる。ここでは、顧客価値提案を実現するのに、設備にどれくらいの投資規模が必要で、どれだけの仕入原価や製造原価が掛かるか、さらに販売のために営業部隊の規模が必要かが明らかになる。

こうしたコストや投資要因がどれだけ効率化できるのかを検討すると、原価（V: Variable cost）と運営経費（F: Fixed cost）、そして投資（I: Investment）が問題となる。

このような顧客価値提案と価値提供プロセスからなる価値創造は、その結果を事業利益（Op）、そして投下資本利益率（ROIC）として導き出せる。それを示したものが（7-1）式と（7-2）式である。

$$\mathrm{Op} = (\mathrm{P} - \mathrm{V}) \cdot \mathrm{Q} - \mathrm{F} \qquad (7\text{-}1)$$

$$\mathrm{ROIC} = \frac{\mathrm{Op}}{\mathrm{I}} \qquad (7\text{-}2)$$

（7-1）式は、典型的な利益の計算式である。価格を上げるか、原価を下げるか、はたまた売上数量を増やすか、固定費を下げるか。そうして事業利益を生み出すことが示されている。

どの製造現場や小売現場も、これを利益の原理原則として、頭に叩き込んでいる。加えて経営陣は、投資案件として事業を捉えて、ビジネスモデルの成果指標であるROIC、つまり、(7-2) 式をチェックしている。

しかし、ここまで本書を読んできた読者であれば、この計算式は、あくまでプロダクト販売という価値獲得をベースにしたものであることに気づくだろう。つまり、価値創造から得られる利益に何の工夫もしない状態で得られた利益を指すのだ。

極端に言うなら、価値獲得という概念を使うまでもない、「無」の価値獲得。特段何も考えずに、何の工夫も加えないまま、どの企業も無意識に使ってきた価値獲得なのだ。本書でこの利益ロジックを000と名づけたのには、実はそのような理由がある。

このことからも、ものづくり企業やもの売り企業の多くは、000という、「主要顧客から、主要プロダクトで、直ちに利益回収する」というシンプルな価値獲得しか持たずに戦っていることがわかる。

大企業の経営者にビジネスモデルという言葉を使って事業の仕組みを説明してもらっても、そのほとんどが価値創造の話に偏り、価値獲得については全くといって触れないのには、そういった背景がある。

逆にデジタル企業は、実物を持たないため価値獲得を工夫して利益を生み出すしかない。そのため、デジタル企業のビジネスモデルでは、価値獲得を巧みに変化させながら、価値創造を変化させている。価値獲得を盛んに議論しているのだ。

後発のデジタル企業とも対峙する現在、ものづくり企業やもの売り企業が、000の価値獲得、すなわち、価値創造の努力だけで戦い切れるわけがない。それが本書を貫く利益イノベーションの意図である。

図表7-3 ビジネスモデルにおける利益の議論

ビジネスモデルの構成要素		目的	利益との関係性
価値創造	顧客価値提案	ターゲット化した主要顧客に最適なプロダクトを提案	変数としての売上 ―― 価格、販売数量
	価値提供プロセス	価値提案を実現する一連の事業活動の構築と投資	変数としてのコスト ―― 変動費、固定費、投資
価値獲得	利益設計	事業利益を得るための仕組みのデザイン	利益の獲得方法そのもの ―― 8つの利益ロジック

少なくとも、ビジネスモデルに備わっているものの活用されてこなかった価値獲得を、これまで以上に駆使すれば、価値創造からこれまで以上の成果が生まれることは間違いない。

◆ビジネスモデルの見方が変わる「利益イノベーション」

ビジネスモデルには、顧客価値提案と価値提供プロセスからなる価値創造、そして、本書で詳説した価値獲得の2つの要素がある。価値創造と価値獲得を利益の観点から並べると、利益イノベーションの意義がより鮮明になる。それを示したものが図表7-3だ。

価値創造だけで利益の生み方を完結しようとすると、どうしても[0][0][0]になる。それは、顧客価値提案によって生み出される売上と、価値提供プロセスによって決定するコストとの引き算で、利益が自動的に定義されるからだ。

他方で、価値獲得では、価値創造の範疇で考えてきた利益からは考えもつかないほどの、広がりのある「儲け方の世界」を見せてくれる。ビジネスモデルの議論で、その企業に独特な「儲け方」が見られない場合は、この価値獲得の視点が欠落していることを疑ってみてほしい。[0][0][0]以外にもバラエティに富んだ利益ロジックが、儲け方に「懐の深さ」を与え、それが自社の次の一手に大きなひらめきを与えてくれる。

これまでも社内で利益の話は十分に尽くしてきたと思う企業はあるかもしれないが、それは価値創造の結果としての利益の話であり、結局のところ、$\boxed{0}\boxed{0}\boxed{0}$の世界にとどまってきただけではないだろうか。

わが社はどのようにして利益を生んできたのか、あるいはこれからはどのようにして利益を生むべきなのか、といったより本質的な利益の議論をどこまでしてきただろうか。そこに直接的にアプローチするのが、価値獲得の議論だ。

今や飛躍的な成長を遂げる企業は、価値創造だけでなく価値獲得のイノベーションまで考え抜いている。このことを理解いただければ、利益イノベーションの位置づけがより鮮やかに認識できるだろう。

◆利益イノベーションは利益ロジックを変えること

$\boxed{0}\boxed{0}\boxed{0}$の世界においても、利益の生み方を全く考えてこなかったわけではない。(7–3) 式を見てほしい。

$$
\begin{aligned}
\mathrm{ROIC} &= \frac{\mathrm{Op}}{\mathrm{I}} \\
&= \frac{\mathrm{Op}}{\mathrm{S}} \cdot \frac{\mathrm{S}}{\mathrm{I}}
\end{aligned}
\qquad (7\text{–}3)
$$

これは、ビジネスモデルの成果であるROICを表した (7–2) 式を、売上高事業利益率 (Op／S) と資本回転率 (S／I) に分解したものだ。これにより、利益率を重視するか、回転率を重視するかのどちらか、あるいは、その両方を意識した利益の取り方を考えるのが通例だ。

この利益の生み方がビジネスモデルの脈絡においても示されていたが、[1]それはまさにプロダクト販売しか眼中にない000の利益ロジックでの方程式なのだ。価値獲得の立ち位置を明確にすることで初めて、他の利益ロジックが存在することが明らかになる。

000のプロダクト販売は、8つある利益ロジックのうちの1つにすぎない。それ以外に利益ロジックは7つあり、それぞれの利益ロジックごとに、利益を生む方程式も多様なものが存在しうるのだ。

利益ロジックでは、課金プレイヤー、課金ポイント、課金タイミングという3つの要素に着目し、それらを掛け合わせることで利益の生み方を多様化している。

たとえば第6章で紹介したように、課金タイミングが多様化した利益ロジック（特に001、011）の世界では、リカーリングを運用する際に最適な指標をもとに、利益の方程式が組み立てられている。具体的には、「MRR（月間継続収益）」[2]、「ARR（年間継続収益）」[3]、あるいは「ARPU（ユーザー当たり平均課金額）」[4]、そして、「解約率（チャーンレート）」という、このロジック独自の指標を使った方程式が展開される。[5]

また、課金ポイントが多様化した世界（特に010、011）では、フリー（無料）経済をも包含した利益の方程式が組み立てられる。具体的には、アクティブユーザーの数や、「ARPPU（有料ユーザー当

1）　Johnson［2010］では、利益方程式（profit formula）をビジネスモデルの構成要素の1つとしている。それはここに記した（7-3）式の利益の取り方を説明しており、それ自体は本書がいう000の枠を出ない。

2）　Monthly Recurring Revenueの略。月間で計測した継続収益。将来収益の予測に用いる。

3）　Annual Recurring Revenueの略。年間で計測した継続収益。将来収益の予測に用いる。

4）　Average Revenue Per Userの略。1ユーザー当たりの平均収益。

5）　これについては、川上［2017］で詳しく述べているので、参照されたい。

たり平均課金額)」[6]、「PUR(課金ユーザーの割合)」[7]といった指標が重用される。

さらに、課金プレイヤーが多様化した世界(特に110、111におけるプラットフォーム)でも、さまざまな課金プレイヤーを捕捉して、アクティブユーザーと課金額からなる上記の指標を組み合わせた方程式が展開されている。

こうしたデジタル企業が用いるKPI(重要業績評価)や、利益の方程式は、ものづくり企業やもの売り企業のそれとは全く異なる経済原理であり、どこか異世界のもののように感じるかもしれないが、実はそうではない。

利益イノベーションによってこれまでの000から価値獲得を変えれば、これらの指標や方程式は、ものづくり企業やもの売り企業にとっても、有用なものとなるのだ。事実、ものづくり企業でありながらも利益ロジックが異なるテスラや、もの売り企業でありながらも利益ロジックが異なるアマゾンでは、こうした利益の方程式が積極的に使われているのだ。

利益イノベーションを前提とすれば、自社が適用する利益ロジックに応じて、最適な利益の方程式を利用し、独自につくり上げていくことが求められる。

利益の生み方は、実にさまざまだ。利益ロジックによって、異世界の利益の方程式のバリエーションも明らかになる。ビジネスモデルにおいて価値獲得が担う役割は、きわめて大きい。

価値創造がアイデア切れを起こして、万策尽きたとため息をつくのはまだ早い。利益イノベーションによって、000から別の利益ロジックの世界に飛び出せば、利益を生む方法はいくらでもある。

---

6) Average Revenue Per Paid Userの略。ARPUとの違いは有料ユーザーを分母とすること。

7) Paid User Rateの略。全ユーザーのうちの課金ユーザーの比率。

▸03.
価値創造イノベーションの視野を拡大する

利益イノベーションの役割は、利益構造を変える、ひいては利益を増やす、ということに主眼があると思われがちであるが、実はそれだけにとどまらない。

実は、利益イノベーションは、価値創造の視野を大きく拡大させる効果を持っているのだ。

◆価値創造と価値獲得を組み合わせる

アップル、アマゾン、テスラ、コストコやネットフリックスといった企業は、価値創造のイノベーションのみで、あれほどの成果をあげているわけではない。第2章でも見たように、価値獲得にも特徴があったのだ。つまり、意図的な利益イノベーションの体制を持っており、それがまた価値創造の可能性を広げているのだ（図表7-4）。

プロダクトのコンセプトが良く、世の中から多大な支持を得た

図表7-4　価値獲得が価値創造を飛躍させる

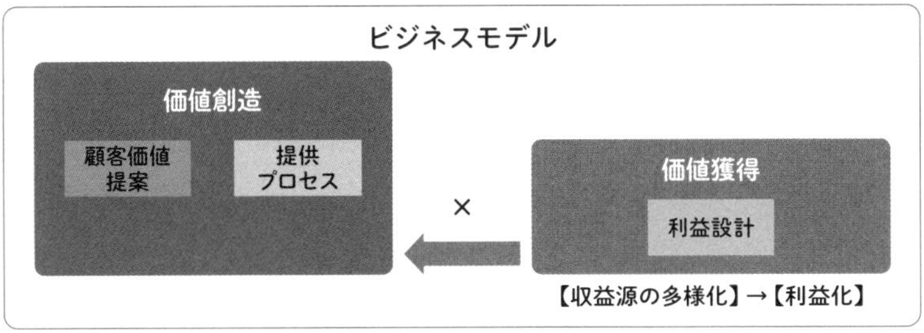

図表7-5 同じ価値獲得に異なる価値創造で全く異なるビジネスモデル

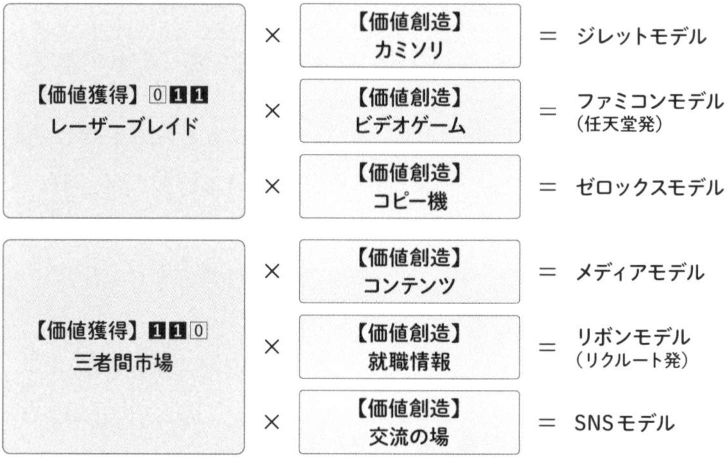

としても、価値獲得が⓪⓪⓪のままであれば、その成果（事業利益）は一部しか回収できない。価値創造の良さを最大限に引き出す価値獲得が備わってこそ、ビジネスモデル全体として飛躍的な成果をもたらすことができるのだ。

もちろん、ビジネスモデルは、価値獲得だけで機能するものではない。価値創造が劣っているなら、利益イノベーションにいそしんでも、わずかな成果しかもたらさない。

利益イノベーションが意味を持つのは、優れた価値創造でもなかなか利益が生み出せていないとき、成熟した業界で価値創造イノベーションの一手がなかなか繰り出せないときだ。

その際にヒントになるのが、同じ価値獲得に、異なる価値創造を掛け合わせれば別のビジネスモデルになるという考え方だ。図表7-5を見てほしい。

まず上段では、利益ロジック⓪❶❶の1つであるレーザーブレイドに、異なる価値創造を掛け合わせてできるビジネスモデルを示している。同じ011の価値獲得に、カミソリというプロダクトに基づく価値創造を掛け合わせればジレットモデルへ、ビデオゲームを掛け合わせればファミコンモデルへ、コピー機を掛け合わせればゼロックスモデルになるなど、全く異なるビジネスモデルになることがわかる。

レーザーブレイドは、その名のとおり、「カミソリ本体と替刃」が元祖である。キング・ジレットが最初に生み出したといわれる価値獲得であるために「ジレットモデル」と呼ばれ、主要プロダクトとさらに儲ける課金ポイントで、時間をかけて利益回収する。

前者をカミソリ本体に、後者を替刃に設定し、とにかくカミソリ本体を普及させる価値獲得を追求した。それを成功させるために、替刃によって常に切れ味が抜群となることを価値創造として訴えかけた。これら価値獲得と価値創造を掛け合わせて、優れたビジネスモデルへとつくり上げた。

011の価値獲得をビデオゲームの価値創造と掛け合わせたのが任天堂ファミリーコンピュータのビジネスモデルだ。これは、一般に「ファミコンモデル」や「ライセンスシステム」と呼ばれる。

本体は原価を割るほど安く提供し、ゲームソフトの販売で利益を得るという価値獲得だ。ゲームが面白くなくては利益が生まれないため、プレイヤーを釘付けにするほどの面白いソフトウェアを出し続ける緊張感を社内に生み出した。その結果、大成功したビジネスモデルである。

さらに、この011の価値獲得をコピー機の価値創造と合わせれば、「ゼロックスモデル」となる。本体では儲けずコピー機を普及させながら、印刷すればするほど利益を得る価値獲得だ。

そのため、カラー化やプリンタ複合機、さらには、もっと良いソリューションを提案して、より便利に使ってもらうために価値創造を刷新し続ける必要がある。それが、コピー機のビジネスモデルの標準型となった。

いずれも、競合他社に先駆けて採用した価値獲得に、自社の価値創造を掛け合わせ、成果を生んできたビジネスモデルなので、個別の企業名や商品名が付けられているのがわかる。そうして、各業界の業界慣行となるほどの標準的な地位を得てきた。

下段も見てみよう。これは、利益ロジック❶❶⓪の1つである三者間市場に、異なる価値創造を掛け合わせたビジネスモデルを示したものだ。❶❶⓪にコンテンツという価値創造を掛け合わせるとメディアモデルに、就職情報を掛け合わせるとリクルート社のリボンモデルに、ユーザー同志の交流の場を掛け合わせるとツイッターやフェイスブックなどのSNSモデルになる。

これら❶❶⓪は、それぞれの価値創造に、各業界におけるトップ企業が特異な価値獲得を採用して、一般的なビジネスモデルとして定着した。

ここまで見てくれば明らかなように、価値獲得を何らかの価値創造に組み合わせることで、企業のビジネスモデルとして認識されていることがわかる。試しに、今、述べてきた価値創造に、⓪⓪⓪の価値獲得を掛け合わせてほしい。単なるものづくりやもの売りのビジネスモデルにしかならず、どんな価値創造を当てはめても、全く目新しさは感じないのだ。

企業の価値創造は、既視感のある利益ロジック以外の価値獲得によって、特異性の際立ったビジネスモデルとなる。アマゾンしかり、テスラしかり。それがユーザーに受け入れられ、企業は多大な利益を得ることができるのだ。

ただし、価値獲得を変えさえすれば企業が生まれ変わるほど、話は単純ではない。価値獲得を変えるだけではビジネスモデルは成立せず、価値獲得に合わせて、価値創造においても適切な支払者から対価を支払ってもらうための仕掛けが必要になる。価値創造までも

図表7-6 共通の価値獲得を中心とするビジネスモデルのあり方

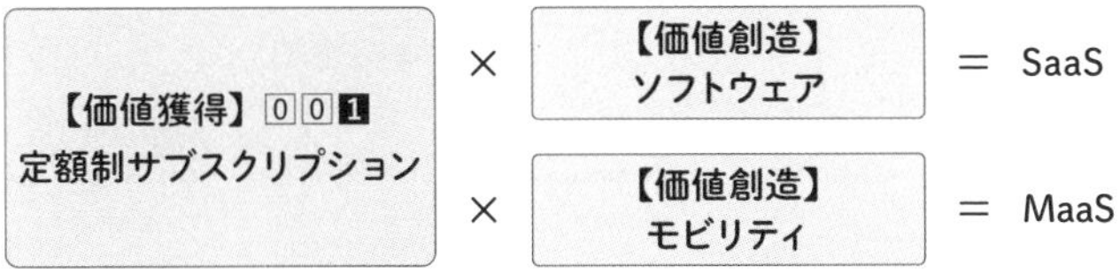

が変化を遂げて、最適なビジネスモデルへと革新することが何より重要なのだ。

なお、現在では価値獲得と価値創造の最適な組合せが、すでに標準化された型になり、ビジネスモデルとしてラインナップしている。その一例が定額制サブスクリプションという価値獲得にソフトウェアの価値創造を掛け合わせたSaaS（Software as a Service）や、モビリティを掛け合わせたMaaS（Mobility as a Service）だ（図表7-6）。

すでに多くのソフトウェア企業がSaaS企業となり、自動車産業や交通機関がMaaS企業に舵を切ろうとしている。今後も次々に新たなビジネスモデルが登場するが、その背景には、従来とは異なる価値獲得と、それに最適化された価値創造の相互関係があることを忘れないでほしい。

◆利益イノベーションと価値創造

価値獲得の変革だけで、新たなビジネスモデルが生まれるわけではない。最終的には、価値創造の変革が必要だ。実は、利益イノベーションの最大のねらいはここにある。図表7-7を見てほしい。

上段は、これまでの価値獲得と価値創造の組合せである。ものづくり企業やもの売り企業が従来どおりにプロダクト販売の000のまま価値創造を行っても、これまでと何ら変わらない。そこで、

図表7-7 利益イノベーションから価値創造イノベーションへ

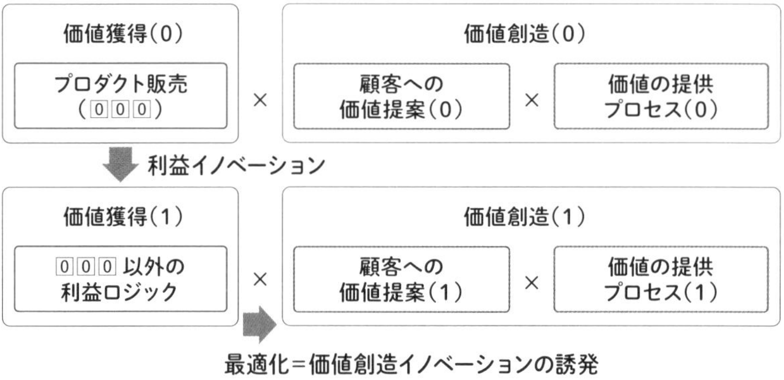

利益イノベーションに取り組むことで、000 以外の利益ロジックを採用してみる。

ただし、ここで肝心なのは、以前の価値創造(0)のままで価値獲得を変えると、ビジネスモデルとして不適合を起こすということだ。価値獲得(1)へ利益イノベーションするなら、同時に価値創造も価値創造(1)へと変革しなければならないのだ。

ビジネスモデルは、価値創造と価値獲得が互いに最適な関係性を持つよう、バランスをとっていなければならない。そのため、価値獲得だけ変更しても、ビジネスモデルは機能しない。つまり、ビジネスモデルの枠組みで見ると、利益イノベーションは、価値創造イノベーションを誘発すると明言できる。

価値創造イノベーション一辺倒でアイデアを絞ってきたものづくり企業やもの売り企業においては、価値獲得が視野を拡大してくれるのは事実だ。

しかしながら、プロダクト販売以外の価値獲得へ変化するということは、顧客への寄り添い方や、プロダクトの提供方法にも変化をもたらすことになり、それはすなわち、現在の価値創造も変革せざるをえない。新たな視点でつくり上げる必要があるのだ。

その詳細を、もの売り企業とものづくり企業それぞれでイメージしてみよう。

もの売り企業

これまでのプロダクト販売で、もの売り企業が革新的な価値創造を提案し続けるには、売り場の魅力を伝え続けるしかなかった。自社の取扱製品のラインナップを広げて在庫を積み増し、売り場のディスプレイや提供方法を考えて顧客を喜ばせる方法をとるだろう。それも重要だが、それではすぐに頭打ちとなる。

そこで利益ロジックを転換し価値獲得を転換してみるとどうなるだろうか。図表7-8を見てほしい。

110の価値獲得の1つである「マッチメイキング」を考えてみよう。マッチメイキングは、主要顧客以外の課金プレイヤーと課金ポイントを見つける価値獲得だ。

たとえば、メーカーに出店してもらって、家賃を取るディベロッパーモデルが想定できる。他社の在庫を自社で販売し、家賃を取るのだ。自社は無在庫にできるので、資産が軽くなり、人員も少なくて済む。ただし、他社が魅力を感じるだけの好立地か、あるいは場所自体の価値を高めるような取組みをしなければならない。

こうなると、価値創造としてやるべきことはこれまでとは全く変わってくる。リアルのショッピングモールは、まさにこのような価値創造をとる。映画館を併設するなどして賑わいをつくるのだ。

インターネット上に展開するオンラインモールも原理は同じだ。仮想空間でありながら、集客が何より重要なので賑わいをつくる方法を考える。こうした価値獲得に早くから気づいていた企業は、この価値創造の視野を拡大させ、今や巨大な店舗網にまで育て上げた。

図表7-8　もの売り企業の利益イノベーションと価値創造の最適化

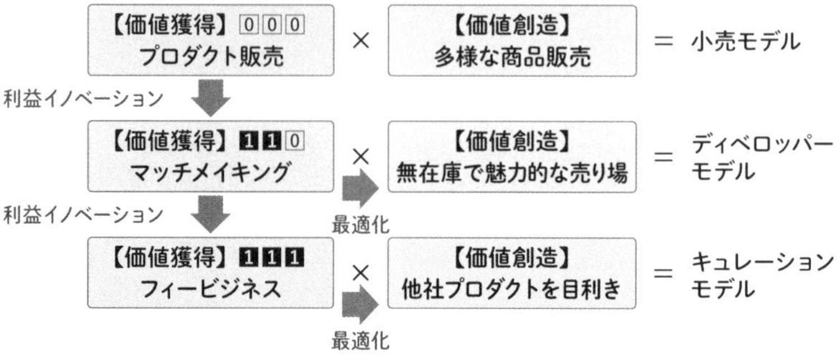

さらに、ここから異なる価値獲得へと利益イノベーションすると、また別のビジネスモデルにつくり上げることもできる。それが、この図の下にある❶❶❶の価値獲得「フィービジネス」だ。

これは、出店企業にソリューションを与えて事業利益を得るが、価値創造としては、エンドユーザーの集客はもちろんのこと、それに加えてコンサルティングやマーチャンダイジング、あるいはブランディングを提供できる体制が必要だ。ただし、そのような経験に乏しい企業は、ゼロから体制を構築することになる。

いずれにせよ、現有の資産と相談しながら、実行可能性を探ることになる。実行可能なら、第4章で紹介したSTORYやb8taのような、キュレーション型のビジネスモデルへと育て上げる方向も見えてくる。

ものづくり企業

ものづくり企業も、利益イノベーションによってビジネスモデルを変えることができる。図表7-9を見てほしい。

⓪⓪⓪のプロダクト販売から、⓪⓪❶の定額制サブスクリプションに移行すれば、モノ系サブスクリプションとなる。ただし、

図表7-9　ものづくり企業の利益イノベーションと価値創造の最適化

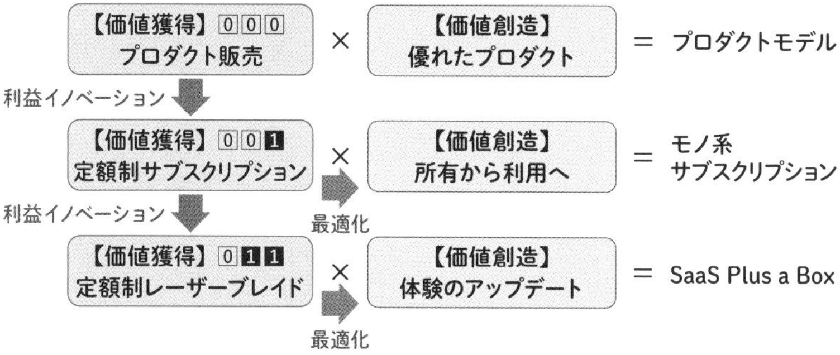

プロダクトは変わらないままであれば、プロダクトモデルのまま、強引にサブスクリプションを導入することになり、サブスクリプション自体が成立せずに、いずれ破綻してしまう。

価値獲得を変えるなら、明確に利用のメリットを打ち出す価値創造を考えて初めて価値創造イノベーション、ひいてはビジネスモデル・イノベーションへとつながるのだ。新たな体制を整えたうえで、その体制にふさわしいやり方でユーザーとの関係性を見出せば、ブレイクスルーのきっかけが生まれる。

001の利益ロジックからさらに、011に転じるとどうなるか。ここでは、定額制サブスクリプションとレーザーブレイドを混合した価値獲得「定額制レーザーブレイド」を想定する（第6章参照）。これは、定額制サブスクリプションはソフトウェアで、主要プロダクトはモノで提供するもので、主要プロダクト以上に、アップデートするソフトウェアをさらに儲ける課金ポイントとし、しかもそれを時間をかけて回収する価値獲得だ。

011にするなら、価値創造も大きく変化しなければならない。顧客にとってアップデートがどれほど重要であるのかを理解し、それを滞りなく定期的に配信できる体制を持っているのか、ユーザーとはどのようにつながるのか、社内のDX体制は整っているのかなど必要とする人材や資産のチェック項目は多岐にわたる。

そうしてできあがるビジネスモデルが、第6章で紹介したSaaSプラス・ア・ボックスだ。実際にそれをやってのけたペロトンや、今後そこに舵を切るといわれているテスラも、既存のフィットネス企業や自動車企業とは価値創造が全く異なっている。

利益イノベーションは、単なる利益構造の改革だけではなく、価値創造のイノベーションを企業に迫る。つまり、利益イノベーションとは、価値創造イノベーションとは別角度からの、新たなビジネスモデル・イノベーションのアプローチなのだ。

◆成果を出した企業の特徴

本書ではここまで、マーベル、ヒルティ、GAFA、テスラ、ネットフリックス、コストコといった企業をケースとして取り上げてきた。各企業が、価値創造では目覚ましい成果をあげていることは周知のとおりだが、価値獲得を柔軟に改革してきたことに注目し、本書では、これら企業がいかに利益イノベーションを実現しているのかを明らかにしてきた。

これら企業は、血のにじむような努力により革新的な価値創造をしているが、それだけで今の姿があるわけではないと筆者は考えている。価値獲得についても、同時に革新を遂げていることに大いに注目したい。

価値獲得の柔軟性が、スケールの大きな価値創造を生み出す土壌をつくっているのだ。大きく稼いで大きく儲けるという発想がなければ、世界を変えるほどの価値創造のアイデアなど生まれようもない。それが財務情報からも鮮やかに読み取れるのだ（第2章参照）。

価値創造イノベーションだけで見れば、日本のものづくり企業やもの売り企業は、欧米のそれに引けを取っていないはずだ。むしろ、かつては欧米企業が憧れ、イノベーションのヒントを与え、そして模倣されるほどの手本を示してきた。

しかし問題は、そこから十分な利益を刈り取れるだけのすべを持っていなかったことだ。それは、価値創造から利益を回収しきっていないことを意味する。特に、ものづくり企業やもの売り企業が牽引してきたこれまでの日本経済では、新たなデジタル技術が導入されても、価値獲得がそのままなので、価値創造イノベーションによって取れたはずの利益をみすみす逃してきた。

優秀なデジタル企業が生まれても、価値獲得のレベルの遅れから、価値創造を刷新してスケールの大きなビジネスモデルへと飛躍し切れなかった。価値獲得について思いを巡らせるとき、そう思えてならないのだ。

目先の利益を考えて、流行の価値獲得に飛びつく。取っかかりとしてはそれでもかまわない。ただし、それで終わらせてはいけない。新しい価値獲得でこれまで以上に事業利益を回収することができたら、次はその価値獲得をさらに変革させる準備をしてほしい。

そのときには、できるだけ自社がつくり出したオリジナルの価値獲得を見出してほしい。価値獲得からビジネスを描き、それを実現できる価値創造を想定してほしい。

そうすれば、なかなか常識を抜け出せなかった価値創造自体を、全く別の角度からイノベーションへと導くことができるだろう。存続の危機に瀕したマーベルが、利益イノベーションから価値創造イノベーションを起こして、ビジネスモデル・イノベーションの手を緩めなかったように（第1章参照）。

▸04.
ビジネスモデル・イノベーションへ

日本企業は、これまで遠慮がちであった利益の話を、そろそろ全社的に展開するタイミングに来ている。価値獲得の変革のため、まずは利益イノベーションに着手してほしい。

経済的に困窮した欧米の企業は、臆面もなく利益から着想を始め、青天井をめざして儲けを取りに行った。これは、要するに徹底した顧客目線が求められることを意味しており、それゆえ最終的に世の中に感謝され、一目置かれるビジネスモデルをつくり上げた。

しかし現在、デジタル化の進展とコロナ禍による価値観の変化は、これまでのビジネスモデルを一気に無効化させた。経済的苦境に立たされた企業は、今こそ正面から利益イノベーションに取り組むべきだ。一時的に特需を得て潤った企業も、その次に来るべき価値観の変化に備えて、利益イノベーションを仕掛ける準備をすべきだ。

儲けたい。そこが出発点になっても構わない。

しかし、本気で儲けを追求するなら、本気で利益イノベーションを起こそうとするならば、その過程で、収益源の多様化と利益化について徹底して考え、新たな価値獲得に最適な価値創造を考えていかなければならない。

これまでさまざまな論者が「ビジネスモデル・イノベーション」について議論してきたが、ほぼすべてが、価値創造イノベーションによるものだ。確かに価値創造イノベーションはビジネスの根幹をなす。そのことに疑いの余地はない。

しかし、それだけでは足りないのだ。価値創造では利益が生まれないなら、思いきって価値獲得からビジネスモデルを改革してはどうだろうか。先行きの見通しが悪い今こそ、真剣に議論を始めるべきだ。

これは、結局のところ、次の世界を良くする価値創造イノベーションを行うことにもつながっている。自社が感謝されながらも利益を得て、さらに多くの利益を得るほど、世の手本となるビジネスモデルを示しているはずだ。

日本を支えてきたものづくり企業やもの売り企業は、溜まりに溜まった改革のマグマを、利益イノベーションにぶつけてほしい。

▸おわりに

本書は、まさに学者生活の大きな節目となるタイミングで執筆しました。経営学者となって20年、最初の単独著書から10年、それから10冊の著書を経ての今作です。折しもそれは、新型コロナの蔓延により、人々は生活環境の変化を余儀なくされ、消費状況が一変するとともに、すべての企業のビジネスモデルが大きく切り替わる時期でもありました。

この状況で、自分自身に何ができるかと自問自答を繰り返すものの、何もできない日々が続きました。本来の経営学は、変化する内外の環境に対応し、いかに企業が世の中を豊かにするか、その道しるべとなるべきものですが、コロナ禍においては全く太刀打ちできず、これまでの利益の捉え方が通用しなくなっていることを痛感したのです。

企業が低収益にあえぎ、雇用が失われていく中で、経営学者として世の中の皆さんにどのような形で、何を伝えれば、この状況から明るい未来を見通すことができるのか。ひたすらそのことを考え、中心に据えて生まれたのが本書です。

筆者はこれまで経済界の多くの方にもお世話になってきました。ここで個別に名前を挙げることはかないませんが、そうした現場の方に届けるべき内容がここにあると思っています。

価値創造は、もちろん重要です。価値創造のイノベーションは、企業が存続するうえで最重要テーマです。しかし、未曾有の危機により、操業停止に陥って存続が許されなくなれば、元も子もありません。

コロナ禍においては、とにかく収益が、そして利益が必要であることを思い知らされました。

同時に、世界中の多くの企業がいかに利益を生む力が脆弱であるのか、利益のリテラシーがいかに弱いのか、ということも知ることになってしまいました。

昨日と同じことはもはや通用しない。そんな危機を味わった私たちは、それを教訓に、たえず自らをアップデートしていく必要があります。私たちが行えることは、ただ平時に戻る、前の環境に戻ることを、家の中に籠もって祈ることではありません。望まない新たな環境にさらされても、それも逆手にとってたくましく生きることです。

そのためには、どのような状況下に置かれても、「自力で生き残る能力」「生き残るために創意工夫する力」が必要です。

本書で述べた価値獲得や8つの利益ロジックは、まさにそれを示す概念だと思っています。ぜひ皆さんの資産にして、これからの世界を積極的に渡っていってほしい、そして、本来ある持ち前の価値創造によって、世界をより良いものに変えてほしいと強く願っています。

本書は、さまざまな方々のご厚意によって刊行に至りました。東洋経済新報社で編集を担当された佐藤敬さんには、筆者の想いをご理解いただき、出版の機会をつくってくださり、感謝の気持ちでいっぱいです。また、三浦たまみさんには筆者のブレーンとして、構成から執筆に至るまでお力添えをいただきました。連日のオンラインミーティングによる構成会議や原稿の推敲まで、大変お世話になりました。

本書により、予想だにしなかった状況に苦しんでいる企業の皆さんが、少しでも前進するのにお手伝いをできたのならば、これほど嬉しいことはありません。

今後、利益への関心がより一層強くなることは間違いありません。本書を単に情報のインプットとするのではなく、皆さんの企業がいかにして利益イノベーションを実現するのか、自社の現状と比較し、本書と現場を往復しながら、理解を深めていただけたら幸いです。

2021年10月

川上昌直

▶参考文献

Abel, D. F. [1980] *Defining the Business: The Starting Point of Strategic Planning.* Prentice-Hall（石井淳蔵訳『事業の定義――戦略計画策定の出発点』千倉書房，1984年）.

Afuah, A. [2004] *Business Models: A Strategic Management Approach.* McGraw-Hill/Irwin.

——— [2014] *Business Model Innovation: Concepts, Analysis, and Cases.* Routledge.

Anderson, C. [2009] *Free: The Future of a Radical Price.* Hyperion（小林弘人監修・解説／高橋則明訳『フリー――〈無料〉からお金を生みだす新戦略』NHK出版，2009年）.

Aulet, B. [2013] *Disciplined Entrepreneurship: 24 Steps to a Successful Startup.* John Wiley & Sons（月沢李歌子訳『ビジネスクリエーション！――アイデアや技術から新しい製品・サービスを創る24ステップ』ダイヤモンド社，2014年）.

Baxter, R. K. [2015] *The Membership Economy: Find Your Super Users, Master the Forever Transaction, and Build Recurring Revenue.* McGraw-Hill Education.

Benioff, M., and C. Adler [2009] *Behind the Cloud: The Untold Story of How Salesforce.com Went from Idea to Billion-Dollar Company-and Revolutionized an Industry.* Wiley-Blackwell（齊藤英孝訳『クラウド誕生――セールスフォース・ドットコム物語』ダイヤモンド社，2010年）.

Berger, J. [2020] *The Catalyst: How to Change Anyone's Mind.* Simon & Schuster.

Brandenburger, A. M., and H. W. Stuart Jr. [1996] "Value-based Business Strategy." *Journal of Economics & Management Strategy.* 5(1): 5-24.

Bryce, D. J., J. H. Dyer, and N. W. Hatch [2011] "Competing Against Free." *Harvard Business Review.* June: 104-111（編集部訳「無料ビジネスの脅威にいかに対抗するか――『FREE経済』の戦略」『DIAMONDハーバード・ビジネス・レビュー』2011年10月号：40-51）.

Christensen, C. M. [2000] *The Innovator's Dilemma: When New Technologies Cause Great Firms to Fail.* Harvard Business School Press（玉田俊平太監修／伊豆原弓訳『イノベーションのジレンマ――技術革新が巨大企業を滅ぼすとき（増補改訂版）』翔泳社，2001年）.

———, and M. E. Raynor [2003] *The Innovator's Solution: Creating and Sustaining Successful Growth.* Harvard Business School Press（玉田俊平太監修／櫻井祐子訳『イノベーションへの解――利益ある成長に向けて』翔泳社，2003年）.

———, S. P. Kaufman, and W. C. Shih [2008] "Innovation Killers: How Financial Tools Destroy Your Capacity to Do New Things." *Harvard Business*

Review. January: 98-105（曽根原美保訳「投資価値評価がもたらす3つのバイアス――財務分析がイノベーションを殺す」『DIAMONDハーバード・ビジネス・レビュー』2008年8月号：14-25）.

———, T. Hall, K. Dillon, and D. S. Duncan［2016］*Competing against Luck: The Story of Innovation and Customer Choice.* Harper Business（依田光江訳『ジョブ理論――イノベーションを予測可能にする消費のメカニズム』ハーパーコリンズ・ジャパン，2017年）.

Eisenmann, T., G. Parker, and M. W. Van Alstyne［2006］"Strategies for Two-Sided Markets." *Harvard Business Review.* October: 92-101（松本直子訳「『市場の二面性』のダイナミズムを生かす――ツー・サイド・プラットフォーム戦略」『DIAMONDハーバード・ビジネス・レビュー』2007年6月号：68-81）.

Elberse, A.［2011］"Marvel Enterprises, Inc." Harvard Business School case study.

———［2013］*Blockbusters: Hit-making, Risk-taking, and the Big Business of Entertainment.* Henry Holt and Co.（鳩山玲人監訳・解説／庭田よう子訳『ブロックバスター戦略――ハーバードで教えているメガヒットの法則』東洋経済新報社，2015年）.

Gassmann, O., K. Frankenberger, and M. Csik［2014］*The Business Model Navigator: 55 Models That Will Revolutionise Your Business.* FT Publishing International（渡邊哲・森田寿訳『ビジネスモデル・ナビゲーター』翔泳社，2016年）.

Gupta, S., and L. Barney［2015］"Reinventing Adobe." Harvard Business School case study.

Harrison, S., A. Carlsen, and M. Skerlavaj［2019］"Marvel's Blockbuster Machine: How the Studio Balances Continuity and Renewal." *Harvard Business Review.* Jul.-Aug.: 136-145.

Itami, H., and K. Nishino［2010］"Killing Two Birds with One Stone: Profit for Now and Learning for the Future." *Long Range Planning.* 43: 364-369.

Janzer, A.［2017］*Subscription Marketing: Strategies for Nurturing Customers in a World of Churn.* Cuesta Park Consulting（小巻靖子訳『サブスクリプション・マーケティング――モノが売れない時代の顧客との関わり方』英治出版，2017年）.

Johnson, M. W.［2010］*Seizing the White Space: Business model Innovation for Growth and Renewal.* Harvard Business Review Press（池村千明訳『ホワイトスペース戦略――ビジネスモデルの〈空白〉をねらえ』阪急コミュニケーションズ，2011年）.

Keating, G.［2013］*Netflixed: The Epic Battle for America's Eyeballs.* Portfolio（牧野洋監訳『NETFLIX コンテンツ帝国の野望――GAFAを超える最強IT企業』新潮社，2019年）.

Levitt, T.［1969］*The Marketing Mode: Pathways to Corporate Growth.* McGraw-Hill（土岐坤訳『マーケティング発想法』ダイヤモンド社，1971年）.

———［1983］*The Marketing Imagination.* Free Press（土岐坤訳『マーケティ

ングイマジネーション』ダイヤモンド社，1984年）．

Markides, C. C. [2000] *All the Right Moves: A Guide to Crafting Breakthrough Strategy.* Harvard Business School Press（有賀裕子訳『戦略の原理――独創的なポジショニングが競争優位を生む』ダイヤモンド社，2000年）．

――― [2008] *Game-Changing Strategies: How to Create New Market Space in Established Industries by Breaking Rules.* John Wiley & Sons.

McGrath, R. G., and I. MacMillan [2000] *The Entrepreneurial Mindset: Strategies for Continuously Creating Opportunity in an Age of Uncertainty.* Harvard Business School Press（大江建監訳／社内起業研究会訳『アントレプレナーの戦略思考技術――不確実性をビジネスチャンスに変える』ダイヤモンド社，2002年）．

Mehta, N., D. Steinman, and L. Murphy [2016] *Customer Success: How Innovative Companies Are Reducing Churn and Growing Recurring Revenue.* Wiley（バーチャレクス・コンサルティング訳『カスタマーサクセス――サブスクリプション時代に求められる「顧客の成功」10の原則』英治出版，2018年）．

Michel, S. [2014] "Capture More Value: Innovation Isn't Worth Much if You Don't Get Paid for It." *Harvard Business Review.* October: 78-85（高橋由香里訳「イノベーションには価値獲得が不可欠である――価値創造をキャッシュに変える5つの方法」『DIAMONDハーバード・ビジネス・レビュー』2015年6月号：96-107）．

――― [2015] "8 Reasons Companies Don't Capture More Value." *Harvard Business Review.* April.

Moore, G. [1991] *Crossing the Chasm: Marketing and Selling Technology Products to Mainstream Customers.* HarperCollins（川又政治訳『キャズム――新商品をブレイクさせる「超」マーケティング理論』翔泳社，2002年）．

Mullins, J. [2014] *The Customer-Funded Business: Start, Finance, or Grow Your Company with Your Customers' Cash.* Wiley.

―――, and R. Komisar [2009] *Getting to Plan B: Breaking Through to a Better Business Model.* Harvard Business Review Press（山形浩生訳『プランB――破壊的イノベーションの戦略』文藝春秋，2011年）．

Nalebuff, B. J., and A. M. Brandenburger [1997] *Co-opetition.* Profile Business（嶋津祐一・東田啓作訳『コーペティション経営――ゲーム論がビジネスを変える』日本経済新聞社，1997年）．

Pink, D. H. [2005] *A Whole New Mind: Why Right-Brainers Will Rule the Future.* Riverhead Books（大前研一訳『ハイ・コンセプト――「新しいこと」を考え出す人の時代』三笠書房，2006年）．

Porter, M. E. [1980] *Competitive Strategy: Techniques for Analyzing Industries and Competitors.* Free Press（土岐坤・中辻萬治・服部照夫訳『新訂 競争の戦略』ダイヤモンド社，1995年）．

――― [1985] *Competitive Advantage: Creating and Sustaining Superior Performance.* Free Press（土岐坤・中辻萬治・小野寺武夫訳『競争優位の戦略――いかに高

業績を持続させるか』ダイヤモンド社，1985年).

Raju, J., and Z. J. Zhang [2010] *Smart Pricing: How Google, Priceline, and Leading Businesses Use Pricing Innovation for Profitability.* Pearson Education (藤井清美訳『スマート・プライシング――理益を生み出す新価格戦略』朝日新聞出版, 2011年).

Ramanujam, M., and G. Tacke [2016] *Monetizing Innovation: How Smart Companies Design the Product around the Price.* Wiley (山城和人監訳／渡辺典子訳『最強の商品開発――イノベーションを確実に収益化する9原則』中央経済社，2018年).

Ryall, M. D. [2013] "The New Dynamics of Competition: An Emerging Science for Modeling Strategic Moves." *Harvard Business Review.* June: 80-87 (辻仁子訳「VCM：競争優位はエコシステムで決まる――価値獲得モデルで戦略を考える」『DIAMONDハーバードビジネス』2013年11月号：82-94).

Slywotzky, A. J. [1996] *Value Migration: How to Think Several Moves Ahead of the Competition.* Harvard Business School Press.

――― [2002] *The Art of Profitability.* Mercer Management Consulting (中川治子訳『ザ・プロフィット――利益はどのようにして生まれるのか』ダイヤモンド社，2002年).

―――, and D. J. Morrison [1997] *The Profit Zone: How Strategic Business Design Will Lead You to Tomorrow's Profits.* Times Books (恩蔵直人・石塚浩訳『プロフィット・ゾーン経営戦略――真の利益中心型ビジネスへの革新』ダイヤモンド社，1999年).

Stephens, D. [2017] *Reengineering Retail: The Future of Selling in a Post-Digital World.* Figure 1 Publishing (斎藤栄一郎監訳『小売再生――リアル店舗はメディアになる』プレジデント社，2018年).

Temkin, B. D. [2010] *Mapping the Customer Journey.* Forrester.

Tzuo, T. [2018] *Subscribed: Why the Subscription Model Will Be Your Company's Future – and What to Do About It.* Portfolio (桑野順一郎監訳／御立英史訳『サブスクリプション――「顧客の成功」が収益を生む新時代のビジネスモデル』ダイヤモンド社，2018年).

Verdin, P., and K. Tackx [2015] "Are You Creating or Capturing Value? A Dynamic Framework for Sustainable Strategy." M-RCBG Associate Working Paper Series: 36.

梶谷素久 [1991]『新・ヨーロッパ新聞史――ヨーロッパ社会と情報』ブレーン出版.

川上昌直 [2011]『ビジネスモデルのグランドデザイン――顧客価値と利益の共創』中央経済社.

――― [2013]『課金ポイントを変える 利益モデルの方程式』かんき出版.

――― [2014]『ビジネスモデル思考法――ストーリーで読む「儲ける仕組み」

のつくり方』ダイヤモンド社.
――――［2017］『マネタイズ戦略――顧客価値提案にイノベーションを起こす新しい発想』ダイヤモンド社.
――――［2018］「広がるサブスクリプション（やさしい経済学）」『日本経済新聞』2018年7月17日～24日.
――――［2019］『「つながり」の創りかた――新時代の収益化戦略 リカーリングモデル』東洋経済新報社.
――――［2020］「広がるサブスクリプションモデル（経済教室）」2020年2月24日.
――――［2021a］「日本企業が飛びついた『サブスクリプション』の問題」『商大論集』73（2）：1-20.
――――［2021b］「デジタル時代のリカーリングモデルの在り方」『商大論集』73（2）：21-38.
楠木建［2010］『ストーリーとしての競争戦略――優れた戦略の条件』東洋経済新報社.
延岡健太郎［2006］『MOT［技術経営］入門』日本経済新聞出版社.
――――［2011］『価値づくり経営の論理――日本製造業の生きる道』日本経済新聞出版社.
榊原清則［2005］『イノベーションの収益化――技術経営の課題と分析』有斐閣.
安室憲一［2003］『徹底検証 中国企業の競争力――「世界の工場」のビジネスモデル』日本経済新聞社.
――――・ビジネスモデル研究会編著［2007］『ケースブック ビジネスモデルシンキング』文眞堂.

▶索引

▶【A～Z】

▶【ア行】

▶【カ行】

▶【サ行】

▶【タ行】

▶【ハ行】

▶【マ行】

▶【ラ行】

【著者紹介】

川上昌直（かわかみ　まさなお）

兵庫県立大学国際商経学部教授、博士（経営学）。1974年大阪府生まれ。福島大学経済学部准教授などを経て、2012年兵庫県立大学経営学部教授、学部再編により現職。「現場で使えるビジネスモデル」を体系づけ、実際の企業で「臨床」までを行う実践派の経営学者。専門はビジネスモデル、マネタイズ。初の単独著書『ビジネスモデルのグランドデザイン』（中央経済社）は、経営コンサルティングの規範的研究であるとして、日本公認会計士協会・第41回学術賞（MCS賞）を受賞。ビジネスの全体像を俯瞰する「ナインセルメソッド」は、規模や業種を問わずさまざまな企業で新規事業立案に用いられ、自身もアドバイザーとして関与している。また、講演活動や各種メディアを通してビジネスの面白さを発信している。他の著書に、『「つながり」の創りかた』（東洋経済新報社）、『ビジネスモデル思考法』『マネタイズ戦略』（以上、ダイヤモンド社）、『儲ける仕組みをつくるフレームワークの教科書』『課金ポイントを変える利益モデルの方程式』（以上、かんき出版）などがある。
http://masanaokawakami.com/

収益多様化の戦略

既存事業を変えるマネタイズの新しいロジック

2021年12月9日　第1刷発行
2023年12月11日　第3刷発行

著　者――川上昌直
発行者――田北浩章
発行所――東洋経済新報社
〒103-8345　東京都中央区日本橋本石町1-2-1
電話＝東洋経済コールセンター　03(6386)1040
https://toyokeizai.net/

装　丁…………………竹内雄二
本文デザイン・DTP……米谷　豪（orange_noiz）
印刷・製本……………丸井工文社
編集協力………………三浦たまみ
編集担当………………佐藤　敬

ISBN 978-4-492-53446-5